财经类专业学位研究生培养模式探索与实践

南京财经大学研究生院　编著

中国财经出版传媒集团
中国财政经济出版社

图书在版编目（CIP）数据

财经类专业学位研究生培养模式探索与实践 / 南京财经大学研究生院编著. -- 北京：中国财政经济出版社，2022.9
ISBN 978 -7 -5223 -1584 -3

Ⅰ. ①财… Ⅱ. ①南… Ⅲ. ①经济学 - 研究生教育 - 培养模式 - 教育改革 - 研究 - 中国 Ⅳ. ①F0

中国版本图书馆 CIP 数据核字（2022）第 128803 号

责任编辑：闫　娟　　　　责任校对：徐艳丽
封面设计：卜建辰　　　　责任印制：刘春年

财经类专业学位研究生培养模式探索与实践
CAIJINGLEI ZHUANYE XUEWEI YANJIUSHENG PEIYANG MOSHI TANSUO YU SHIJIAN

中国财政经济出版社 出版
URL：http：//www. cfeph. cn
E - mail：cfeph@ cfeph. cn

社址：北京市海淀区阜成路甲 28 号　邮政编码：100142
营销中心电话：010 - 88191522
天猫网店：中国财政经济出版社旗舰店
网址：https：//zgczjjcbs. tmall. com
北京财经印刷厂印刷　各地新华书店经销
成品尺寸：185mm×260mm　16 开　14 印张　221 000 字
2022 年 9 月第 1 版　2022 年 9 月北京第 1 次印刷
定价：68. 00 元
ISBN 978 - 7 - 5223 - 1584 - 3
（图书出现印装问题，本社负责调换，电话：010 - 88190548）
本社质量投诉电话：010 - 88190744
打击盗版举报热线：010 - 88191661　QQ：2242791300

《财经类专业学位研究生培养模式探索与实践》编写组成员

（按姓氏笔画排序）

万绪才　刘　军　陈小文　陈效林
陈耀辉　欧　亚　金志云　姚文韵
姚定俊　殷华方　钱　坤　秦伟平
程永波　程　瑶　管永昊

目录

引言

2020 年 7 月 29 日，全国研究生教育会议在北京召开。如何借助专业学位研究生（以下简称专硕）教育培养国家急需的高层次应用型人才再次成为教育界热议的话题。财经类专业学位硕士研究生教育作为专业学位研究生教育的重要组成部分，在近 30 年的发展过程中为中国经济建设输送了大量高层次经营管理人才，为中国经济发展作出了重要贡献。随着数字经济时代的来临，社会组织形态、商业模式和管理方式都在激变中。因此，财经类专业学位硕士研究生培养既要考虑当前和未来社会经济发展的需求，又要与相关培养内容衔接与协调。

财经类专业学位研究生教育是我国研究生教育改革发展中的重点和难点之一，随着科学技术进步、组织管理变迁，财经类专硕人才培养存在着理论实际“脱节”、供需“两张皮”现象。财经类专硕就业面广，培养方向难以聚焦，与社会需求对接易偏移，人才培养滞后于行业需求，人才供给与产业需求存在结构性矛盾。财经类专业知识更新快，教学过程容易偏离实践，教学标准落后于行业标准，教学内容落后于技术发展，职业性与学术性难统一，财经类专硕培养中存在校内校外合作的协同融合不足的问题。由于对其实务复杂性要求高，校内校外合作协同与融合不足，资源难共享，收益难共赢，专硕教育对经济发展和产业升级的贡献度欠佳。

南京财经大学从 2010 年开始招收工商管理硕士（MBA），是江苏省属高校中开展财经类专业学位研究生教育较早的高校之一。经过十几年的发展，目前已拥有工商管理、会计、旅游管理、金融、保险、国际商务、资产评估、应用统计、税务、公共管理、工程管理、审计等 14 个财经类专业学位硕士授权点，覆盖了所有财经类专业学位硕士授权点，是目前江苏省财经类专业学位硕士研究生教育学科门类最为齐全的高校。财经类专业学位研究生招生人数从 2010 年的 53 人增长到 2021 年的 869 人，累计招收财经类专业学位硕士研究生达 4000 余人，是目前江苏省财经类专业学位硕士研究生培养规模最大的高校。

为适应我国经济社会高质量发展对人才培养的要求，从2010年起，学校针对财经类专硕培养中“基本素养难提升，特色能力难体现”的困境，立足德能并重、职业导向、跨界融合，强化政府搭台、企业“出题”、学校“求解”、师生“答题”，促进学生上“平台”、务“实践”、找“案例”、进“项目”，集全校之力开展系列教育教学实践活动，逐步构建了财经类专硕“全程双元”培养模式。

一、共同制定高标准培养方案，健全双元评价体系

一是围绕国家、社会和行业需求，紧跟最新技术标准，学校与政府部门、企事业单位高级管理人员共同商定财经类专硕人才培养目标，修订和优化人才培养计划；二是完善多主体协同育人机制，形成高端智库、协同创新中心、产学研合作部门、科创中心等各种形式的多元化协同育人平台；三是丰富专硕培养评价体系，围绕招生质量、教学质量、学生评奖评优、实践质量、项目合作、学位论文和就业择业等，增强企事业单位等外部评价，制定了近20部行之有效的考评制度；四是创新教师评价体系，打破课堂课时限制和“五唯”评价机制，重点评估教师参与学生指导的投入与绩效，将学生科研成果、创新实践、科技成果创新性、产业贡献度和社会影响等纳入发展性指标考评，完善导师聘任、考核与晋升制度。

二、共同建设高水平教师队伍，协同指导实践导向的学位论文

一是构建校内外师资双向流动机制，通过师资共同培训、硕导实践挂职锻炼、产业教授申报、名家讲坛等多种形式实现师资共建共享；二是打造“双师双能”导师队伍，近60名校内硕导获得专业资格执业能力证书，提升教师驾驭校内校外“两个讲台”能力，每年为校外开展讲座或培训数百次；三是实施“双导师”制，校外导师全程参与实践过程、项目研究、专业课程与学位论文等多个环节的指导工作；四是协同指导学位论文，以项目为指引，以问题为导向，优先将产业实践问题转化为学位论文选题，并由校内外导师共同指导。

三、共同开发高质量教学资源，注重财经案例的开发与应用

一是共同打造立体式财经思政教学资源，围绕百年来共产党员企业家事迹，与50多家国有企业合作，共收集1000多件藏品，创建“起业家”博物馆，开发系列党史财经故事，形成包括视频、报刊、书籍、徽章证照、手稿笔记、股票债券等在内的思政财经课程体系；二是共同提升财经类专硕教学标准和教学内容，由江苏省产业教授等共同组建的80余个教学团队，面向最新技术准则和未来需求，编纂和修订教材100余部；围绕行业与社会需求，共同开发了行业分析、财务报表与企业经营分析等60多门优质专硕课程；三是共同开发与应用财经案例，围绕教研、培训和示范等需求，成立98个“案例建设小组”，组建案例队伍近200支，共同建设12个教学案例库，开发500余篇典型案例，参加案例与实践大赛400余人次/年。

四、共同打造高层次产教实践基地，服务国家战略与社会需求

一是重构财经类专硕实践能力培养体系，强化产教融合和科教融合，将最新研究成果融入实践教学过程，重构实践教学体系，形成财经类专硕“平台+实践+项目+案例”的实践能力培养机制，锻炼学生解决产业实际问题的能力，提升应用型人才培养水平；二是构筑财经类专硕创新创业平台，依托南京财经大学现代服务大学科技园和50多个省级研究生工作站，构筑“理论引导+实践锤炼+项目引领+园区孵化”的创新创业平台，为专硕研究生提供数百次实践创新创业服务；三是服务国家战略促进产业转型升级，依托智库、协同中心等人才培养与合作平台，服务“粮食安全”“现代产业流通”“江苏沿海开发”等战略，围绕产业管理与技术创新等关键问题，共同开展管理咨询、技术攻关、成果转化、项目孵化工作，实现产教学研用一体化，服务产业发展，促进产业转型升级。

经过十几年的不断打磨与发展，我校逐步构建与完善了财经类专硕“全程双元”培养模式，在人才培养、社会效益产出等方面取得了长足进步。

一是研究生培养质量逐渐提高。2010年来，学校14个财经类专业学位授

权点，近3000名专硕学生职业能力明显提升。截至2020年底，100%的全日制专硕学生进入双元培养平台，是2016年的3.2倍、2013年的4.1倍；68%的专硕学生参加案例与实践大赛，较2016年增长了10倍；98%的毕业生在财经一线为多层次资本市场服务。涌现出一批产业教授、领军人才、企业高管以及具有工匠精神的业务骨干。学生在各类案例竞赛中脱颖而出，先后荣获百校百题应用型创新课题大赛全国总决赛金奖、管理案例精英赛全国总决赛亚军、全国应用统计专业学位研究生案例大赛一等奖、中国MPAcc学生案例大赛“最佳创意奖”和“优秀案例奖”。学生参与校企共同开发的案例近百篇，其中，12篇获评全国百篇优秀管理案例，51篇入选国家级案例库。德勤（中国）、苏粮集团、上海国际信托等用人单位普遍反映学生职业素养高，综合管理能力强，发展成长快。这些成绩，充分彰显了“全程双元”培养模式的育人成效。

二是取得了较好的社会推广效应。围绕专硕培养模式改革的若干核心问题，全程双元培养模式的设计和实践者在人民日报、学习强国、中国教育报、人民政协报等重要媒体发表了数十篇署名文章，在《学位与研究生教育》《研究生教育研究》等期刊发表论文10余篇，获批教育部产学研合作协同育人项目30多项，主持省部级重点教育教学研究课题17项。撰写的研究生教育专著获江苏省哲学社会科学优秀成果奖一等奖。为深化专业学位研究生教育改革提供了南财智慧。学校积极举办各类研讨会，持续推广专硕培养理念与经验。先后组织“全程双元化人才培养”高峰论坛、校地融合发展论坛、“新兴市场会计与财务”国际研讨会以及北美教授协会（CAPANA）中国年会等活动。在协同育人项目、教学综合平台、教材建设等方面获得一批国家级、省部级奖项。从实践上探索，理论上提炼，逐步构建了财经类专硕“全程双元”培养体系，得到了全国诸多财经类专硕培养单位的广泛认可，省内外数十所高校来我校交流学习。

三是在服务国家战略需求和区域经济社会发展方面产生了显著影响。师生共同为长三角地区乃至全国经济发展提供决策咨询成果近200篇，其中3项获时任副总理批示，1份提案被全国政协立案，相关建议被民政部采纳；1份报告获国家发改委主任批示；7项政策咨询报告得到江苏省省长批示，7项提案被民革中央采纳，2项建议被民盟中央采纳。相关成果得到中国注册会计师协会、中国企业财务管理协会和中国资产评估协会等会计职业团体、组织的认可与好评；南京大学、西南财经大学等高校对我校财经类专硕育人模式给予高度评价；相关经验被新华网、光明日报、中国社会科学报、学习强国等20余家媒体及平台追踪报道。我们“全程双元”育人模式的实践经验、理论体系、理念做法取得了很好的社会效益。

为了更好总结凝练我校财经类专硕“全程双元”培养模式，我们将我校长期探索、实践形成的相关理念、经验和做法概括、归纳、整理成册，交付出版，意在为我国财经类专硕培养提供有益借鉴。本书由南京财经大学研究生院组织编写，欧亚、管永昊、殷华方负责全文统稿与审校。全书主要包括以下十二章内容。

第一章，全程双元化：专业学位硕士研究生培养的路径选择，由程永波、欧亚撰写。本章介绍了专业学位硕士研究生双元化培养的缘起与发展，认为社会发展需求、高校社会责任、专业学位属性决定了专业学位硕士研究生全程双元化培养的路径选择。通过目标导向、过程监控、结果保障，将双元化贯穿于研究生招生、培养、学位授予、毕业与就业的各个环节，构建专业学位硕士研究生的全程双元化培养体系，并以南京财经大学专业学位硕士研究生的双元化培养实践为例，探索专业学位研究生开放式培养模式的改革与创新。

第二章，MBA全程双元协同培养模式的建构与实践，由程永波、秦伟平、陈效林撰写。MBA作为我国第一个专业学位已经为国家社会经济发展培养了大批高素质管理人才，面对新的商业挑战，亟须创新MBA培养方式。基于协同理论，融合全程双元化理念，阐述构建MBA全程双元化培养模式的基本思路，并重点指出校企联动、系统协同和要素整合是推动MBA全程双元协同培养模式成功实施的关键，同时以南京财经大学MBA培养实践为例，探讨MBA培养改革与创新的具体举措及实施成效。

第三章，案例建设支撑的MPA研究生实践创新能力培养集成模式研究，由金志云撰写。公共管理案例既是公共管理学人把研究做在中国大地上的重要途径，也是公共管理理论本土化发展的重要来源。加强案例建设是进一步改革专业学位研究生培养模式、支撑人才培养体系建设、提高研究生培养质量的迫切需要，有利于提升MPA研究生在实践中创造性解决问题的综合本领。本章基于案例教学与建设的相关理论及经验，立足公共管理学科建设与人才培养时代使命，概述公共管理案例建设的共识与价值，阐释案例建设支撑的 MPA 研究生实践创新能力培养推进的必要性与紧迫性；描述当前公共管理案例建设的困境，总结自主高质量案例资源建设、协同教学应用系统、菜单式教学模式、阶梯式教学流程等建设成效，揭示有韧性的学习共同体、线上线下混合课内外协同的教学支持系统、开放与立体化的多元考核等内在机制。尝试为正在推进的公共管理案例建设、平台整合、教学方法优化提供直接参照，也为站在新时代的公共管理学科发展与人才培养改革提供启示。

第四章，新科技时代金融类专业硕士实践能力培养研究，由姚定俊撰写。伴随着新科技时代的到来，传统金融业态和思维也因此受到影响和冲击，传统的金融类专业培养模式必须加以变革，以适应外部的改变。实践能力培养是金融类专业学位硕士研究生培养过程的重要环节和核心任务。目前，在全国各高校金融类硕士生实践能力培养过程中，仍存在着实践类课程建设不足、实践基地建设质量不高、双导师制落实不够、金融和科技融合度不高等问题。本章探析全国金融类硕士培养的经验与不足，并以南京财经大学为例，分析其人才培养特色和存在问题。最后提出探索“三维联动”教学改革新思路，为金融与科技融合、理论与实践融合、知识与技能融合提供路径参考。

第五章，大数据背景下应用统计专业硕士人才培养模式创新与实践研究，由陈耀辉撰写。本章介绍应用统计专业学位硕士研究生培养的发展历程，从思想政治教育、教材体系建设、师德师风建设、师资队伍建设和职业道德教育等方面对培养特点进行总结，从思想政治教育、师德师风建设、专硕培养质量、服务贡献与社会贡献等维度对培养成效进行概括，并从实践教学、师资建设等角度梳理目前应用统计专业学位硕士研究生培养面临的困难与挑战。从重视案例建设、夯实培养重点环节、加强师资队伍建设、重视教学内容建设、改进完善教学方式和加强课程实践竞赛等角度出发，提出若干兼具科学性和合理性的培养质量提升方法与路径。

第六章，国际商务专业硕士跨学科培养模式研究，由陈小文撰写。目前国内国际商务专业硕士培养多在国际贸易系进行，多数具有“重经济理论、轻管理实践”的弊端。参考国际一流大学跨学科培养的经验，结合我们目前的现实条件，我们认为国际商务专业硕士适宜“经管理论 + 经管实践”的跨学科人才培养模式。在明确具体影响因素的基础上，国际商务专业硕士应设计合适的经管融合跨学科培养方案，并在课程与师资、课程论文考核与实践、经管联培学制等方面创新人才培养路径。

第七章，基于政产学研融合的税务硕士专业学位研究生培养模式探索，由程瑶撰写。本章逐步凝练并探索培养有特色、质量有保障、就业有竞争力的税务硕士专业培养体系。从“思想道德、职业操守教育”“行业需求和学生个性化发展需要”“提升政产学研融合度”三个方面探索税务硕士专业学位研究生培养特色，提出要从实践中来，到实践中去，着眼行业需求和学生个性化发展需要，不断提升政产学研融合度、强化核心专业课程的精深化延伸教学，多维度提升学生的实践能力。

第八章，基于评估和质量认证视角下会计专硕双元培养质量提升路径与机制研究，由姚文韵撰写。本章基于评估和质量认证视角，研究了会计专硕（MPAcc）培养的质量提升路径与机制，通过全程双元共建导师队伍、全程双元共管论文质量、全程双元共育国际化人才，全程双元共创实践平台以及全程双元共商案例教学等改革措施。构建了“招生—培养—就业”全程协同、“实训—实习—定向培养—就业”一体化双元融合、“启智润心—财会筑基—数智赋能”三足鼎立育人以及利益主体“共建—共享—共赢”质量保障等双元培养质量提升机制。

第九章，资产评估专业学位研究生双元培养模式探索与实践，由钱坤撰写。我校资产评估硕士专业学位自 2011 年经教育部批准全国招生以来，已为社会培养了一批资产评估行业高层次人才，取得了一定成效。然而，作为一门设立时间较短的专业硕士学位，我国此类专硕教育培养的经验还不够成熟。如何完善和创新资产评估专业硕士研究生培养机制，实现创新型、高层次和应用型专业硕士人才的培养目标，已然成为学术界和产业界共同关心的热点问题。本章基于协同理论，试图探索资产评估专业学位研究生双元培养模式，同时以南京财经大学资产评估专业硕士人才培养实践为基础，探究完善和创新“双元协同”资产评估专业学位研究生培养理念和模式。

第十章，“新文科”建设背景下旅游管理专业硕士研究生培养质量提升研究，由万绪才、杨益楠撰写。社会飞速发展，对文科人才素质提出新要求。以南京财经大学旅游管理专业为例，本章探讨“新文科”建设背景下专业硕士研究生培养质量的提升路径，提出要通过解决“三融合”问题，达到“二优化二提升”目标应对新时代人才培养的新要求。根据旅游业硕士人才需求、旅游管理专业硕士国家标准要求和学生调查分析，提出目前南京财经大学旅游管理专业硕士培养方案存在思政教育融入度有待深化、新科技融入度有待拓展、知识面有待拓宽、应用与创新能力培养有待加强等问题，强调要坚持以学生发展和社会需求为本，从思政、知识、能力、素养等方面构建旅游管理专业硕士研究生培养质量体系，从目标定位、培养模式、课程体系、实践体系等方面优化和重构旅游管理专业硕士研究生培养方案，从加强师资队伍和课程建设、强化实践教学、加强过程监管等方面给出旅游管理专业硕士研究生培养质量保障措施。

第十一章，非全日制工程管理专业学位研究生培养质量保障体系研究，由刘军撰写。本章以南京财经大学管理科学工程学院非全日制工程管理专业建设为基础，对非全日制专业学位研究生人才培养质量影响因素及评价指标进行探索，对非全日制工程管理专业学位研究生培养质量保障体系进行研究，对工程管理专业案例库建设与教学质量保障体系建设进行了思考。

第十二章，生态系统视角下商科类专业学位研究生培养模式研究与实践，由程永波、秦伟平撰写。商科类专业学位研究生教育旨在为社会输送职业化复合型高端经营管理人才，针对商科类专业学位研究生培养要求，对比借鉴国外专业学位研究生培养模式，采用“全程双元化”培养理念，从培养目标、培养手段和培养路径等方面，对生态系统型“324”培养模式进行探索，并扼要介绍南京财经大学专业研究生在践行“324”培养模式中的有效举措和具体成效，并以此探讨如何提高商科类专业学位研究生培养质量，进而满足经济发展对高端商业人才的需求。

第一章 全程双元化：专业学位硕士研究生培养的路径选择*

摘　要：本章介绍专业学位硕士研究生双元化培养的缘起与发展。社会发展需求、高校社会责任、专业学位属性决定了专业学位硕士研究生全程双元化培养的路径选择。通过目标导向、过程监控、结果保障，将双元化贯穿研究生招生、培养、学位授予、毕业与就业的各个环节，构建专业学位硕士研究生的全程双元化培养体系。以南京财经大学专业学位硕士研究生的双元化培养实践为例，探索专业学位研究生开放式培养模式的改革与创新。

关键词：双元化；专业学位研究生；研究生教育

2017 年初，《国家教育事业发展“十三五”规划》中提出探索专业学位研究生开放式培养模式，加快培养能够解决一线实际问题、宽口径的高层次复合型人才的新要求[1]。同年底，《国务院办公厅关于深化产教融合的若干意见》中提出促进人才培养供给侧与产业需求侧结构要素全方位融合，逐步提高行业企业参与办学程度，健全多元化办学体制，全面推行校企协同育人，健全完善需求导向的人才培养模式的发展目标[2]。在此背景下，抓住人才需求“高层次、复合型、应用型、专业性”四个核心，明确专业学位硕士研究生定位与培养目标，是实现专业学位培养模式改革与创新的基础。对于实践培养难以落实、应用能力难于见效的专业学位硕士研究生，面向实体经济，以行业问题为导向，立足学科专业特色，全程“双元化”培养是专业硕士研究生开放式培养模式的有益尝试与探索，也是健全完善需求导向人才培养模式改革、创新与发展的必经之路。

一、双元化培养的缘起与发展

双元制（Dual System）起源于德国的职业教育，“双元”最早是指职业学

---

* 本章发表于《学位与研究生教育》2018 年第 8 期。

校与校外实训场所。随着社会及企业对于该模式培养的学生认可度提高，这种模式被应用到其他高等教育领域。在德国高等教育领域，设置双元制大学课程已经成为一种趋势[3]，双元制的特征表现为高校和企业或组织机构两个学习场所，理论与实践两项学习内容，通常还可以获得高校学位与职业资格证书两份证书[4]。由于职业精英人才的迫切需要，在德国政府的推动下，德国逐渐形成了新的应用科学大学体制，该类大学双元制应用型硕士培养机制以高层次产业需要为基础，以应用研究来引领教学，硕士研究生学习过程的逻辑顺序为“产—研—学”的螺旋式提升。双元制应用型硕士培养模式对学生的专业理论和实操经验提出更高的要求，其本质是将企业与学校、研发技能与理论应用结合起来，以培养既具有较强科学应用素养又具有以所需项目革新为目标的应用型创新创业人才[5]。

近年来，中国高校也纷纷推行双元化培养模式，就当前专业学位研究生教育发展现状而言，双元化培养模式不尽成熟，专业学位研究生教育在高速发展的背后存在诸多尴尬。专业学位教育常常沦为学术学位教育的简化版本，双元培养仅仅进行了校企合作的简单移植，招生高校与专业水平参差不齐，资源局限致使双元培养目标难以达成，企业的社会参与度缺乏深入度和持久性，学生的专业知识在实际职场发展中缺乏实用性与延续性。种种问题表明，双元化培养的本土化，还应考虑社会经济水平、学位学科类型、企业行业发展需求、学生学习诉求等方面的差异。如何将高校、企业、行业力量真正融合，调动社会各方积极性，形成人才培养的合力，是“双元化”培养模式的核心，也是需要各方共同努力探索解决的关键问题。

二、双元化培养的路径选择

（一）专业学位研究生双元化培养模式的内涵

专业学位研究生培养模式的“双元化”是指以行业需求与标准为导向，通过校内、校外两只手，企事业单位和高校共同参与，将职业教育与研究生教育相融合，理论学习与实践训练双管齐下，将职业化、专业化的培养目标贯穿到研究生教育的全过程。“双元化”培养模式的核心理念就是借助学校和社会双方之力，从理论和实践两方面培养研究生的专业素养和实务能力，使得研究生能兼顾理论与实践，并通过理论与实践的互补达到更高标准的专业水平与创新能力，从而缓解传统学校一元培养模式下研究生重理论、轻实践的培养局限性，同时强调区别于职业教育的高层次、高水平，区别于学术学位研究生教育的复合性、应用性。

（二）双元化培养模式的必要性

1. 服务中国特色社会主义建设的需要

随着我国经济的转型升级和经济全球化的发展，中国特色社会主义现代化建设迫切需要高水平素质教育培养的优秀专业技术技能人才。习近平总书记在党的十九大报告中提到“必须把教育事业放在优先位置”、“办好人民满意的教育”，并提出要“完善职业教育和培训体系，深化产教融合、校企合作”、“加快一流大学和一流学科建设，实现高等教育内涵式发展”。由于人才培养供给侧与产业需求侧不相适应，深化产教融合，促进教育链、人才链与产业链、创新链有机衔接，是当前推进人力资源供给侧结构性改革的迫切要求。专业硕士双元化培养模式是实现高等教育内涵式发展的重要途径，高校应积极响应党的号召，以学科建设为引领，深化教育模式改革，全面提升研究生培养质量。

2. 高等教育社会功能与责任的体现

前哈佛大学校长德里克·柯蒂斯·博克认为大学既要坚守基本的学术原则，守住大学象牙塔的精神价值底线，更要走出校园，承担社会责任[6]。前耶鲁大学校长理查德·雷文提出，通过对学生的能力培养使其将来能够更好地为社会服务，是与学术研究同样重要的社会贡献，大学特别是好大学的培养目标应该是培养学生的创造性、灵活性以及解决问题、创新和领导的能力，大学正是通过这种对学生能力的培养而积极地服务于社会的[7]。随着社会的发展与进步，在全球化的大背景下，尽管高等教育的职责和功能在不断地扩展，但是高等教育根本任务未曾改变过，即培养适应社会发展和需要的人才，为社会经济发展和人类的进步做出更大的贡献。

3. 专业学位研究生培养属性的要求

专业学位在培养目标上有明确的定位，即为了“培养具有较强的专业能力和职业素养，能够创造性地从事实际工作的高层次应用型专门人才”[8]。这就决定了专业能力、职业素养、创新能力、实践应用能力是专业学位硕士研究生培养质量的关键评价指标。因此，专业学位硕士研究生培养，在培养目标、教学环节、课程设置、指导教师、授予学位标准和要求等方面均应与学术学位硕士研究生有所不同。双元化的学校与行业、理论与实践相结合的培养模式正契合了专业学位研究生教育的培养目标。

三、全程双元化培养体系的构建

围绕人才培养“高层次、复合型、应用型、专业性”四个核心，以服务国家、社会与行业需求为基础，本章构建的专业学位硕士研究生全程双元化培养体系以立体、动态、交叉的形式展开，通过目标导向、过程监控、结果保障，将“双元化”贯穿研究生教育的全过程，包含研究生从入学到毕业的各个环节。

（一）招生环节

1. 生源双元：兼顾应届本科生和从业人员

专业学位研究生分为全日制专业学位与非全日制专业学位两种类型，目前前者主要来源于高校应届本科毕业生，后者则为社会企事业单位中的在职工作人员。无论哪种类型，都应积极鼓励有经验的从业人员报考，从业人员、行业骨干带着问题与目标学习会收获更好的学习效果。要明确专业学位的强职业指向性，建立通畅的招生信息获取平台来加大招生宣传力度，同时拓宽渠道，加强高校与行业企业人才培养项目合作，提高社会认知程度。

2. 考查双元：平衡理论素养与实践经历

根据不同专业学位类型、不同生源特点，增加专业学位硕士研究生招考考查方式，采取联考、自命题、申请考核制等多种方式，将理论素养与实践经历作为考查内容的两个重点方面。突出考查考生运用基础知识和理论分析解决实际问题的能力，制定更加科学合理的政策来保障优质生源顺利入学。通过对学生进行个性化的评估，为后续培养重新定位，对研究方向、课程设置、实习实践、学位论文的内容与重点等方面进行细微调整或重新设计，细化培养类别，实现因材施教。

（二）培养与学位授予环节

1. 培养目标双元：学术水平与实践能力并重

专业学位硕士研究生应既保有研究生的高层次专业性，也同时具备实务操作能力的职业性和应用性，这就要求对研究生的培养不光要有高于本科教育、职业教育的理论教育，还应有区别于学术型研究生的实践教育。以面向服务社会、国家与行业需求为大前提，专业学位硕士研究生的培养目标既强调培养学生的理论专业基础和创新能力，又强调培养学生的职业素养和实践应用能力。在校内完成专业理论知识的掌握，培养学生分析、研究和创造的能力，再通过设置与理论知识紧密结合的实践项目，锻炼学生知识应用能力，最终实现学术水平和实践能力齐头并进。

2. 培养模式双元：学校学习与行业实践相结合

要做到培养模式的双元就要实现行业对接，加强校企合作。高校制定具体的培养目标、培养计划、培养方式、学位论文标准，使专业硕士研究生达到对本专业知识的深度把握；企事业单位要提供可持续的实践机会，让学生真正参与其中，学以致用，提升专业技能。①学校应着眼于核心需求，根据学科专业特点，通过建立协同创新平台、研究生工作站等方式，提高教师与学生参与度，实践平台的选择要因地制宜，考虑到学生实践方向与规模、企事业单位的实际条件与需求，建立完善的研究生工作站制度。②应由学校导师与行业导师共同制定研究生专业实践计划，明确专业实践的目标、内容、成果要求，定期汇报与检查，综合校、企、生三方评价，进行过程与结果的共同考核。③应发挥行业主管部门或组织的指导协调作用，明确行业需求与要求，促进学校与行业的合作与对接，大力推进课程考核与有关职业资格考试的有机衔接，建立与特定职业岗位要求相适应的培养模式。④以国际化推动专业硕士培养改革，拓展学生交流项目，鼓励学生参加海外交流研修，推进教师学习研修，吸引具有海外学习和工作经历的学者、教师到校工作与交流。

3. 指导教师双元：学术导师和行业导师共同指导

双元化培养模式之下需要建立在双导师制度之上，在校内和校外分别设立学术和行业导师。①根据专业学位硕士研究生培养目标，制定学术及行业导师遴选标准，明确双导师的责任和权利。②充分发挥学术导师和行业导师在理论和实践方面的不同优势，企事业单位、导师、研究生三方共同合作。学术导师主要负责学生理论知识的培养和思考能力、创新能力的训练，注重研究方法和策略的培养，使学生充分掌握系统性、规范性、科学性研究的技巧和原则，同时，引入前沿的应用性研究让学生提前熟悉行业；行业导师主要从行业内有影响的专家、骨干中选聘，通过实地调研、实习、实验，使学生从实践中学习行业运行规则和流程。③建立校内外导师的沟通机制，双导师间需要保持联络，相互沟通指导情况，以便理论指导和实践指导能够更好地契合。此外，行业导师也应是学生实践考核的重要考核主体。

4. 课程设计双元：基础理论与专业实践课程并行

双元化的课程主要包括基础理论课程和专业实践课程两大类。①基础理论课程要充分体现学科基本原理、内容、性质与特征，专业实践课则应体现行业前沿发展与需求，加强行业、职业关联，适当引入有针对性的行业标准、职业资格认证相关课程。②采取“走出去、引进来”开放式的课程教学，充分利用学校和行业科教资源设置特色课程，紧密结合实际问题进行科研训练，将课程学习与科学研究、讲授与研讨、课内教学与课外实践相结合，提高研究生解决实际问题的能力。③加强精品理论课程和实践课程建设，认清专业硕士课程和学术型硕士课程之间的区别和联系，明确细化课程标准，采用模块化课程设置，创新教学方法，积极采用案例教学、翻转课堂等新方法，建设与培养目标相适应的特色高水平课程体系。④实行双师授课模式，校内教师主要负责公共课、基础课和专业课；行业教师主要负责行业内重大理论与实践问题的讲解。

5. 过程保障双元：校内与校外培养质量同时监控

理想的培养过程需要完善的专业监督、师生协同的质量保障体系，既包括学生理论学习和实践质量的保障，也包括校内外教师教学、实践指导的质量保障。①应重视各级专业学位教育指导委员会的对研究生培养目标引领与过程监督功能，应定期召开培养质量保障督导会，集中探讨培养过程中的制度、实施问题，及时修改和完善。②学生的学习和实践质量需要依靠学生的协作与配合，以及完善的奖助机制予以保障；校内教师的理论和实践教学则可以采用同行评价、小组学习等促进机制，以及合理的奖惩和晋升机制来保证质量；校外教师则需要依靠合同保障，通过与兼职导师、产业教授等签订聘用合同明确职责；具体的实践项目也需要过程跟踪和行业专家的指导。③需要建立一套反馈机制，在上述质量保障机制中出现问题时，需要有一个可以畅通申诉的渠道，使得学生和教师都能对问题进行反馈。

6. 学位论文与学位授予的双元：学科标准与行业需求综合考虑

学位论文写作与学位授予标准也是专业学位区别于学术学位的重要标志。①专业学位研究生学位论文选题应符合行业需求，结合行业重大问题，具备明确的职业背景和应用价值。②专业学位研究的学位论文的撰写方式应更为多样化，如基础应用研究、调研报告、产品开发与设计、案例分析、发明专利等，可以发展成为职业资格取得的条件，与职业资质认证有效衔接。③学位论文与学位授予的评判标准应兼顾学科标准与行业关联，在满足学科理论水平要求的基础上，是否符合行业需求，是否具有创新性和应用性应是重要的评价指标。

（三）毕业与就业环节

1. 就业双元：学位与职业资格双重保障

通过设置合理的课程安排，使学生成绩水平能够符合职业资格的要求，达到毕业与学位授予要求，能同时拿到学位和职业资格，为学生就业提供双重保障，增加就业筹码。相对而言，专业学位硕士研究生就业职业指向性强，对口择业就业的比例应明显高于学术型硕士研究生。

2. 结果评价双元：学生与用人单位共同评价

将学生满意度与用人单位反馈作为培养结果评价的关键指标，遵循制度建设以现实问题为基础，实施效果以直接对象为评价主体的原则，同时接受主管部门与社会的共同监督，按培养周期总结培养成果。重点调查学生、用人单位的诉求与反馈，通过问卷、走访调查、分值评价等方法对培养效果进行全面分析，找问题重点，弥补不足，改进工作。

四、全程双元化培养的实践

以前文所述的全程双元化培养体系为框架，高校可结合学校实际情况、学科专业优势特色等，进行二次设计，再运用到实践中。本章以南京财经大学专业学位硕士研究生双元培养的改革实践为例，探索全程双元化培养的创新机制。

（一）基本情况

南京财经大学现有工商管理、会计、金融、国际商务、应用统计等 13 个专业学位硕士授权点，覆盖了绝大部分经济管理类专业学位。为了适应经管类专业学位研究生培养特点，实现研究生培养从量的增长向质的提高转变，从 2014 年起学校重点对经管类专业学位硕士研究生实施全程双元化培养的综合改革。

（二）特色举措

1. 优化顶层设计，内外结合健全保障机制

学校层面优化专业学位研究生教育管理机制，调整人才培养结构布局，把专业学位研究生教育作为学校人才培养和社会服务的关键任务来抓，建立内部和外部相结合的全过程管理、监督与保障机制。内部通过完善的研究生招生、培养与学位管理制度保障基本运行，通过研究生奖助体系、考核淘汰机制对研究生进行激励与约束，通过导师遴选与考核、研究生教学督导、科研成果奖励与考核、职称评审等制度对导师与教师进行激励与约束；外部积极响应政府部门号召与引导，争取企事业单位合作与利益共享，加强学术、行业协会指导与协调，接受第三方机构评估与认证。积极接受全国各专业学位教育指导委员会的指导、协调和监督；学校成立校级专业学位教育指导委员会，加强对专业学位硕士培养的方向性管理，修订并审议通过专业学位硕士培养方案总则、系列管理文件；培养单位成立院级专业学位教育指导委员会，按学科特点自主细化管理，将专业学位研究生培养模式改革落到实处。

2. 面向社会需求，以职业能力导向制定培养方案

坚持面向社会需求、行业问题，以“职业能力”为导向设置专业硕士培养目标，采用“模块式”的课程体系，提高培养方案与培养目标的匹配度，推进专业硕士研究生课程考核与有关职业资格考试有机衔接，建立与特定职业岗位要求相适应的培养模式。2014 年、2016 年学校两次修订专业硕士培养方案。如金融专业硕士，以“CFA”（特许金融分析师）为切入点，将金融专业学位硕士培养与金融投资界公认的含金量最高的职业资格认证衔接起来：培养

目标以国际最高金融人才规格为标杆，以行业需求为引领，以服务社会为理念，以培养学生实践能力为中心，培养“宽视野、高起点、强实践”的应用型专业人才；研究生方向由4个精简为2个，学制由2.5年调整为2年，原则上要求学生通过CFA考试一级才准许毕业；课程体系注重CFA知识模块的嵌入，加大了CFA相关课程比重，实现CFA知识点全覆盖；以校外金融机构实习实训基地为支点，校内导师和校外导师为两条主线，实现“以一点带两线”。

3. 以案例教学为抓手，强调专业案例库建设

创新教学模式，积极开展案例教学。学校设立专门经费，并要求培养单位给予配套经费，鼓励专业硕士教学案例的编写；改革科研评价体系，将优秀案例教学成果纳入学校科研成果考核；加强案例教室建设，设计专业学位研究生案例教学专用教室，为案例教学的成功开展提供优越条件；各专硕点成立“案例建设小组”，由具有丰富案例写作及教学经验的专家教授组成，负责教学内容设计。目前已有应用统计、金融、国际商务、工商管理四本高水平案例结集出版，应用统计、公共管理专业各有三个案例入选2016—2017年全国专业学位教育指导委员会优秀案例库。

4. 落实实践培养，持续加强研究生实践基地建设

继续加强校企合作，促进人才培养和行业发展良性互动，积极探索多种形式的联合培养机制。根据不同专业学位类别的特点和培养目标定位，围绕行业和区域人才需求，分类制定基地遴选与建设标准，建立一批满足人才培养需求的规范化基地；协调合作单位，建立健全基地管理体系，完善管理制度和运行机制，明确各方责权利，推动基地科学化管理；充分发挥合作单位在研究生培养过程中的积极性、主动性和创造性，以基地建设为纽带，构建人才培养、科学研究、成果转化、社会服务、文化传播等多元一体、互惠共赢的资源共享机制和合作平台。目前学校在建42个省级研究生工作站，2个获评省级优秀研究生工作站，各类研究生专业硕士实践基地达100余个；同时依托南京财经大学现代服务业大学科技园，建设实体化实训基地，为大量经济管理类专业硕士研究生提供实习实践机会。

5. 重视导师队伍建设，强化校内外双元指导

高度重视研究生导师队伍建设，通过强化导师的评聘、培训、考核等措

施，提高导师队伍质量与数量。根据教师的专业背景、研究特长组建教学科研团队，培养教师的团队协作意识，提升专业素养，紧跟学科前沿，不断更新教学内容，提升教学水平；邀请行业骨干对教师实务进行培训，交流前沿知识；邀请国内外知名教授、学者开展专题讲座，增进学术交流，拓展学术与专业视野；鼓励教师出国访学与挂职锻炼。学校具有招生资格的硕士生导师340余人，具有博士、硕士学位的导师占82%，45岁以下导师占54%。同时，自招生伊始，就实行校内导师与校外导师联合指导优势互补的“双导师制”，每位专业学位研究生都配有校内学术导师和校外行业导师，坚持将校外行业导师的指导贯穿于培养全过程，积极完善校外导师的推荐、评审及选聘工作，广泛吸收各学科、行业专家人才，各专业校外行业导师达110人。

（三）改革成效

通过三年多的改革和探索，南京财经大学在专业学位硕士研究生培养上取得了一定成效。

一是积累了经管类应用型人才培养的可推广经验。如与相关职业资格考试有机衔接的课程体系；理论进企业寻找案例、案例进课堂验证理论的双向互动案例教学模式；研究生奖助体系“3+x+y”模式，每生每年有固定数额的奖助学金，同时增加浮动助研经费，x为硕士导师提供的助研经费，y为其他“三助”及科研酬劳。二是生源数量与质量明显提高。专业学位硕士办学声誉和培养质量受到社会及考生的接受和认可，2014年至2017年研究生报考人数、第一志愿录取率逐年提高，“985工程”“211工程”院校生源也逐年增多。三是研究生学术能力和专业水平不断提升。研究生积极参加全国各专业学位研究生教育指导委员会和省教育厅举办的各类项目及竞赛，2017年、2018年学校共获批江苏省研究生实践创新计划项目85项，统筹科研经费71万元；获第四届管理案例精英赛全国总决赛季军，华东赛区总冠军；获江苏省优秀硕士学位论文5篇，全国优秀金融硕士学位论文1篇。四是市场竞争能力大幅提升。在就业市场普遍低迷的情况下，经管类专业硕士毕业生仍能保持较强的市场竞争力，大部分在银行、会计师事务所等相关行业工作，通过注册会计师、特许金融分析师考试的毕业生更是供不应求。用人单位对研究生反馈良好，在研究生实践基地实践实习且表现优秀而留下就业的研究生占比60%以上。

五、结论

（一）全程双元化培养的优势

1. 对学生：缩短学习时间，提高成才效率

成功融合学历教育与职业技能培训，在培养职业素养、专业技能上，发掘研究生的实践参与能力、创新创业能力等方面，明显优于传统的培养模式，大幅缩短了获得职业资格与能力的学习时间，提高成才效率，研究生也不再“眼高手低”。

2. 对高校：优化毕业生质量，解决就业问题

通过在学校和行业内接受双元训练，使得学生既能掌握本专业方面的理论知识，又能在实践中提升实务能力，既保证了专业基础，又提升了专业技能。有效解决在传统培养模式下学生偏重于理论而不善于解决实际问题的弊端。在就业方面，实现订单式人才培养，提高就业率，更好地完成人才培养的任务和使命。

3. 对社会：降低双选成本，消除人才供求的信息不对称

通过问题导向，行业需求来设置培养目标，创新培养模式，不仅为企事业单位用人提供了便利，节省人才选拔和再培训成本，实现从学校到社会的无缝对接，也避免了因信息不对称导致的人才供求关系不平衡的问题，降低毕业生与社会双向选择的成本。

（二）问题与难点

（1）专业硕士研究生人才培养模式创新是一个长期的、动态的过程，不是一蹴而就的。双元化培养从顶层设计到试点运行，再到全面实施，还需要时间的考验和持续的修正调整，最终形成成熟的模式。

（2）学校资源局限性致使校企、校地协同合作不足。校企校地间的持续合作是双元培养中的一个瓶颈，特别是校企、校地之间常常建立在个人关系间的合作基础上，随着人事和岗位变化，合作常表现出不稳定性和不可持续性。

（3）部分专业生源质量不高，生源结构有待进一步优化。部分专业学位

因设置时间短、社会接受认可度低等原因，第一志愿报考人数较少；部分研究生属于跨专业学习，转型时间成本高，间接增大了培养难度。

（4）非全日制研究生培养质量管控不易，精细化培养有难度。非全日制研究生一般采用“不脱产”学习方式，授课基本上在周末进行，教学规范化管理有一定难度，学生的多样化需求难以满足。

（三）对策与建议

（1）高校应根据学校实际情况，选取典型的、特色的、优势的专业学位点进行双元化试点改革工作，强化执行，持续推进，避免朝令夕改，在实际运行中总结规律，发扬行之有效的好经验，形成示范基地，以点带面。

（2）要形成完善、稳定的政府企业高校行业协作机制，行业主管部门、行业协会进行引导，政府给予支持，企业积极参与，高校主动对接，实现由多元主体共同参与和推进的产教融合，健全以社会经济发展、行业格局需求为导向的高层次人才培养模式，解决人才教育供给与产业需求的结构性矛盾。

（3）优化人才培养质量的评价指标和标准，控制招生规模，做精品、形成亮点，打通专业学位与职业资格认证的衔接通道，开发与行业、企业合作对接的订单式专业学位研究生培养项目，消除学生就业顾虑，吸引优质生源，提高社会认可度与影响力。

（4）推进个性化的精准培养模式，对全日制与非全日制研究生进行细分，根据学生不同特点、不同需求调整相应的培养方式，对在职从业人员加强理论教育，对欠缺从业经历的研究生加强实践教育，消除弱项，统一标准，保证培养质量，提高专业学位含金量。

参考文献

［1］国务院．国务院关于印发国家教育事业发展“十三五”规划的通知［Z］. 国发〔2017〕4 号，2017 - 01 - 19.

［2］国务院办公厅．国务院办公厅关于深化产教融合的若干意见［Z］．国办发〔2017〕95 号，2017 - 12 - 19.

［3］陈莹．德国双元制高等教育体系研究［J］．外国教育研究，2015（6）：119.

［4］高松．德国高等教育领域双元制培养模式发展评析［J］．国家教育行政学院

学报，2012（5）：89.

［5］史秋衡，陈志伟．德国双元制应用型硕士培养机制探究［J］．国家教育行政学院学报，2016（4）：3—10.

［6］（美）德里克·柯蒂斯·博克．走出象牙塔——现代大学的社会责任［M］．徐小洲，陈军，译．杭州：浙江教育出版社，2002.

［7］（美）里查德·雷文．大学如何服务于社会［J］．国家教育行政学院学报，2006（9）：32.

［8］国务院学位委员会．硕士、博士专业学位研究生教育发展总体方案［Z］．学位〔2010〕49号，2010－10－22.

第二章 MBA全程双元协同培养模式的建构与实践*

摘　要： MBA作为我国第一个专业学位，已经为国家社会经济发展培养了大批高素质管理人才，面对新的商业挑战，亟须创新MBA培养方式。本章基于协同理论，融合全程双元化理念，阐述构建MBA全程双元化培养模式的基本思路，并重点指出校企联动、系统协同和要素整合是推动MBA全程双元协同培养模式成功实施的关键，同时以南京财经大学MBA培养实践为例，探讨MBA培养改革与创新的具体举措及实施成效。

关键词： 工商管理硕士（MBA）；培养模式；双元协同

MBA作为我国研究生教育中第一专业学位，已经为国家社会和经济发展输送了一大批高质量专业化管理人才，MBA教育也因此得到社会高度认可和广泛关注[1]。但现如今外部教育环境的变化，给MBA教育带来了新的挑战。首先，272所具有MBA培养资格的单位缺乏培养特色，导致培养结果同质化现象严重；其次，随着90后进入职场，培养对象年轻化趋势不断增强，MBA培养也将从最初的精英培育向业界新秀培养拓展；另外，移动互联网、大数据、云计算等新兴科技也对商业管理实践提出了更高的要求。上述变化导致MBA教育面临应用能力难培养、实践培养难落实、理论学习与实践学习难衔接等现实问题。针对这类情况，近年来，越来越多的高校通过长期实践摸索出多种MBA培养模式，部分培养单位强调培养学生作为领导者的综合素质，并以此构建了能力结构性培养模式[2]；还有一些学校强调如何强化学生解决管理实践问题的能力，并提出“三位一体”培养模式[3]；也有不少学校借鉴德国职业教育实践推行双元或多元化培养模式[4]。但这些培养模式在理论和实践有效融合这一问题上都或多或少存在一些自身的缺陷[5,6]。因此，MBA教育现在

* 本章发表于《研究生教育研究》2020年第6期。

的重中之重应当是探索最优培养方式，将管理的思想、理论、方法融为一体并内化为学生的“自省”能力，提升其运用理论和方法解决实际问题的能力以应对变化莫测的商业环境。

一、MBA 全程双元协同培养模式的构建思路

（一）构建的理论基础

协同理论作为系统科学的重要分支，着重探讨如何通过内外部协同，推动系统由非平衡态重新走向平衡态[7]。按照协同理论，面对形式多样的系统，为确保系统内外部各要素之间顺畅流通，管理者应当遵循系统的基本特性，运用整体视角进行管理。当系统内部要素和外部环境要素能够进行顺畅联系和沟通时，物质、能量和信息才能保持开放状态进行动态性交换，充分发挥系统的整合功能。推动系统自我演化的内在动力是自组织规则，同时，在与外部环境交互过程中不断进行物质、信息和能量的交换，并在交换中实现自我演化。这种演化要经历各种状态的变化，最终在动态中达到适度最优。由此可见，协同论认为，只有系统处在开放状态，才能有效推进上述交换，在不断汲取优质资源中保证系统运行活力。在产学研联合培养专业硕士的过程中，高校和企业之间就存在潜在的协同效应，根据协同理论的观点，两者应根据自身实际的需求，在相互沟通和理解的基础上，积极寻求双方合作的最佳契合点，遵从系统要素相互作用的基本规律，积极发挥产学协同效应，实现最初的目标和最大的效益。

（二）构建的原则

按照协同论的基本观点，构建 MBA 全程双元协同培养模式应遵循以下三项原则。

（1）目标性原则。该原则主张，MBA 培养系统的协同功能是在培养目标的指引之下充分发挥的。依据专业学位研究生培养需要，MBA 培养系统应寻求协同系统内要素或子系统之间、系统内外要素或子系统之间的方法。首先，要为 MBA 培养设置总体目标，总体目标的确立应该在查找当前培养模式存在

不足基础上通过系统协同予以明确。其次，协同目标应有层级性。尽管 MBA 培养体系中各个要素之间甚至是其内部包含的各自子系统之间都会在目标设置过程中出现差异，但都应以 MBA 培养总体目标为中心，即它们是由总目标分解出的不同层次、不同要求的各级目标。

（2）适应性原则。MBA 培养是一个动态发展的过程，不同层级的协同应该适应系统内外部环境的变化进行动态调整，及时准确地做出有效回应。为保证 MBA 培养系统各层级相互协同，不仅要依据自身客观要求维持系统顺畅运行，并保持相对稳定性，而且要对系统外部环境保持高度敏感性，确保系统及时适应环境变化带来的更高要求。

（3）互补性原则。能否充分发挥 MBA 培养系统中各要素蕴含的潜在优势，关键是要科学研判现有的各要素是否彼此之间存在相互协同性，是否在资源运用中有较强的依赖性。为此，系统必须通过协同谋划，充分发挥各自优势，并针对其在 MBA 培养系统中存在的不足，按照系统整体目标，依据各要素在整体系统中扮演的角色进行有效协调，积极发现要素之间的互补性，并通过互补性降低由于稀缺教育资源带来的压力，进而最大程度发挥系统内部的协同性。

（三）基本架构

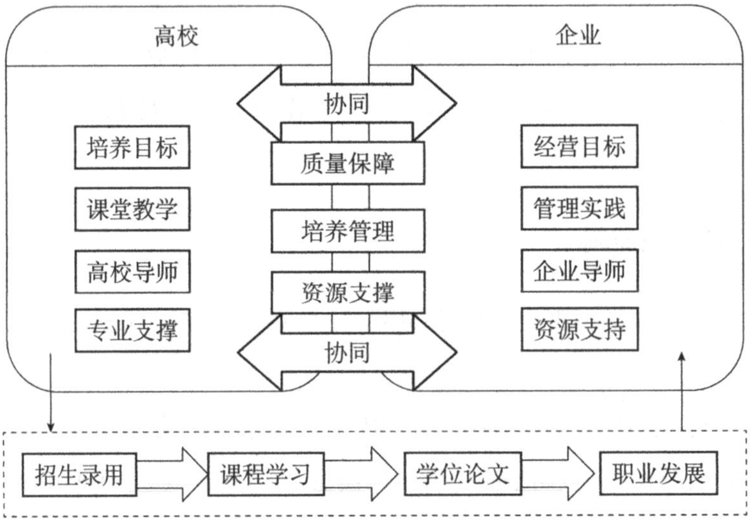

图 2－1　MBA 全程双元协同培养模式

MBA 全程双元协同培养模式是一种旨在整合高校和企业两种教育资源，通过课堂教学和实习实践逐步提高学员综合素质和市场竞争力的一种培养模式，从而实现高校人才培养、企业人才需求和人才自身发展的相互融合，其结构如图 2－1 所示，这种培养模式能够充分发挥双元协同性和全程监控的优势。双元协同表现为高校培养目标和企业人才战略目标的协同、课堂教学实践与企业管理实践的协同、校企导师协同指导学生以及专业支撑与企业资源支持相互协同。全程监控表现为高校和企业作为双元在学员招生、课程学习、学位论文和职业发展四个环节全程互动，旨在实现质量保障、管理互动和资源互补[8]。

在上述培养模式下，MBA 培养系统中各个子系统之间相互关联、相互作用，形成一个开放的大系统，增强 MBA 培养单位和社会经济生产之间的交流，能使两者形成彼此联系、相互依托的有机整体[9]。这种培养模式一方面可以满足教育与企业的双方需要，使其分别获取所需要的资源；另一方面，遵循教育发展、生产活动与经济发展的规律实现了教育与产业部门的有机结合。总之，高校与企业通过共同构建的 MBA 双元协同培养模式，能够有效整合高校人才培养、企业人才需求和人才自身发展。

二、MBA 全程双元协同培养模式实施要点

（一）校企联动

校企联动关键是要以高校服务地方经济为抓手，通过充分发挥校内外导师的协同作用，有效融合理论教学与实践教学。首先，MBA 教育主动将理论教学与实践教学相结合服务地方经济建设。通过定期和不定期开展全日制与非全日制研究生之间的交流、学校与企业之间的交流，分享经验特别是合作企业在学生能力培养上作用的发挥情况，据此总结实践教学的利弊得失，探讨克服弊端的良策与措施[10]。总结交流经验连接了前一个实施过程和下一个实施过程，通过对前者总结反馈为后者提供借鉴。其次，校内外导师相互协作，共同完成 MBA 培养任务目标。高校主动联合企业一起制定 MBA 培养方案，为了更好指导研究生完成论文，校企共同构建校内外导师定期沟通交流的合作机制，并在其中明确校内外导师各自的分工，并在特定角色上形成优势互补，协力打造

“双元”导师团队。MBA 双导师指导机制贯穿在 MBA 培养的全过程中，包括实践实习，毕业论文选题、撰写、答辩等各方面[11]。同时，校内外导师在共同合作过程中也应该各有侧重。有些学生直到实践环节才与校外导师确定对方，过晚地开始会导致缺乏计划性和长久性，另外，校外导师几乎都没有参与学生在校内的专业知识培养，对学生情况缺乏了解。校内和校外导师分别不关注学生在校外的实践课题情况以及在校内的学习情况，同时两者又缺乏交流沟通，势必会引起对 MBA 学生的管理和指导的疏忽。

（二）系统协同

MBA 全程双元协同培养系统由目标子系统、培养子系统和保障子系统组成。这三个系统的协同表现为目标子系统作为目标导向对培养子系统和保障子系统发挥指引作用。培养子系统是整个专业学位研究生培养模式系统的主体，也是内外协同的主体。培养子系统通过内部协调确保培养工作能顺利高效地实施，其外部协同一方面是实现培养目标的重要支撑，同时也体现了现阶段专业学位研究生培养模式系统发展的主要特征[12]。目标子系统在形成培养目标时如何有效运作是难以回避的问题。现实情况表明，MBA 培养的人才面向多种多样的企业就职，同一行业的不同企业或是不同行业的企业对人才类型的需求提出了不同要求。不同企业的用人需求代表了所在行业对人才的需求趋向，而各个行业对人才的需求则反映出整个用人市场的要求。

（三）要素整合

MBA 学员需结合社会当前的用人趋势，在充分了解自己所从事行业的未来发展态势的基础上做出最优的职业规划。因此，要求其既要有自己专业的深度，又要有视野的广度，还要有跨界的思维[13]。双元主体协同互动的创新培养模式结合核心组织要素、核心个体要素以及核心过程，通过创新主体间的资源整合和深入合作，产生系统叠加的非线性效用，从而提高 MBA 学生培养质量。其中，核心组织要素为学校和企业，核心个体要素由 MBA 学生、校内导师、校外导师、授课教师等组成，贯穿学生从招生录用到就业的全过程[14]。MBA 教育从招生、培养再到毕业、就业各个环节，为满足“专业化和复合型”的专业人才培养要求[15]，展开全程双元化培养探索，调动高校、企业、行业力量，理论结合实践，将研究生教育与职业教育融合，形成人才培养合力，共同促进 MBA 学生的发展[16,17]。

三、MBA 全程双元协同实施举措

以上述全程双元协同培养模式为框架，财经类高校可结合本校实际情况，进行二次设计，再应用到实践中。本章以南京财经大学 MBA 教育中心（以下简称南财 MBA）在学生培养中的实践为例，探讨 MBA 全程双元协同培养模式的落地举措。

（一）校企协同　共建培养平台

将高校和企业或组织机构两个学习场所有机衔接是推动双元协同的一个关键特征。在人才培养过程中既相互影响，又保持相对独立，最终形成“协同共赢”的状态。南财 MBA 围绕能力培养，参照企业关键管理岗位任务要求，遵循工作与学习、实践与理论相结合的“双元”教育思路，坚定贯彻渗透式培养，即从学生入学之初，企业就参与进来，学生既是学校的学生，也是企业的准员工，一边在学校学习，一边在企业实践。南财 MBA 通过不懈努力，最终将自身打造成一个共享平台，并且后方有两个相对独立的资源池作为重要支撑——南京财经大学内部所有学院和校外各类企业。在平台化模式下，选择和教育的自主权交给学生自己，南财 MBA 中心则对平台上的资源进行必要的监督和筛选。这种模式为全面提升培养质量提供了制度保障。

此外，南财 MBA 通过共享平台对校企资源进行有效整合，开设总裁班，邀请企业高层管理人士重回课堂。一方面帮助这一群体学习理论前沿知识，更新思维模式；另一方面吸纳他们走进南财 MBA 教育体系内，在案例研发、MBA 学生培养与职业成长方面助力项目发展，既提高了总裁班成员经营实业的能力，又增强了 MBA 毕业生的市场竞争力，实现分享共赢。

（二）校内校外协同　打造双能师资

理论与实践相结合是双元制另一个非常重要的特征，两者有机统一的关键是教学团队。南财 MBA 教育按“科学规划、阶梯推进、团队共进”的建设思路，积极引进企业兼职教师与校内优秀教师共同组建教学团队，互补能力短板，合作完成教学。南财 MBA 凭借独立建制和全过程管理的 MBA 教育管理体制，充分发挥校院领导的能动性，对全校师资和专业资源进行系统梳理并在此基础上进行有效整合，充分利用完备的商科教育体系，全力培养懂经营、善管理、精财务的商界精英，进而打造 MBA 教育高端品牌。

首先，依托南京财经大学经济与管理学科优势，南财 MBA 在全校一千多名师资队伍中，挑选精英教师组建 MBA 教学团队，并获得工商管理学院、会计学院、金融学院、管理科学与工程学院、新闻学院等强有力的学科支撑。在第七届全国管理案例精英赛中，来自各个学院的精英教师代表组团指导 MBA 战队共同出征，被学生誉为“导师天团”。

其次，南财 MBA 审时度势，按照全程双元化理念，积极落实双师结构。积极引导校内导师主动与企业管理实践相融合，着重培养既懂理论又熟悉管理实践的双师素质。此外，通过各种方式和途径将企业优秀管理者引入到师资队伍当中来，组建课程组，引导校内教师和企业管理者共同承担特定课程的教学工作，促进相互学习相互提高，在优化师资结构的过程中，逐渐弥补校内教师管理实践薄弱的短板，从而确保教学质量全面提升[17]。

此外，为了切实提高教学质量，MBA 教育中心增设 MBA 教学督导组，聘请校外知名专家任督导组组长，从多个学院遴选优秀教师作为督导组成员，强化对 MBA 学员教学管理工作的监督、指导和引领，促进 MBA 教师教学水平的提升和学生综合能力的发展，加强对教学过程的质量管理。

（三）跨部门协同　优化课程体系

从 2016 年开始，在对南财 MBA 保有财经特色，立足学校发展的思量下，中心利用其独有的建制优势，提出让 MBA 教学满足学生个性化需求的设想，并着眼于核心需求，推动校内与校外师资有效协同，进行课程体系创新，提高教师与学生参与度，完善 MBA 人才培养工作。在教指委规定的 12 门核心课程之外，南财 MBA 全面开放选修课程，进行通识培养。与各学院进行跨界合作，推行 MBA 课程学习和各相关学院研究生课程学习学分互换的措施，从而有效鼓励学生可以按照自己的兴趣，跨院系选修另外 8 门课程。一方面帮助大家掌握 MBA 的核心课程，另一方面又可以使学生实现个性化发展。

此外，为了帮助一些没有经济与管理学科背景的同学快速而顺利地进入学习状态，在最新版本的培养方案中增设两条：第一，在新生入学前的暑假中，开设微观经济学和管理学基础两门先导课程，学生可通过金牌教授录制的网课提前进行学习预热；第二，开设“阅读修炼”活动，由老师提供书单，根据学生阅读需求和学习基础，分组读书、讨论、分享，推动MBA同学理论与修养同步提升。

2017年，南财MBA首次招收全日制MBA学员，并与非全日制班级进行针对化教学。相较于非全日制学员而言，全日制同学更年轻化，对于转型的需求更为迫切。南财MBA在课程设置、实践内容、国际化视野拓展等方面予以更多的帮助和指导。针对非全日制同学而言，除了更为强调基础专业素养之外，南财MBA更注重其领导力、人格修养、视野格局等内容的培养。

（四）课堂与比赛协同　完善“双元”教学体系

从学校到职场，从课堂到赛场，学生必须完成思维与行动方式的转换。为此，南财MBA教育面向实体经济，以行业问题为导向，立足学科专业特色，从案例教学入手，大胆改革创新，强化专业案例库建设，不断创新教学模式，充分整合校内、校外各种教学资源和力量，积极推动案例教学。MBA教育中心专门设立MBA管理案例研究中心，进行管理案例开发与教学研究，着力提升我校MBA师生理论素养和商务实战能力，并接连取得多项丰硕成果。

自2016年起，南京财经大学每年都会组织学生参加全国管理案例精英赛，并取得了瞩目成绩。此外，南财MBA在课程设置上依据双元化原则，基础理论与专业实践课程并行，开设案例分析课程，利用小班精英化教学的优势，从每年6月全员参与的校园案例赛到7月华东区大赛，再到9月开展的全国赛以及11月进行的江苏地区大赛，学生和教师与企业展开深度互动，以赛促学，实现理论与实践相结合的目的。

（五）专业与行业协同　提升论文质量

南财MBA积极调动校内和校外合作积极性，共同协作培养既能登高望远又能脚踏实地的复合型高层次管理者，学位论文注重实务和创新相结合。首先，引导学生在学位论文选题时紧密结合管理实践和案例开发内容。论文类型一般采用案例分析、调研报告、专题研究、管理诊断等。要求 MBA 学员在论文撰写过程中紧紧抓住管理实践中存在的关键问题，围绕工商管理专业知识进行深入剖析，在解决实际问题中既要展示创新性也要体现实用性。其次，为 MBA 学员配备专业导师“二对一”指导。专业和行业导师共同努力，共同参与 MBA 学生论文选题到答辩的全过程。严格要求校外导师参与制定 MBA 学生的培养计划，筛选专业课程，毕业论文选题、撰写、答辩等各个环节。在 MBA 学生毕业论文答辩中，行业导师答辩专家包含来自上市公司、行业龙头企业、政府商业部门的管理者，其中不乏高学历、高职称和高专业资质的实务专家。在答辩环节，行业导师从实际操作方法、实际案例的可行性等方面提出问题和建议，给予答辩学生更多的启发和建议。相较于专业导师在答辩时偏向理论性，校外专家则能提出更多的实践指导，更为贴近实际。

四、实施成效与启示

（一）实施成效

南京财经大学 MBA 教育在学生培养的整个过程中，坚持课堂教学与实践学习、培养能力与传授知识、学校培养与企业培训相统一，确保“双元”相互渗透与充分融合，在学生培养和教学上取得显著成效。

首先，注重师资培养，提升案例教学效果。近年来，南京财经大学 MBA 中心切实贯彻实施全程双元化培养理念，大胆改革，以案例教学为抓手，强调专业案例库建设，创新教学模式，积极开展案例教学。为了帮助同学们更好地展现自我，进行案例教学的可持续化发展，中心深入强化校内外双元指导，提高导师队伍质量和数量，注重年青师资力量培养，紧跟学科前沿，不断更新优化教学水平。经过近十年的努力，南财 MBA 案例教学已初具成效。截至 2020 年，南财 MBA 先后组织各类老师深入企业调研，并自主开发原创性案例 50 余篇，其中 38 篇提交中国管理案例共享中心，先后有 12 篇荣获全国百篇优秀管理案例奖，南财 MBA 也因此先后两次荣获全国百优案例评选最佳组织奖。此外，截至 2019 年底，南财 MBA 师资队伍中先后有 1 人获教育部学位中心“优秀案例教师”，2 人获全国管理案例精英赛最佳教练奖，在全国管理案例精英赛华东区比赛中 4 名教师获最佳教练奖，此外，在三届江苏省 MBA 管理案例大赛中，先后有 4 名教师获最佳教练奖，3 人获优秀指导教师奖。

其次，中心致力于组织学生比赛，提升学员综合素养。设立南京财经大学 MBA 教育中心案例研究中心，负责管理案例开发以及组织师生参加各类案例大赛，提升南京财经大学 MBA 师生理论素养和商务实战能力，并取得系列成绩。自 2016 年起，南京财经大学每年组织学生参加全国管理案例精英赛，并取得令人瞩目的成绩。2016 年荣获第四届全国管理案例精英赛华东区晋级赛冠军和全国总决赛季军；2017 年两支队伍双获华东一区晋级赛季军。2018 年荣获华东一区晋级赛冠军和全国总决赛季军；2019 年，MBA 中心师生精诚合作，奋力拼搏，更是取得了华东三区晋级赛亚军和全国总决赛亚军的好成绩，在南京财经大学 MBA 发展史上取得历史性突破；2017 年，由 8 届校友和在校生组成的亚沙参赛队，捧获沙六“沙鸥奖”；2019 年，南财 MBA“大漠苍狼队”沙八再捧“沙鸥奖”，彰显了南财 MBA 人的团队精神。

此外，师生共研课题，全面提升论文质量。联合培养过程中，实习实训研究生广泛参与校企合作横向课题，近 5 年，越来越多的学生在导师的指导下积极参与横向课题的研究。一些学生将实习与毕业论文和公开发表的论文相结合。近三年，在合作企业实习实训的硕士研究生撰写了与实习实训相关的高质量毕业论文近 20 篇。分别由不同老师指导完成的学位论文连续 5 年荣获“江苏省研究生优秀学位论文”。

（二）管理启示

作为高层次管理者的专业学位研究生培养，校企全程协同创新为 MBA 培养提供了一条有效途径。MBA 所在院校应当高度重视企业在学员培养过程中的独特作用，同时也要深刻认识到培养 MBA 不是企业培训，不能一味按照企业的要求进行人才培养，而是要强化高校和企业之间的协同性。财经类院校既要注重自身师资队伍的建设，同时也要借助企业资源，搭建各种实践实习的平台，有效激发高校和企业在专业化人才培养中的主动性，逐步营造有利于 MBA 培养的良好环境。

此外，地方财经类高校首先要积极发挥合作企业、校内外师资的优势，从专业学位属性及院校实际出发，建立能力导向的培养体系。其次，要调动校内教师的积极性，引导其定期参与行业实践，鼓励与校外导师建立学术实践团队，定期开展讨论与行业实践，掌握最新的行业专业知识。再者，要善于加强与企业联系，通过开展项目研究、建立实践基地和组织实践实训师资队伍，引导其积极参与培养过程。最后，教学质量评价考核应以学生能力增长为核心，从而有计划、有步骤地完善地方财经类高校 MBA 教育培养体系。

参考文献

[1] 龚雪俊，孔伟明．关于高校 MBA 教育品牌建设的几点思考——以 C 大学商学院 MBA 项目为例［J］．管理观察，2019（20）：106—107.

[2] 袁丹，雷宏振．我国 MBA 教育培养的融合模式探索［J］．研究生教育研究，2014，22（4）：81—84.

[3] 宋志伟，任广萌，李立欣．“三位一体”全日制专业学位研究生培养模式的探索与实践［J］．黑龙江教育（理论与实践），2019（07）：28—29.

[4] 欧丽慧，马爱民，刘飚．多元情境下 MBA 职业能力训练模式的构建与创新［J］．学位与研究生教育，2019（10）：35—41.

[5] 雷玲，孔学平．MBA 研究生教学服务质量满意度的实证分析——基于某高等农业院校的问卷调查［J］．高教论坛，2019（6）：83—89.

[6] 程永波，欧亚．全程双元化：专业学位硕士研究生培养的路径选择［J］．学位与研究生教育，2018（8）：46—52.

[7] 方刚谈，佳馨．互联网环境下产学研协同创新的知识增值研究［J］．科学学研究，2020，38（7）：1325—1337.

[8] 沈啸，宁亮，彭媛．基于整合课程的工商管理硕士（MBA）创业大赛研究［J］．创新与创业教育，2017，48（06）：17—22.

[9] 何艳，林刚．以系统思维培养为导向的互联网时代 MBA 案例教学法——耶鲁管理学院原案例教学法探析［J］．学位与研究生教育，2016（9）：60—64.

[10] 卫志民．企业导师制在工商管理硕士（MBA）培养中的创新与完善［J］．学位与研究生教育，2013（11）：60—63.

[11] 王爽英．新常态下高校 MBA 教育中创新能力培养的路径分析［J］．当代教育实践与教学研究，2019（6）：71—72.

[12] 余吉安，陈建成，徐宇沛．绿色 MBA 培养体系的构建——以北京林业大学绿色 MBA 项目为例［J］．学位与研究生教育，2018（1）：18—24.

[13] 汪金爱，吴柏钧，高松．行动学习在欧美管理教育中的应用及其对中国 MBA 教育的启示 [J]．学位与研究生教育，2015（10）：58—64.

[14] 张宁．我国 MBA 教育师资问题与建设路径探析 [J]．黑龙江教育（理论与实践），2018，1251（Z2）：16—18.

[15] 陈喜波．行业特色型院校 MBA 培养模式探索研究——以北京物资学院为例 [J]．教育教学论坛，2016（15）：269—270.

[16] 贺克斌，冯柳青．共性与个性：基于院校层次的专业硕士培养模式研究——以 MBA 为例 [J]．清华大学教育研究，2015（4）：88—93.

[17] 莫鸣．农业院校工商管理硕士（MBA）的目标定位与培养模式——以湖南农业大学为例 [J]．教育现代化，2015（1）：27—30.

第三章　案例建设支撑的MPA研究生实践创新能力培养集成模式研究

摘　要： 公共管理案例既是公共管理学人把研究做在中国大地上的重要途径，也是公共管理理论本土化发展的重要来源。加强案例建设是进一步改革专业学位研究生培养模式、支撑人才培养体系建设、提高研究生培养质量的迫切需要，有利于提升MPA研究生在实践中创造性解决问题的综合本领。本章基于案例教学与建设相关理论及经验，立足公共管理学科建设与人才培养时代使命，概述公共管理案例建设的共识与价值，阐释案例建设支撑的MPA研究生实践创新能力培养推进的必要性与紧迫性；描述当前公共管理案例建设的困境，总结了自主高质量案例资源建设、协同教学应用系统、菜单式教学模式、阶梯式教学流程等建设成效，揭示有韧性的学习共同体、线上下混合课内外协同的教学支持系统、开放与立体化的多元考核等内在机制；为正在推进的公共管理案例建设、平台整合、教学方法优化提供直接参照，也为站在新时代的公共管理学科发展与人才培养改革提供启示。

关键词： 案例建设；公共管理硕士；实践创新能力；集成模式

一、引言

中国特色社会主义进入新时代，培养服务经济社会发展与推进国家治理体系和治理能力现代化的高素质公共管理人才成为党和国家事业发展的迫切需要。MPA教育作为培养应用复合型公共管理专门人才的重要途径，也急需公共管理案例建设的有力支撑。公共管理案例既是公共管理研究者把研究做在中国大地上的重要途径，也是公共管理理论本土化发展的重要来源，在公共管理领域广泛开展案例原创、案例教学与案例大赛，已成为国内外的共识。加强MPA研究生培养中的案例建设更有利于培养学生在实践中创造性解决问题的综合本领。公共管理案例建设包含案例资源的创造、整合、使用与集成，让现有案例资源在课程之间，第一、二、三课堂与相关平台间，协同开发利用资源，形成共商共建共享的一种局面，促进资源整合、优化和提取使用。同时，通过集成模式嵌入热点素材、社会调查、案例资源、案例大赛、创新创业比赛、理论文献等，达到理论教学、实践教学与案例教学的有机统一，第一、二、三课堂的有机联动，激发和维持MPA研究生的学习兴趣和积极性，提升教学效果，实现高层次复合应用型公共管理人才培养的目标。

二、MPA研究生实践创新能力培养中案例建设的价值

（一）讲好中国治理故事，推进案例建设已成为学科共识

公共管理是解决公共问题、提供公共物品和公共服务、实现公共价值的活动，作为实践导向的学科，是所有人都能体验的学问。案例源起于理论与实践的矛盾，是理论联系实践的通道。“根据克里斯坦森对案例的定义，案例是以叙事的形式将现实中对管理参与者所遭遇的境况进行部分的、历史的、诊断性的选取分析后加以呈现。通过提供对于分析特定情景至关重要的实质和过程的数据，同时鼓励学生积极参与讨论可供替代的行动方案假设，更好地模拟现实世界中复杂与模糊的境况，深入分析并提出最终解决方案”（小劳伦斯·E. 列恩，2001）。因此可以将公共管理案例理解为蕴含公共治理问题和疑难，或者能提供启示的专业故事。做好公共管理案例建设、讲好中国治理故事不仅是大国崛起与世界对话的需要，也是我们每一个故事中的人与自己的传统、国情、意愿对话的过程。作为研学者有幸在这个伟大的时代与世界、与自己、与历史对话，通过专业治理故事讲清基本国情、制度优势、人民意愿和发展进步，讲清发展中面临的诸多困难和问题，把各领域“碎片化”的治理现象有机地拼接起来，尽可能还原呈现给外部世界一个真实、清晰的中国治理图式，并提炼上升为本土化的公共管理理论。MPA教育中的案例主要是建立在叙事基础上，通过分析公共管理实践情景或基于真实事件而创作的故事（小劳伦斯·E. 列恩，2001），以焦点或问题为指引，主要回答“是什么”“怎么样”“为什么”，而不是“应该怎么样”，案例教学或研究的“正确答案”不可能在教科书中找到，也不可能人人赞同。但这一教学与研究的过程有利于促进专业知识和行为

技能的发展。

加强公共管理案例建设是由公共管理学科性质和学科文化决定的。作为弱范式应用型学科，公共管理具有超学科的生产模式特征（黄瑶 等，2016），能将多种知识相互整合，最终形成较为全面的知识体系，因而对于公共观点的导向和解决问题的能力具有较强的帮助（黄盈盈 等，2013）。国家治理现代化的征程中需要站在经济社会发展的整体高度，通过对理论知识、社会实践与个体理论与实践的整合，形成政产学与社会公众结合的系统化的治理生态系统，从宏观角度通过知识再创新来将经济社会中的复杂问题简单化。由于案例知识生产具有“情境化 + 应用性 + 多元性 + 协同性”特性及案例知识扩散的“解释性 + 自定义 + 自创性 + 多向传导”等特征，使得案例教学能回应这一学科的知识生产与扩散。当前中国公共管理学科发展进入新阶段，本土化是其重要诉求，把“中国作为方法论”既是学者的情怀，也是学科发展与人才培养的理性选择，用中国事实来定义中国治理（何艳玲，2020），已成为学科建设与突破的共识。

（二）MPA 研究生实践创新能力培养需要加强案例建设

公共管理人才培养中，实践能力的训练是相当重要的内容。2020 年 7 月召开的全国研究生教育会议，提出以提升研究生教育质量为核心，在深化改革创新的同时促进内涵发展；强调“从‘研’出发，将研究生素质的培养着眼于研究二字，突出研究生教育的创新型、建构性、审辩式特征模式。专业型研究生的‘研’要以成为某一实践领域的专精人才为目标，从而促进社会‘行’之效益”（杨卫 等，2020）。同时，专业学位的硕士在培养专业相关能力时，也不应桎梏于自身学科的小囹圄，交叉学科体系的培养同样重要，以此跻身更大领域，进而最终成为各行各业里能够提供技术方案的领军人才，建立起长期导向的兼顾职业胜任力及知识、能力和价值等多方位的考核体系（杨斌 等，2020），聚焦专业型硕士研究生的实践创新能力培养模式改革探索。案例建设特别是案例教学兼顾了实践及理论，作为一种实践性很强的系统性训练对于学生思维及能力的培养十分有效，尤其是有利于培养 MPA 研究生的组织、创新、决策与领导能力（刘静，2019）。

案例教学本质是训练思维的工具，教师在课程中通过案例的形式将理论知识与实践经历相结合，引导与培养学生思考问题及解决问题的能力（范勇茂，2019）。联合国教科文组织曾在全球范围内做过一项追踪性研究，对案例教学、讲授教学等九种教学方法进行教学效果调查，并从能力培养等六个维度进行衡量，结果显示案例教学法对分析能力的培养高居首位（刘细良 等，2015），且对解决公共管理人才培养实践实训难题大有裨益。长期以来在公共管理教育领域，由于多种因素的制约，“校府合作”的机制还不够完善（娄成武，2009），公共管理类人才培养的“府学研”一体化合作运行困境重重。我国拥有公共管理学科的高校众多，但是由于学科优势和特色不够鲜明、研究生培养理念与方式相对落后等缘故，实践领域教学有心无力。尤其是在优质教育资源稀缺的情况下，大量的普通高校想要使用已有资源，凭一己之力突破实践实训困境，实现学生创新能力培养的协同困难重重（贾海彦 等，2020）；因此，加强案例教学在实践教学中的比重，能够进一步提升学生运用理论要素分析解决复杂实际问题并将其简单化的能力，以及通过实践创新过程逐步培养前瞻眼光和理性思维（江小涓，2020）。引导学生参加案例大赛有利于提高学生的学习热情；拓宽学生视野，提高学生的综合素质能力，在建构和完善自身的知识体系的前提下，通过相关知识理论深入思考关于案例实践问题的复杂因素并提出解决办法，逐渐培养出“类公共管理思维”，使学生思考更有深度、广度，形成“判、守、写、说、做”的公共管理专业能力（李燕凌，2016）。2020 年 11 月中国专业学位案例建设专家咨询委员会成立大会上，教育部副部长郑富芝强调要深刻认识案例建设的意义，加强案例建设是进一步改革研究生培养模式、支撑人才培养体系建设的迫切需要，也是进一步丰富教育教学资源、提高研究生培养质量的迫切需要。

（三）MPA 研究生培养中公共管理案例建设的共享集成理念

回顾公共管理类专业学生实践创新能力培养 20 多年的实践与研究，校府与校社合作、实习实训基地、实践课程设置等实践创新能力培养方式的成效有限。这些问题的解决需要从高校公共管理类人才培养目标出发，基于成本约束，发挥师生的主动性、创造性，盘活案例教学资源存量，积极开发增量，运用互联网平台，构建共享式的公共管理案例教学平台，不失为一种公共管理人才培养单位及案例建设后发高校实现高质量内涵式发展的有效方式。需要以共享集成理念引领MPA研究生培养中的案例建设。与共享经济平台的生产者可以是消费者，消费者也可以是生产者的模糊供需边界相似，公共管理案例平台的建设，教师不应该是研发的唯一主体，用户即学生也要参与到研发中。由此，传统的教学价值创造环节划分也要重新评判。首先，在当下逐渐注重教学实践的情况下看，教学价值通过师生不断交互的动态学习过程逐渐被创造，教材、课堂与考核的边界逐渐模糊，要想逐渐培养学生的深入思考及创新实践能力，使用传统的价值创造思路来分析共享的教学价值创造过程显然已经过时。其次，从教学的理论视角来看，传统教学价值创造的“主战场”主要集中于课堂教学、期中期末考试等，然而随着时代的发展，这种逻辑模式对于形成师生共建的系统的有机整体已然落后。因此，想要构建共享集成案例教学平台，实现教学价值创造主要有三个环节，第一环是案例资源生产与整合，包含案例的编写、对线上下资源的梳理与导入；供需匹配是贯穿共享教学平台的第二环；共享平台价值创造第三环是共创驱动。共享集成平台提供的服务场中，作为“产销合一”的用户（学生）有着更强的共创积极性。经过资源生产与整合、供需匹配和驱动共创三个价值创造环节，共享集成平台实现了教学价值创造，即人的发展、公共问题的解决、更长远地说随着共享集成平台的不断推广应用，其他参与者除了学习平台的共享知识，每一位用户还享受到了共享教学模式下平台支持的学习互动与自我管理与创新，案例教学平台共享知识的同时，甚至因此创造了人本价值（王水莲 等，2019）。

三、MPA研究生培养中案例建设的困境分析

纵观我国公共管理案例建设的历程，类似于学科发展的轨迹，前十几年主要为引进借鉴国外已有案例、学习案例教学方法的学习模仿阶段；近5年呈现加速趋势，中国专业学位案例中心、全国公共管理专业学位教育指导委员会定期进行教学案例入库遴选与案例大赛，并把案例入库作为MPA专项评估的否决票，每年进行入库案例的汇编与排名，这极大促进了培养单位对案例建设的重视。截至2020年已有千篇左右的案例入库；中国研究生公共管理案例大赛从2017年起已经举行了5届，2021年有近200所培养单位一千多支队伍参赛。为了促进案例建设，各培养单位都出台了相关激励政策，众多高校把案例入库

与案例大赛获奖纳入高质量发展指标，2020 年是中国专业学位研究生培养中案例建设的关键年，7 月全国研究生教育会议强调了专业型研究生作为实践领域专精人才培养的路径；9 月教育部等印发专业学位研究生教育发展方案；11 月中国专业学位案例建设专家咨询委会员会成立大会召开，明确了案例建设在专业学位研究生培养中的定位。教指委及培养单位的调查也反映了案例入库与案例大赛提高了人才培养的质量，同时还提高了师资的多样化发展水平。但与此同时在案例建设中依旧存在零散化、形式化、随意化、成本高的特征。

（一）案例资源与平台的质量具有不确定性

从案例教学资源的形式上看，目前主要有两大类案例教学资源，即传统纸质的案例教材和案例库平台。这些案例资源的存在一方面为案例教学提供了素材，另一方面由于案例来源的多样性，在质量、使用便捷性、有效性、使用成本等问题上依旧存在诸多问题，案例的原创性、时效性、适用性、鲜活度、多样化不够。尤其是课程教学案例中数量不多、质量偏低、篇幅不合适等问题仍普遍存在。各种案例平台资源及软件纷繁复杂，虽然当前有较多高校进行了案例教学平台建设，但主要分散于案例教材与案例库两个体系，案例教材的主题常受制于写作者的研究领域，且存在案例教学目标不甚明确，使用说明简单的问题。目前高校及相关主管部门的入库案例往往存在下载不便捷甚至无法下载的问题进而影响使用；相关商业机构建设的案例教学资源，又会出现购买成本较高、案例质量层次不齐、理论深度与系统性不够、与教学目标无关甚至相悖等问题，教学效果更加无法保证。而教师们自主撰写的可供教学使用的案例，有些篇幅过小，内容的不完整性无法呈现标准化案例课堂教学；篇幅过长的则达几万字，案例的分析及理论均过于冗长，需要更专业化的精简编排。在案例资源的类型上也存在品类单一、国际化程度较低的问题，特别是挖掘我国传统治理的“古为今用”案例较少，能与世界对话的“中国公共管理案例”仍需加大努力撰写。本土化理论创新的案例扩散不够，尚未发挥更强效应。此外，在实际教学中“案例教学泛化”现象比较突出，网络热点事件分析、举例说明、新闻报道、分组讨论等方式方法时常被冠以案例教学之名，这些不是一手调研资料而是来自尚未证实的传播渠道的信息对案例素材的质量形成了严峻的考验，案例素材质量的参差不齐甚至严重影响了教学质量。

（二）部分导师（教师）案例建设能力与团队精神不足

案例建设中的导师（教师）角色定位是多元的，导师（教师）既担负教学过程中案例讨论的领导者角色，更重要的是在培养过程中特别是学位论文写作过程中担任案例研究的指导者。尤其是对于领导者而言，在鼓励学生尝试新观点，营造课堂教学氛围的同时，以提供被学生忽略的知识或信息等方式进行辅助，并参与到讨论中来，通过这样的案例教学模式引导学生自主学习，自主思考答案，且不提供所谓的标准答案。指导者要着重于通过对重大问题的把握，联系现实的治理故事，做深入的案例调研与撰写。在现实的案例教学中，教师作为公共管理案例教学的主导者，在课堂上会惯性地沿用学术型硕士教学思路与方法，更多的是讲授理论知识，即便进行一些案例分析，但是由于缺少政府等公共部门的工作经历和深入的实践调研经历，公共管理的实践经验常显不足，在分析案例时往往偏重于学理化，对于案例内涵的剖析浮于表面，不够接地气。案例教学缺少情境化分析与深度思考，将会导致对案例问题把握的准确性和针对性不够，不仅导致与现实生活中的实际决策脱节或偏离，无法构成系统性思考也不利于后续案例追踪总结文本的形成。

高质量案例教学的开展需要大量投入，而在多重压力特别是科研压力之下的教师很难靠情怀与激情进行可持续的案例建设。在实际的 MPA 研究生教学中，大多数教师授课仍然采用单打独斗的方式，课程团队大多形同虚设，集体备课频次深度不够，案例教学组织模式鲜有构建；在公共管理类课程教学实践中，能编写案例教学手册并严格付诸实践过程的教师较少；在案例教学课堂上，部分教师仍是全权将课堂交予学生，学生论述错误或缺失时，在旁补充知识充当配合。表面上看由学生主导是发挥了学生的主动性和创造性，但实际上高质量的案例教学教师从来不存在“失语”，必须要时刻做个牵线的“隐形人”。

（三）MPA 研究生主动性与科学思维的基础不足

作为案例教学的主体，学生的主动性与参与度决定了案例教学的实际效果。课程中教师与学生、学生与学生之间必须形成良性互动才能促成良好案例教学的有效开展。随着专业硕士学位教育的非全日制化，对绝大多数 MPA 学生来说，工学矛盾一直是最突出的问题。由于时间精力的制约，特别是随着MPA研究生群体的年轻化、基层化，很多MPA研究生缺乏公共管理相关学科理论，理论基础的薄弱及系统性思维缺乏导致学生无法深入探索案例反映的本质性问题，面对案例问题往往浅尝辄止，不能深入思考。案例教学作为一种主动学习方式，部分研究生并不能很快适应。一方面是长期以来，在传统的教学模式下，部分学生形成被动接受知识的习惯；另一方面也由于工学矛盾突出，配合案例教学的热情不高，特别是非全日制部分学生由于课前准备时间不充分及基础理论较为薄弱，在课堂上即使能够参与讨论，仓促准备及理论的匮乏导致很难建立起有效的问题解决思路，对问题的理解不够深刻，因而无法构建自己的知识体系进而提出有效的解决方案，常常没有自信发表建议，这在某种程度上提醒教师需要更善于发现学生参与中的亮点。同时案例教学从准备到课堂的流程中，由于投入的时间成本及精力耗费过高，学生主动学习的积极性大受影响；同时学生与学生之间由于缺乏磨合，也无团队配合学习的过程，无法形成积极有效的讨论，导致案例展示的效果与质量参差不齐，进行案例教学的优势也难以体现，极大影响了案例教学的效果与质量、展示和交流的成效，与案例教学的目标相去甚远。因此，迫切需要构建更便捷多元的案例教学模式，促进专业知识的学习与探究。

（四）缺乏合理有效的运行与评价机制

案例资源与平台作为工具，需要教师与学生的使用。在具体使用上，案例教学的流程方法存在标准化、情境化、智慧化、泛在化、互动性水平较低的问题。囿于现实教学管理制度以及师生的认知结构，大部分的案例教学的实践流程常常并不通畅，部分师生可能担心质量不高的讨论会“浪费时间”；同时由于案例教学的运行支撑条件不足，情境化、互动性也会有所折扣。案例教学的支撑条件包括软件、硬件条件。软件条件主要是为教师开展案例教学提供制度激励与文化营造，硬件条件主要用来保障教学实施效果，除了所需的场地、设备等，还包括场外资金等资源（刘静，2019）。当前情况下，迫于资金压力，多数院校对于公共管理案例教学的软、硬件支持都较为缺乏，但又深知案例教学的重要性，往往是降维进行案例教学。“为了完成既定的案例教学任务，而存在学习挑战度和高阶启发性不足的薄弱问题”（杨璐璐 等，2019）。因而多趋向于完成任务式的案例教学模式，对于课程结束后的教学效果评价与反馈缺乏积极有效的机制。

案例教学后续的评价与反馈机制常常为人所忽略，但其处在整个教学流程的重要环节，评价反馈机制的复杂性远胜于资源建设，如果不能依据科学的标准对学生学习进行及时精准的检查监督与反馈，可能挫伤学生的积极性。而对于部分学生如果监督不力，就极易导致学生在学习中放任自流，学习效率低下。因而，在教学中，对学生学习的检查反馈成为决定其效果优劣的关键。评价反馈机制有利于促进师生多维的监督与成长。没有评价，教师无法准确掌握学生对讲授案例的理解情况，包括理论的理解、理论的应用、问题的解决等。没有评价，也无法获得关于教师的课堂教学能力的全面信息，包含教学目标设置的准确性、教学环节设置的恰当性、教学激励的精准。反馈评价机制的构建首先必须厘清 MPA 研究生培养中公共管理案例教学的目标定位，其次规范评价标准的指标体系，不让制度的缺失成为案例教学发展的桎梏。

四、MPA 研究生培养中公共管理案例集成共享模式建设成效

为了推进集成共享的公共管理案例建设，促进 MPA 研究生实践创新能力培养，我校进行了系列探索：组建案例团队、充实优化案例资源，梳理培养价值链，把案例建设有机嵌入培养各环节，自主撰写高水平案例、打造一体化案例教学体系、在案例课程群、案例教学团队与教学方法上进行革新。课程群的建设是避免案例教学的“偶然性”“即兴化”“点缀化”等案例教学泛化现象的必然要求，是可以长期有效推进案例教学的优质方法。作为一个完整的复杂流程控制过程，案例教学是由多种资源与环节统合而成的，科学合理的资源集成与流程控制对案例教学的有效开展和实施缺一不可（李燕凌 等，2017）。在共享集成理念下，探索 MPA 研究生培养中的公共管理案例建设路径，以 MPA 培养方案中的核心课程为抓手，建设一批案例教学示范课程，包括“公共管理”“公共经济学”“政治学”“公共政策分析”“公共部门人力资源管理”等课程，在此基础上进行程序与方法的精细化流程设计，实现案例教学流程的标准化规范化。

（一）自主撰写入库案例、出版案例教材，为案例教学提供高质量素材

自 2017 年有组织开展案例建设，特别是 2019 年 9 月中心下设案例建设办公室以来，逐步探索，扎实推进，初步凝练出以案例入库、案例教学、案例撰写与分析课程建设和案例大赛为抓手的“案例支撑的公共管理硕士研究生实践创新能力培养体系”。案例入库主要指中国专业学位中心公共管理案例库开展的征集和评选公共管理原创案例的活动，我校加强对参与案例撰写、案例大赛和案例教学相关师生的激励、组织与服务工作，2017—2020 年共有 13 篇案例进入中国专业学位中心公共管理案例库（表 3－1），案例入库量与比例皆名列江苏省内高校第 2 位，其中金志云副教授撰写的案例入选第四届中国研究生公共管理案例大赛总决赛案例，教授作为第五届案例大赛培训专家做主题讲座。黄建伟、金志云等编著出版了《教学学术与专业学术融合的公共管理共享精品案例》专著 1 部，探讨了案例教学范畴、目的以及其促进教学与专业学术共融的过程，总结了案例教学中的建构主义理念及其实践教学模式。

表 3－1　本项目进入中国专业学位中心公共管理案例库简况表

序号	作者	案例名称	入库时间
1	金志云	“减法”还是“加法”：南京学生“减负”政策陷困境	2020
2	金志云	公共物品供给的效率与秩序：南京公共自行车的突围之路	2020
3	金志云	“垃圾分类”难的治理探索：中国城乡三案例比较	2019
4	金志云	党建引领社区共治的探索：托乐嘉小区的蜕变	2019
5	黄建伟	浙江丽水电视问政：是动真格，还是“作秀”？	2017
6	黄建伟	机动车交通事故损害赔偿处理模式的创新之路	2017
7	黄建伟	广德县残联康复中心“合作共建”之路	2020
8	赵强	从“网格化管理”到“织网工程”：地方政府创新的扩散缘何发生变异？	2019
9	赵强	河长制：制度优势如何转化为治理效能	2020
10	秦建国	“五色”的共享单车：来自公共经济学的思考	2019
11	吴文俊	南京长江上的桥：公共物品生产与提供的多种模式	2020
12	江永清	响水一声巨响引发的安全监管之问？	2020
13	靳亮	公共文化服务市场化背景下政府如何做“精明的买主”？——以成都市“公共文化服务超市”为例	2020

同时为了案例建设迈上新台阶，2020 年 12 月公共管理学院出台案例建设

培育团队相关规定，并启动案例培育团队项目申报，经专家评审，遴选了4支20位骨干教师的公共管理案例培育团队，以更体系化的方式运营与管理案例建设。与此同时，在培养方案中增设“公共管理案例撰写与分析”课程，并以6人课程组方式进行授课，学生对授课效果反响积极，21级MPA同学参加中国研究生公共管理大赛的比例达到84%。同时在案例建设的硬件上，学院与中心已建成4间案例研讨室、1个公共管理案例虚拟仿真平台、6个案例调研基地。

（二）融合线上下教学，推进教学、大赛、毕业论文协同的一体化支持系统

随着新文科建设的不断推进，在人才培养中将现代数字化教学手段融入传统教学手段，扬长避短，发挥二者各自优势具有重要意义。首先要构建共享平台以统一整合资源，运用好现代信息技术手段为教学服务，藉此突破教学时空限制。本项目组从公共管理理论与实践的热点、难点、痛点入手，组织师生进行课程热点传真与案例编写、创新创业大赛、案例大赛与毕业论文写作的“五连环”可持续性线下训练，这些训练学习目标定位准确，内容可以协商，推进有序，为学生提供了“展示的舞台”，也实现了人才培养的第一、二、三课堂的联动。

在线下，积极组织参与MPA教指委组织的公共管理案例入库和案例大赛等活动，学生通过关注、参与赛事，在教师指导下进行案例撰写，进一步锻炼了多样化的能力，提升了解决问题的能力。为了更好地激励师生撰写案例、参与大赛，在项目组建议下，学院成立公共管理案例建设办公室，有组织地推进案例入库与各层次案例比赛。我校MPA学生先后获得第二、四、五届中国研究生公共管理案例大赛优秀奖、三等奖与二等奖共5项。这种一体化系统让学生在学习过程中既掌握了相关理论，又学会应用理论分析纷繁复杂的社会现实问题，将复杂问题简单化，从而让案例教学从课上延伸到课下，由学校延伸到社会，由理论延伸到现实。

为了强化案例教学的功能，项目组建设了SPOC课程，推进线上线下混合的案例教学形式（图3-1）。SPOC是互联网时代教学模式的创新，既运用了网络教学资源，又充分发挥了教师的主导作用。SPOC意为“小众私密在线课程”，与风靡全球的MOOC相比，SPOC的学生规模有限（Small），申请者获得许可方

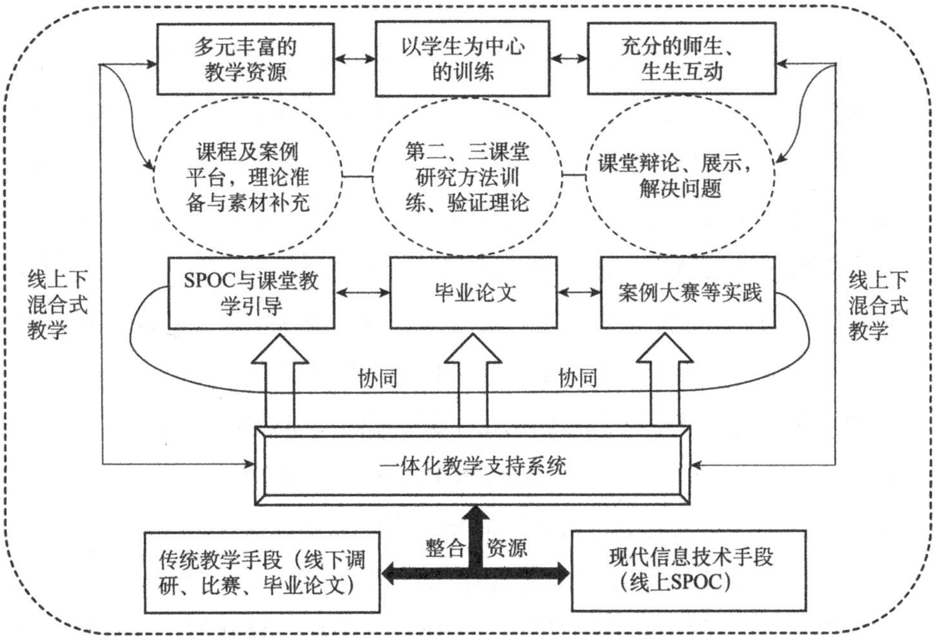

图3－1　线上下混合式一体化案例教学支持系统

可进入课程（Private），除了具有适应新时代的信息化的教学特征，同时可以充分发挥教师的引导作用，精准定位教师的角色和有效运用课堂教学模式，是在线教育质量理念的体现与“工匠精神”的回归（于勇 等，2018）。

运用SPOC能够让课程呈现出更多优秀的案例资源，亦能让学生在课前进行充分的自学理论与案例选择，有利于课堂教学的深化。SPOC课堂作为混合式教学，通过“翻转课堂”的模式，将线上自学与线下面对面教学融合，除了以学生为中心、师生互动效果好的显著优势，同时可以进行教学资源的共享。课前学生可以利用碎片化时间通过线上对案例资源进行自学，课堂上需要在教师的引导下积极讨论分析案例，课后则需要完成作业之余自我总结回顾，并与教师进行广泛互动；整个教学过程除了要求学生主动参与积极发挥，教师同样需要提出问题参与讨论，也保证了课堂案例讨论时师生之间有足够的时间进行面对面的交流。

（三）团队合力、匹配供需，形成“菜单式”教学模式

随着案例平台的建设，大量资源集聚，这种情况下，团队合力对资源的精准提取与使用就越来越重要。我校加强教学团队和课程组建设，对承担同一门

课程的教师组建课程团队，加强老带新协作。案例教学备课深度与广度要求高，课程组与团队的集体备课非常重要。为了规范教学团队的运作，公共管理学、公共经济学、社会保障学等核心课程每月都会进行至少 2 个小时的集体备课，重点讨论案例的焦点问题与教学环节。备课成员能真诚开放地基于不同专业背景，展开多视角案例解读，丰富教师对案例焦点问题的提炼，深化案例分析的思维深度与理论基础，让教师对课堂更有掌控感、更自信。此外，积极发挥课程群的作用，群中定期组织教师进行案例教学沙龙，在学科多元化背景下交流分享案例教学资源、评价教学效果、促进共同进步。

教师团队的合作从教学供给侧满足了案例教学，但学习者的需求才是最有力与最中心的。霍华德·沃特（Howard D. White，2001）曾指出“关于教什么”的问题，学习者的意见是最好的向导，当前仍然需要对学生需求侧进行开发，改学生“被动接受”为“主动选择”，构建“教”和“学”供需匹配的教学组织形式，发挥教师主导性与学生主体性，实现因材施教。借鉴餐饮界的菜单设计理念，在教学领域也进行了菜单式教学模式的尝试与创新。“菜单式教学”以学生需求为核心，以异质合作学习小组为基本形式，教师作为课堂参与者积极参与案例教学过程，在案例教学中围绕教学目标为学生提供丰富的案例与问题基础菜单（营养菜单），并通过小组合作学习解决，学习过程中教师可以提供帮助，但不提供标准答案。同时在营养菜单的基础上，让学生根据自己的爱好、需求，对自己感兴趣的问题再次选择案例与问题（风味菜单）进行有机组合（王景花，2014）。因此，虽然 MPA 学生的学习时间有限，节奏紧凑，但胜在实践经验丰富，学习需求多样，这就需要教师在根据大纲要求必选“营养菜单案例”进行小组合作学习之余，还要根据学生的基础和需求对不同层次的学生因材施教，设置“风味菜单案例”进行有选择的学习（表 3 - 2）。“主题菜单式”案例教学，首先要保证教学大纲中教学目标的实现，另外又要能满足不同岗位、不同经历和兴趣的研究生自主化选择。由于菜单教学在内容上的适应性改变，实现从原先“给什么、吃什么”的状况到学生“点什么、给什么”的良性转变，提高“教”对“学”的“有效供给”。在教学实践中，教师关注案例资源、平台，关注学生的基本能力的同时，更要关注学生学习的动态过程，使学生的学习由被动转为主动，提升学习热情及主动性，强化责任意识，唤醒学习成长的内驱力。

表3-2　“菜单式教学”示例——“以噪制噪”公共管理案例的虚拟仿真平台教学展示

	教学目标		教学内容		
	知识掌握	能力培养	教学环节	教学方法	题目设置
教学“营养菜单”	1. 公共物品的内涵、外部性问题及公共物品供给的困境（免费搭便车、囚徒困境、集体行动的逻辑）、公共池塘资源理论。2. 政府在社会治理中的职能定位。3. 非政府组织（民间团体）发展与建设。	1. 利用线上资源进行学习的能力。2. 适应多政策客体的均衡决策能力。3. 现代社会治理中各种方法技术的使用能力。	1. 学生熟悉“以噪制噪”事件的全过程。掌握事件不同阶段的时间节点、主体和脉络。2. 学生围绕核心知识点进行思考和讨论。3. 教师整合各方观点，对案例进行系统分析，包括现代社会治理体系的实践困境、政府各职能部门协同治理、公民素质、社会团体培育与建设，等等。	1. 按照班级规模40人共8组安排讨论及发言。在每一环节进行各组内部讨论，之后各组自荐代表进行线上发言，至少参与一次。2. 虚拟仿真平台的学生线上参与采用“投票+思考题发言”的模式。	投票题设置：1. 签订《广场文化活动公约》能有效约束广场舞团体的行为吗？2. “中央音控系统”是否能够有效解决噪音问题？ 思考题设置：1. 为什么防止噪声的《广场活动公约》不能解决噪声问题？相关法律法规能不能解决问题？2. 安装“中央音控系统”后，政府是否就履行了所有噪音治理职责？为什么？3. 有人说“以噪制噪”是应对政府不作为的焦躁心态，如何建设平和、积极向上的社会心态？4. 如何提高城市社会治理的社会化、法治化、智能化与专业化水平？
教学“风味菜单”	1. 公共物品供给中的政府、企业、社团、公民角色。2. 政府各部门协同整合的能力。	1. 深入分析多头管理中的政府各部门城市联合治理的能力。2. 反思对多头管理体制运行障碍的能力。3. 理解动员公民参与、自主管理、舆论引导的机制和功能的能力。4. 基于公民素质视角处理社会冲突事件的能力。	1. 学生模拟网友身份参与虚拟微博的跟帖留言，根据自身对事件关注兴趣点的差异，选择发言角度和内容。2. 教师对案例进行引申讨论。围绕如何从体制机制上破解治理困境、“以恶制恶”的深层动因等方面设置思考题。3. 学生以个人投稿形式参与思考题发言，提高讨论的活跃度和数量，体现个人观点的多元化，在不同身份和场景中加深对理论和概念的认识。	1. 在虚拟仿真平台设置“模拟网友讨论”模块，通过虚拟微博界面介绍事件冲突，学生以网友身份介入讨论，各抒己见。2. 在小组成员轮流发言的基础上，每位同学根据自身兴趣和知识储备自由参与线上思考题留言。	思考题设置：1. 城市社会治理中的政府、社会团体、公民各自应当扮演怎样的角色？2. 如何打造共建共享的社会治理格局？

（四）优化学习流程，形成阶梯式教学闭环

案例教学价值的实现有赖于教学流程的精心设计与实施。基于非全日制MPA研究生的课程课堂教学与在校时间的有限性，更要精细化设计每一个教学环节，最大化实现案例教学的功效。案例教学最重要的不是传授知识，而是思维与方法的训练，因此参与知识生产比直接接受知识更有利于实践创新能力的培养，为此有必要拓展案例教学课堂于课外。不仅让学生知道案例是什么，还知道案例从哪来、如何来。通过热点传真、本区域“中心工作”研讨、案例撰写与分析课程、金选题大赛等组织研究生共同进行案例的选题、撰写与分析。引导研究生探寻从故事中获得理论的路径：热问题冷思考、老问题新理解、中国问题西方理论、平淡问题奇妙思考；对细小的声音侧耳倾听，对巨大的声音保持冷静，使现实的公共管理教学能回应具体情境下公共利益的现实难题。同时在中国大学MOOC平台设立“每周热点”投稿平台，结合自学理论与配套案例，选择投票最高热点，组织安排学生进行调研，在教师带领下部分参与案例写作，逐步展示由热点到案例的过程，实现案例编写—使用—改进的循环过程。

借鉴加拿大毅伟商学院James A. Erskine等提出的个人准备、小组讨论和班级讨论“三阶段案例学习模型”，阶梯式学习离不开教师对课堂讨论方向的引导。在课堂讲解尽量做到少而精的前提下，课前引导学生主动参与案例调研与数据收集汇编，课堂鼓励师生互动共同模拟分析解决复杂的实际问题，课后强化师生反馈与评价，共同参与案例改进与延伸（图3－2）。根据培养学生“认知与兴趣—知识与方法—能力与创新—新的认知与兴趣”的螺旋式上升的认识过程，形成了“参与案例编写—运用理论—形成初步案例—案例分析与展示—案例教学平台研发—新的案例编写”的闭环（厄斯金，2011）。

在案例教学过程中实行三阶段阶梯式案例学习流程：课前预习与调研、课中讨论与辩论、课后反馈与改进。课前学生登录中国大学MOOC的课程资源，每章提供2个以上案例（其中至少一个入库的自编案例）及文献，利用碎片化时间熟悉材料；课堂上采用“角色模拟型”“分组辩论型”“教师主导型”等方式；课后采用“文献综述”“研究报告”“拓展汇报”增进课后师生互动。课程结束后的考核环节，从教学活动范围、教学案例选用、课堂互动方式、课

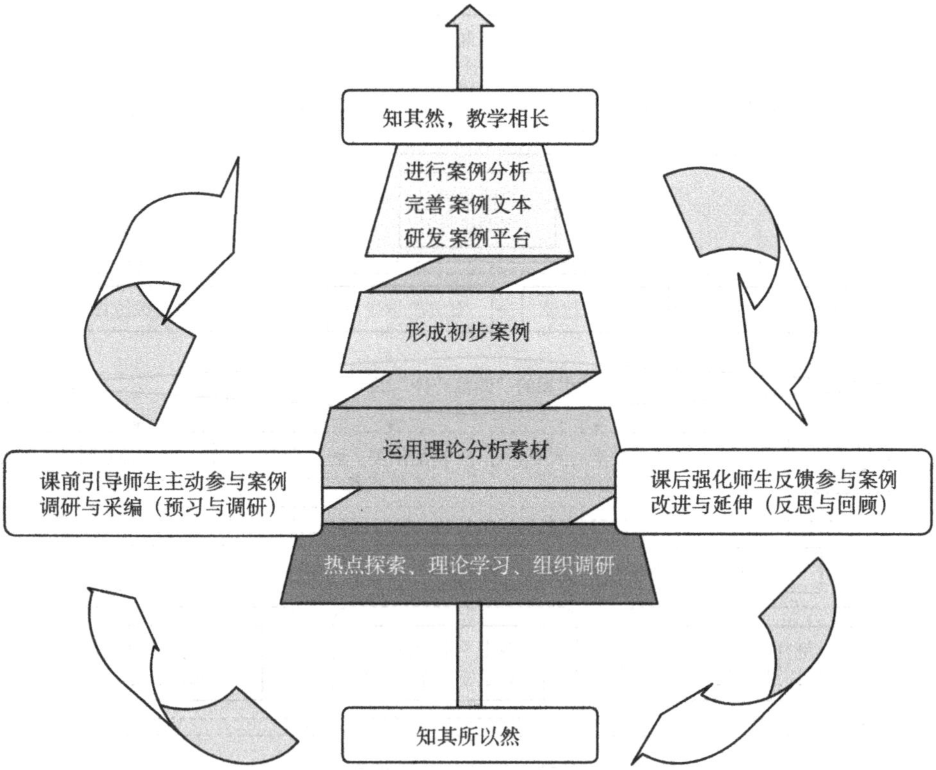

图 3－2　案例教学的阶梯式闭环

后反馈等多方面采用分类考核评分方式进行综合评分。在这个过程中采用多样化及阶梯式的教与学方式，推动教师和学生共同成长进步。虽然增强了教师的教学挑战性，但同时增加了课堂的创造性与生动性，极大提高了学生的学习挑战性、成长性与多样性。

五、案例建设支撑的 MPA 研究生实践创新能力培养的机制分析

集成共享的公共管理案例平台聚集了资源、整合了传统与现代教学手段、实现了一、二、三课堂的一体化运作，通过供需匹配、团队协作，实现了阶梯化的闭环流程。类似于其他复杂的集成系统，共享平台的应用与推广需要对关键环节与机制进行提炼与把握，鉴于菜单式教学的核心功能与便捷性，对其运行机制进行分析（图 3－3）。

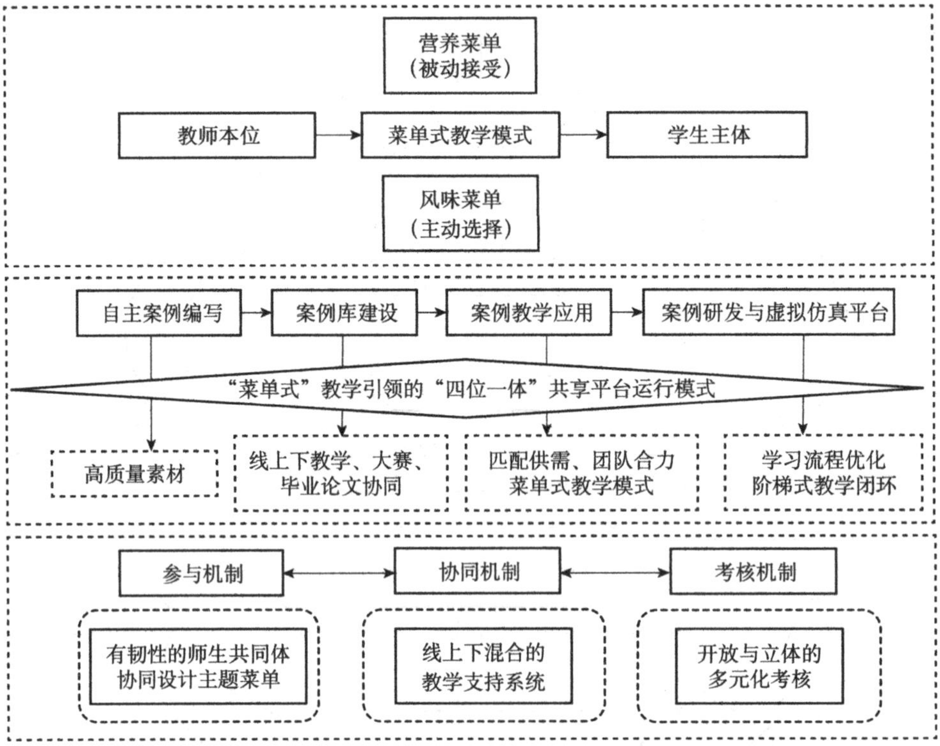

图3－3　“菜单式”教学引领的公共管理教学共享平台运行机制

（一）有韧性的师生共同体协同设计主题菜单的参与机制

MPA研究生一般具有实际工作经验、社会阅历，是人格也越来越趋向成熟的群体，MPA案例教学教师一般拥有丰富的实践、教学与科研经验，这为集成共享的案例教学模式打下了良好的心理基础。和谐的师生关系是重要的教育资源，学习共同体强调师生心理相融与心理沟通，在学习中发挥群体动力作用，实现知识建构与意义协商。理想的师生关系是相互尊重、彼此信任，换位思考、相互约定，达成共识，相互督促，保证落实。然而现实师生学习共同体的形成并不是一蹴而就的，甚至是曲折的或反复的。这需要教师有对师生共同体构建困难的理性认知，有韧性的师生共同体意味着遇到消极参与、甚至不合作的参与者，不畅通的交流，教师都要有应对策略与转换契机的敏感性与包容力。在教学过程中，对具体的案例教学主题选择时，遵循MPA教指委相关规定和课程教学大纲的指导，基于研究生的需求，以及教师的案例库，整合教学内容，形成若干必修项主题＋选修项主题，并向研究生发布，教师根据学生的选择重点设计教学，对于研究生需求大，但实际上可能缺乏的案例，MPA教育中心组织集中师生力量进行相关主题的建设，持续不断建设更新完善案例教学主题，MPA研究生对案例教学的满意度达到98分以上。

（二）线上下混合的教学支持协同机制

案例教学的目标具有高阶性、创新性和挑战度的特征，实现这一目标教学支持系统的建设非常重要。线上资源的建设，可以不限时间空间，使用系统中的案例进行学习或实验，通过评论功能实现学生与学生，学生与老师之间的无障碍沟通，及时解决案例分析过程中的疑问。线上教学的泛在化、丰富化、多元化适应了MPA研究生工学矛盾的现状，有利于他们利用碎片化时间及时进行基础知识学习、文献阅读、案例浏览和热点讨论的参与，并且这些项目的参与度与结果都会自然生成线上记录和成绩，也为平时成绩考核增加了精准性。课堂上，设置有学习成果展示环节，进行经典阅读报告、热点辩论。对案例调研主题进行评选，一方面体现在平时成绩中，另一方面也对优秀的主题团队通过“金选题大赛”进行奖励。教师团队也分别对获奖团队进行深入的跟踪指导，并重点打造一些团队，积极备战中国研究生公共管理案例大赛和其他各类案例大赛，MPA研究生参与这两项赛事的比率达到90%以上。同时，不断发掘积累有长期跟踪调研价值的调研区域或单位，通过沟通协商建立相对稳定的实践教学基地，与教学基地保持长久稳定合作的同时对相关选题进行长期跟踪调研，在原有研究的基础上推陈出新，发现研究出更高价值的调研成果、撰写入库案例与进行高质量案例研究的发表。同时也加强线上SPOC与MOOC平台讨论、答疑的及时性。在线上支持系统中，还购买、改造了公共管理案例虚拟仿真平台丰富深化案例教学资源，促进更丰富的教学互动，虚拟仿真案例教学平台上的训练，可以设置单人分析模式，也可通过多人团队实验的方式对案例进行分析。

（三）开放与立体化的多元考核机制

考核评价机制是公共管理案例教学方式在各门具体课程中的落实难点，也是共享集成的案例教学改革取得实效的重要环节。公共管理学科具有弱范式学科的特征，知识性、价值性、实践性是公共管理类课程特性，这要求考核方式的开放性和实践实训性，多元化的考核评价机制中应包含知、行、信的统一。一是在原有的注重结果考核的基础上，加大过程性考核占比，加大平时分的比重，特别是线上平时分与线下调研分、团队合作分的比重；在传统考核方式（考试、课程论文）的基础上辅以现代化信息技术条件新的考核方式（线上平时成绩），将两者有机结合起来，且线上平时成绩学生可以适时查阅并不断接收到学习提醒与通知。这种及时、人性化的成绩评定方式有利于督促研究生了解认知自己的能力，了解自己的学习成果，改进自己的学习。二是形成综合能力考核体系，关注理论与实践交汇，重点考核学生分析和解决问题的理论功底、逻辑思维和实践能力，考核题型可以以主观题型为主，增加答案的开放性、多维度、系统性与可行性，也可以直接以案例撰写与分析作为考核方式，关注学生提出问题、分析问题与解决问题的能力。

六、总结与展望

案例建设支撑的 MPA 研究生实践创新能力培养集成共享的模式，历经几年探索与实践，创新了案例教学方式，整合了资源，优化了流程，发挥了学生的主动性，激发了师生的学习力与创造力；同时“菜单式教学”引领的公共管理案例教学平台对平台主体、客体、载体与媒介有较高的要求，这些因素需要我们在实践中继续努力解决。同时 MPA 案例建设集成共享的运行仍然存在体制与教学认识论上的障碍。

在教师的教学认识论素养方面，作为教学改革的“第一公里”（王蓉，2021），是实施各种教学策略的前提条件，却是很多教师欠缺的。同时，教师的教学理念、知识储备、社会阅历和课堂教学能力也需要与时俱进，特别是当今案例建设与教学中对学生个体的爱好、需求等的把握也有了更高的要求，传统意义上教师自我察觉的教学理念成为制约公共管理案例建设的共享化、菜单化的桎梏。因此加强对教师，特别是年轻教师的教学认识论唤醒与培训迫在眉睫。在现有的应试教育的学习模式路径依赖下，学生对于挑战性探究性学习存在能力与精力上的不足，在高效课堂的呼吁下，菜单式案例教学出现并逐渐成长，在初步的应用过程中也展示了其优势和局限，不过随着案例建设理论深入和应用的深入，菜单式教学的内容也会不断拓展和延伸，这些局限也会随着师生学习共同体的理解和创造性应用而逐步得到解决和完善，相信不久的将来，公共管理案例建设中更加规范完善的菜单式案例教学终将出现（王景花，2014）。在载体与媒介上，规范化、标准化的案例教学流程需要扩散与加强。重视案例教学调查采编基地建设，组织学生教师积极参与，并充分整合利用学科、研究基地、教学创新团队与科技创新团队的资源，实施“团队带动、基地支撑、以研促教、教研融合”的案例教学模式；加强校政合作、校社合作，以卓越人才培养为目标导向建设高水平高质量公共管理案例实践教学基地（胡扬名 等，2015）；引入信息化教学模式，不断更新教学软件与硬件，建设多媒体案例中心、案例演示教室，注重开发建设数字化网络案例库，构建案例建设集成模式，组建区域联盟集团，共享精品案例，更好地促进推广案例教学。

在公共管理人才培养中推进案例建设的共识由来已久，而其零星的尝试也正如我们所见的夜空之星。MPA 研究生培养中进行共享集成的公共管理案例建设，是在“金课”建设与创新人才培养的双重驱动下，进行的高阶性、挑战性教学改革与创新。没有容易的改革创新，取得的成效有力地验证了共享案例教学平台的“最后一公里”困局的破解。我们的探索已有“七年之痒”，其间既有教师精细执行的全身心投入，也有学生奉为圭臬的热情加入；既有教师收效不明的挫败，还有学生抱怨喊累的无奈。然而育人之路道阻且长，征途漫漫，唯有奋斗。

参考文献

[1] 别敦荣. 研究性教学及其实施要求 [J]. 中国大学教学，2012 (8)：10—12.

[2] 陈慧荣. 案例教学的方法论基础——以公共管理教学为例 [J]. 中国大学教育，2014 (9)：72.

[3] 范永茂. 公共管理硕士全案例教学实践研究——中国人民大学 MPA 培养经验与思考 [J]. 教育理论与实践，2019，39 (9)：12—14.

[4] 贡福海. 研究性教学体系构建：点、线、面、体结合 [J]. 中国大学教学，2009 (4)：75—76.

[5] 何艳玲. 好研究是当下公共管理研究的大问题——兼论“中国”作为方法论 [J]. 中国行政管理，2020 (4)：56—63.

[6] 胡扬名，李燕凌，李晚莲. 以卓越人才培养为导向的公共管理类专业实践教

学基地建设——以湖南农业大学为例［J］. 中国农业教育，2015（4）：1—5.

［7］黄盈盈，潘绥铭. 跨学科主张的陷阱与前景——基于预防艾滋病领域的实践［J］. 中国人民大学学报，2013，27（5）：136—143.

［8］贾海彦，周慧，韩祎祎. 公共管理学科研究生创新能力和科研实践的协同培养研究——基于S省高校的调研实践［J］. 中国高校科技，2020（8）：56—61.

［9］江小涓. 创新管理方式完善宏观经济治理体制［N］. 经济日报，2020-06-02（008）.

［10］李洪伟，韩沚清，李长熙. 高校课堂教学质量的影响因素分析［J］. 科技信息，2011（18）：439—440.

［11］李新芳，龚大洁. 新课改下高中生物教学方式的转变，教育教学论坛［J］. 2012（5）：156—158.

［12］李延成. 重建本科生教育：美国研究型大学蓝图［J］. 教育参考资料，2000，19（5）：14—16.

［13］李燕凌. 公共管理教学中案例教学法的理论与实践研究［J］. 高校教育管理，2016，10（2）：103—110.

［14］娄成武，魏淑艳，曹丁. "校府合作"：公共管理专业人才培养模式的新探索［J］. 中国行政管理，2009（9）：103—105.

［15］（加）路易斯·A. 林德斯，（加）詹姆斯·A. 厄斯金，（加）迈克尔·R. 林德斯. 毅伟商学院案例学习（第4版）［M］. 赵向阳，黄磊译，北京：北京师范大学出版社，2011.

［16］罗依平，戴宗. 案例教学改革与公共管理学科研究生科研创新能力培养［J］. 研究生教育研究，2012（6）：48.

［17］宁骚. 公共管理类学科的案例研究、案例教学与案例写作［J］. 新视野，2006（1）：34—36+61.

［18］钱国英，徐立清. 创新能力与高校教学方略——本科研究性教方法的策略与实例［M］. 北京：高等教育出版社，2010：43—48.

［19］孙文霞. 引导自主式高中生物课堂教学模式的探索与实践［D］. 上海：上海师范大学，2007.

［20］王景花. "菜单式"课堂教学模式的探索［J］. 教育教学论坛，2014（2）：224—225.

［21］王蓉. 浅谈如何提高高校学生参与活动的积极性［J］. 湖北开放职业学院学

报，2021，34（1）：58—59.

［22］夏锦文，程晓樵. 研究性教学的理论内涵与实践要求［J］. 中国大学教学，2009（12）：25—28.

［23］杨俊岭，于冬. 自主学习与学习策略教学的关系探析［J］. 教育科学研究，2005（11）：37—40.

［24］杨璐璐，张立君. 公共管理案例教学推行的现状和效果——基于师生认知和行为选择的调查分析［J］. 理论观察，2019（1）：135—140.

［25］章宁. 创新视角下研究性教学的内涵与实施策略［J］. 成人教育，2012（8）：48—49.

［26］张新平，冯晓敏. 重思案例教学的知识观、师生观与教学观［J］. 高等教育研究，2015，36（11）：64—68.

［27］Fulton K. Upside down and inside out：flip your classroom to improve student learning［J］. *Learning and Leading with Technology*，2012（8）：12－17.

［28］Merz J. T. A History of European Scientific Thought in the Nineteenth Century［M］. *New York*：*Dover Publications*，1965.

［29］The Boyer Commission on Educating Undergraduate in the Research University，Reinventing Undergraduate Education：A Blueprint for America's ResearchUniversities［EB/OL］. www. sunysb. edu/press/021006－Boyer，2002－10－06.

第四章　新科技时代金融类专业硕士实践能力培养研究

摘　要：伴随着新科技时代的到来，传统金融业态和发展模式都受到了重大影响和冲击，传统的金融类专业人才培养模式必须加以变革，以适应外部的改变。实践能力培养是金融类专业学位硕士研究生培养过程中的重要环节和核心任务。目前，在全国各高校金融类硕士生实践能力培养工作中，仍存在着实践类课程建设不足、实践基地建设质量不高、双导师制落实程度不够、金融和科技融合度不高等问题。本章探析全国金融类硕士培养的经验与不足，并以南京财经大学为例，分析其人才培养特色和存在问题，提出探索“三维联动”教学改革的新思路，为金融与科技融合、理论与实践融合、知识与技能融合提供路径参考。

关键词：新科技时代；金融类专业硕士；实践能力；教学改革

一、引言

新科技时代发展的背景下，“信息爆炸”明显，经济发展呈现新模式——以信息生产、信息服务为主，知识生产成为决定竞争力的关键因素，也在一定程度上影响了传统金融行业的发展。现阶段，我国的金融行业发展呈现信息技术和金融高度融合的特点，国家相继发布政策支持互联网、人工智能、大数据、云计算等新兴技术在金融领域的应用和融合创新，为我国新科技时代背景下的金融发展提供了良好的发展机遇。同时，以信息技术发展为主要特点的新科技时代，对传统金融业态提出了要求，相对应的传统金融类专业硕士培养方式也应根据时代发展特点进行变革。

国内学者对金融类专硕的培养模式分析和探索主要集中在以下三个方面。

（一）分析人才培养模式，研究落实培养目标措施

专家学者们从不同的角度分析现阶段金融专硕培养模式存在的问题，如郭红玉和张运龙（2016）、谢常绿和王修华（2016）、吴婧和李国柱（2020）、陈学军和刘鑫（2021）等认为我国金融专业硕士培养模式存在实践导向培养模式的形式化、“双导师”制度落实不理想、课程设置不完善、专业实践重视度不够等问题，需要重视措施实施，落实人才培养目标等。

（二）面向金融科技发展，研究提升实践能力路径

人工智能、大数据等现代新科技融入金融行业的发展，人才队伍建设是金融科技发展的智力支持。张震和王周伟（2016）结合新科技时代发展带来的影响以及人才需求，认为传统的金融专业培养模式要根据外部环境进行变革，并提出了变革的发展方向。陈健和张镇宇（2020）、胡朝晖和弓青青（2020）认为现阶段高校金融专业硕士实践能力和创新能力培养途径单一，不能满足金融科技人才的需求。他们从课程改革、实验室建设等方面提出了建设性意见。

（三）关注实践体系建设，研究培养实践能力闭环

金融专硕的实践能力培养方案中，部分学者提出要根据应用型人才培养目标，多环节、多项措施齐发力，构造培养闭环。周春喜（2014）、王家华和王瑞（2016）、傅巧灵和赵睿（2018）在对金融专业硕士培养模式探索中提出，注重从培养方案、教学方式、实践基地建设、导师配置等环节入手，提高金融专硕研究生培养质量，突出金融“专硕”特性。陈怡琴（2021）则探索金融专业实践体系，提出培养单位应从顶层设计着手，完善“双导师”制、注重课程导向等多方面措施，构建专业实践体系。

由此可见，在构建金融类专业硕士的培养模式过程中，要重视、围绕人才培养目标，各环节相互配合发挥协同作用，才能满足金融强国战略以及金融行业发展的多样化需求。全国金融专业学位研究生教育指导委员会（以下简称全国金融教指委）的培养方案中明确提出，金融硕士培养的具体目标就是培养具有卓越实践能力的高层次金融专业人才。金融硕士培养工作发展的近十年来，为我国金融改革和发展发挥了不可替代的作用。2019 年《中国金融行业人才

发展报告》指出："随着大数据、人工智能、云计算、区块链等新兴技术对金融行业重新赋能，金融人才需求正在经历一轮快速变革。未来几年，金融机构的紧缺急需人才类型中，排在前列的是以金融科技人才为代表的复合型人才以及高级专业技术人才。"报告也对金融人才适应新科技时代发展、解决实际问题的实践能力提出了更高的要求。

金融类专业硕士的培养要主动适应金融行业的需求变化，实践能力的培养是金融类专业硕士生应用型人才培养的重要抓手。本章通过参考其他开设金融类专业硕士的高校在实践能力方面的培养情况，梳理新科技时代背景下金融行业对金融人才的新要求，分析我校金融类专业硕士生实践能力培养工作中存在的一些问题，如课程体系不完善、"双导师"制度有待落实等，就如何构建金融类专业硕士实践能力培养体系，有效提升金融类硕士实践能力，适应信息化时代金融行业发展的新形势展开讨论，并提出了"三维联动"教学新模式构想。

二、新科技发展对金融业的影响

新时代科技力量已经成为了金融业的核心竞争力，新科技革命对金融行业影响巨大。新科技革命方兴未艾，金融业的"科技革命"也在如火如荼地开展，为金融业转型升级打下了坚实基础。

（一）消费观念及方式的改变

众所周知，传统金融业主要提供专业性的金融服务，但是由于新科技驱动，人民的生活方式以及消费观念等随之改变，由此给传统金融业带来了巨大的影响。互联网、社交网络使得普通人能够通过移动支付等方式轻松地进行自主金融交易，大大降低了交易门槛，减少业务中间环节，金融业现有的分工和专业化被明显淡化。毋庸置疑，任何事物都是多面的，便捷交易的背后蕴藏着各种金融风险，如信用风险、道德风险、操作风险、个人隐私风险等。金融从业人员比以往任何时候都需要更强的风险识别能力。

（二）金融从业者思维的改变

互联网新科技使得市场充斥着大量的信息，互联网、大数据、云计算等手段一时间炙手可热，这种互联网式思维方式由此也对金融从业者的思维方式产生了影响。金融从业者开始用大数据与流量对市场、用户、产品进行分析与重新审视，挖掘金融行业信息与潜在需求，打造符合客户需求的个性化金融产品服务。这要求现代金融从业人员打破固有的传统思维，牢固树立互联网思维，不断提高信息处理能力，顺应时代发展要求。

（三）金融业务模式的创新

新科技的发展，让早期“互联网金融”模式逐渐演化成“金融科技”模式，颠覆了传统的金融业务与场景的融合方式，具有跨界、混业等新特点。金融科技的建设重点不同于互联网金融，有学者曾提出“科技将围绕普惠金融能力、场景适配能力、数据资产化能力、高效服务能力及风险防范能力等五大能力建设，以一种全新的姿态重塑金融业”的观点，金融业正在努力转变发展模式，金融业务模式也在不断创新，催生出了智能支付、开放银行等新金融科技应用。在金融科技的大背景下，掌握和灵活使用新科技手段是高端金融人才的必备素养。

（四）人才需求结构的变化

随着大数据、人工智能与区块链等新兴技术与金融业务不断深度融合，金融行业正在逐步实现转型升级，新科技金融人才的需求应运而生。金融行业对人才的要求不仅仅停留在掌握金融理论知识的单一型人才，而是需要集实践能力、金融理论于一身的复合型金融科技人才。未来除了对人才的理论和实战方面要求会更高，市场对适应金融科技行业发展的专业人才需求也会更加旺盛。

根据中国金融科技就业报告，92%的金融科技行业受访者认为目前行业急需金融科技专业人才。2019 年所查询的金融行业的部分企业人员构成情况与历年情况对比，金融行业里与科技相关职位的人数增长明显。以中国平安为例，近年来，平安以“金融 + 科技”“金融 + 生态”为重要发展方向，金融科技人员与医疗科技类业务的工作人员已达 9.96 万人，占比 26.43%。

三、新科技发展对金融类专业硕士质量提出的新要求

硕士生教育肩负着培养高层次人才的重要使命，随着我国新科技水平的不

断发展，金融业界迫切需要高校培养出理论知识和实践能力兼备的高级应用型金融人才，其核心素质至少包括如下六个方面。

（一）扎实的理论基础

国内高校基本上能够实现相应的理论基础课程安排，保证学生的金融学理论基础与经济学基本功，但是互联网金融的发展对金融从业者的经济学理论基础提出了更高的要求。因此，在专业理论方面我们不能为追求变革而弱化，相反更应该夯实经济学基础。金融专业硕士阶段的理论课程要在本科阶段的基础上进行实质性延伸，并充分体现系统性和专业性特征。只有具备扎实理论功底的人，才能从容应对纷繁复杂的现代金融环境。

（二）完备的知识架构

随着金融业的快速发展，客户对金融产品和服务提出个性化、差异化的需求，金融机构需要对客户的需求进行准确的分析，提供个性化定制的产品和服务要比传统的存款和贷款等标准金融服务复杂得多，这就需要金融从业者具有金融管理和风险控制等领域的知识和技能，须有银行业、保险、证券等金融专业服务的能力。不仅如此，新的金融技术从业者还必须具备法律知识和计算机信息技术能力。加强学生在互联网上处理大数据的能力，为今后更好地学习和应用奠定坚实的基础。此时，完备的知识架构尤为重要。

（三）活跃的互联网思维

在当代网络信息技术飞速发展的背景下，人们对于传统市场的经营、产品乃至整个商业生态都产生了互联网思维模式，具体到金融行业大致可以归纳为灵活、简单、门槛低和尊重客户体验四个方面。使用互联网等新科技工具开展金融活动，要求金融人才必须具备互联网思维，善于运用互联网思维来解决问题。互联网思维不仅仅是会利用金融行业当中数据进行分析预判，更是一种重新架构企业的工具，一个企业从市场定位、产品研发、销售到服务的全部环节，都需要互联网思维贯彻始终。互联网思维是现代高端金融人才的必备素质。

（四）强大的实战能力

高校培养的传统金融人才具备金融学理论知识基础扎实的优点，但也存在实战经验不足的缺点。互联网金融环境瞬息万变，金融活动纷繁复杂，对高校人才培养质量提出了更高的要求。他们要具有解决实际复杂问题的专业能力，不仅对业务能够熟练处理，同时也要对市场和经济发展趋势有良好的观察力，能够把握问题的本质，制定出解决问题的有效方案。

（五）宽阔的国际视野

金融市场国际化是金融业务的发展趋势之一。金融市场发展超越国界的限制，与世界金融日益融合，逐渐趋向全球一体化。主要表现为金融市场一体化、区域货币一体化、金融规则一体化、金融衍生工具全球化等，我国金融开放程度也在不断加深。优秀的金融从业人员应具备良好的外语交际能力、广阔的国际视野，能够深入了解国际金融市场交易规则和敏锐感知科技领域的最新发展，将最新的发展动态与我国的实际金融市场有机地结合起来。

（六）厚实的综合素养

由于新技术的不断创新驱动，金融服务模式已从传统的单一业务服务转变为向客户提供全面、专业的在线服务。这种新型服务方式对金融人才提出了更高的要求。在专业知识与技能方面，对毕业生的专业实践知识、金融业务流程的掌握等要求都有所提高。同时，要求掌握法律法规和服务礼仪，注重综合运用专业知识的能力和非专业技能，即综合素质，如学习、协作、信息整合等能力。

四、国内高校金融类专硕实践能力培养的经验与不足

2010 年，我国高校设置金融类专业硕士点，迄今已有十多年的办学历史。十多年来，我校和其他高校一道，不断改进培养方法，持续提升人才培养质量，在学生实践能力培养方面探索出许多卓有成效的方法，同时也遇到了一些亟待解决的问题。通过调查研究，本节总结部分办学经验，分析存在的不足，

为问题的解决做准备。

（一）培养实践能力方面的经验

1. 利用校外资源，实践能力与学术能力培养相结合

多数高校在培养金融专业硕士研究生时注重学生实践能力与学术能力的结合，创新多种教学方式，组织各种学术比赛或学术活动，与地方金融机构合作建立多元化的实践基地。实践能力方面，除了聘请业界高管担任硕士研究生导师之外，还会定期组织学生深入实践基地实习，甚至将特定课程的教学植入实践基地。

以上海财经大学为例，该校地处国际金融中心上海，校外资源十分丰富。该校金融硕士培养十分注重实践和理论相结合，课堂教学突出师生之间的交流互动，教学方式主要包括案例分析和讲座等，讲座主要是针对热点、前沿问题做报告，行业精英授课占比高。

2. 实行“双导师”制，理论研究和实践实训指导相结合

近年来，国内金融类专硕培养流行双导师制，主张理论指导和实践指导相结合。校内导师指导学生学术研究，撰写论文；校外行业导师指导实习、提供实践机会等。除此之外，多数高校还会定期举办学术讲座，邀请学术导师分享学术成果，实践导师分析金融热点问题，帮助学生了解职场最新信息，了解金融相关行业和部门对员工的专业要求，方便学生自我提升，提高他们的技能，规划自己的职业生涯。另外，有些高校对学生实行导师的个别指导和导师团队集体培养相结合的方式，值得赞许。

3. 改进教学方法，案例教学和虚拟仿真手段相结合

案例教学是一种新型教学方法，主要通过模拟来重现典型事件，将学生纳入真实案例场景中，以此来进行讨论学习。有些高校组织导师、业界人士与学生共同参与案例教学，进行案例编写、培训交流，将理论知识应用于实际，值得肯定。全国金融教指委组织的每年一度的案例大赛受到越来越多的关注，2021 年共有全国 773 篇作品参赛，评选出 144 篇优秀教学案例。

与此同时，虚拟仿真实验室的建设也受到诸多高校的关注。基于仿真模拟实践教学，能有效地将理论知识形象化，金融业务真实化、情景化，营造积极活跃的课堂环境，让学生在实验室体验信贷投资、支付结算、风险管理等实际

操作，让学生在实践中获取更多真知，从而促进理论与实践相结合，提高学习效率，激发创造力。

4. 推进学科竞赛，职业技能和创新能力培养相结合

近年来，全国各大高校愈加重视金融类学科竞赛，为了加强学生的实践能力，开展了以学科竞赛为载体的创新型人才培养模式，不断推进学科竞赛，例如“中金所杯”全国大学生金融及衍生品知识竞赛、“工商银行杯”全国大学生金融创意大赛、“花旗杯”金融创新应用大赛和金融建模大赛等。

多学科的交叉融合、组建“阶梯式”参赛队伍等措施，能够增强学生的竞争和创新意识，营造良好的实践与创新环境，提升学生的职业技能与创新能力，提高学生从理论走向实践的能力。

（二）培养实践能力方面的不足

通过调研，本课题也发现了一些高校在金融类硕士培养过程中存在的问题，突出表现在如下几个方面。

1. 培养方案不完善，应用型高层次显示度不够

培养方案是人才培养的关键环节。全国金融教指委的指导培养计划对必修课、选修课、实践环节等均作出了相应的要求。然而，不少高校囿于条件和经验，培养方案还不完善，还存在与行业脱节、与金融发展趋势不协同、实验实训课程占比较低以及课程实用性不强等问题。另外，还存在课程设置与本科生培养和学术型硕士培养区分度不明显，课程重复率高等问题，专业硕士的应用型和高层次显示度不够。

2. 实践基地未做实，实习指导和资源投人不足

充分发挥实践基地作用，保持学校与实践基地之间的良好互动，对于提高金融类硕士生培养质量具有重要意义。但据课题组了解，大多数实习基地并未做实，校企双方只有共建协议，缺乏持续性、实质性共建内容。其中原因主要包括学生分散实习的机会较多、高校缺乏实习建设动力、校外企业追求短期效益缺乏培养动机、双方资金和人员配备不足等。有些高校校外行业导师未能真正参与到实践教学中，双导师制落实程度参差不齐。

3. 教师实践经验少，师资队伍建设任重道远

《金融科技（Fintech）发展规划（2019—2021 年）》指出，需要不断加强

金融领域人才队伍建设，满足金融科技的需要，加强师资队伍建设，开设更多金融科技课程。但是，目前国内金融硕士导师主要是从事校内教学工作的教师，他们理论经验丰富，但业界工作经验和实践经验相对缺乏，在向学生传授专业知识和实践技能时容易陷入本领恐慌的窘境。学生的教学体验也受到了教师教学技能和教学内容落后的影响，学习效果受限。为了克服这些弊端，包括南京财经大学在内的一些高校推行教师挂职制度，要求专业硕士导师在任职前必须具备6个月以上的行业挂职经历，在一定程度上取得了实效。

4. “双导师”制落实不够，实践导向培养模式形式化

“双导师”制度存在一定的优势，学校通过聘请业界专家作为校外实践导师，参与金融类硕士的培养过程，一定程度上克服人才培养脱离行业发展的弊端。然而实际上，校外导师的选聘存在很多问题，例如导师选聘标准缺乏科学性；选聘制度不完善，缺乏相应的保障制度等。由于这些原因，业界专家们对于承担校外实践导师的积极性并不高，而少部分愿意承担的，也因为自身工作的复杂性以及时间和精力的缺乏，难以给学生提供充分且高水平的指导。他们往往只行使签字权，导致了“双导师”制度的形式化。

五、南京财经大学金融类专硕实践能力培养分析

南京财经大学金融学院于2010年获批金融硕士和保险硕士两个专硕点，2011年开始招生，至今已有十余年的历史。金融学院始终秉持“贡献现代金融智慧、培育卓越金融人才”的办学理念，以社会需求为导向，牢牢把握金融发展方向，着力培养应用型高层次金融人才，积累了丰富的经验。本节根据其办学历史总结经验，分析不足，展望未来。

（一）南京财经大学金融类硕士的培养特色

南京财经大学金融类硕士培养特色主要体现在如下三个方面。

1. 理论筑基，项目驱动，突出金融类硕士的高层次定位

南京财经大学十分重视专业类硕士的理论水平和实践能力的同步发展，坚持全程双元的培养模式，突出金融类硕士的高层次定位。

理论筑基，持续优化课程设置。近十年来，始终紧密跟踪金融业工程化、

科技化、智能化发展趋势，四次修订金融类专硕培养方案，共淘汰旧课、“水课”6门，增加新课、“硬课”8门；修订教学大纲，删除冗余内容、与本科生课程重复内容等，课程设置和课程内容得到动态更新、优化，为金融类专硕筑牢了理论根基，为高层次人才培养奠定了扎实的基础。

项目驱动，不断激发创新热情。学院优先为学生安排主持各类课题的导师。导师和学院尽力为学生主持各类科研项目提供便利，例如2021年，配套资助了10名学生主持江苏省研究生创新课题；3名学生主持了南京财经大学“射阳港”定向立项课题；60%以上的学生已参与了学院教师主持的各类课题。学生创新热情在项目驱动下得到激发。

2. 战略导向，科技赋能，突出金融类硕士的新科技特点

为满足当前国家金融市场发展的战略需求与大数据时代技术进步的需要，完善课程体系，实施交叉学科特色人才培养计划。

战略导向，瞄准国家发展需求。近年来金融安全已经被提到了国家安全的战略高度，维护金融安全已经成为治国理政的一件大事。另外，在金融“脱虚向实”“攻坚脱贫”“共同富裕”等一系列大的国家发展战略下，普惠金融发展也已成为国家战略布局的一环。金融学院在国家战略导向的引领下，有意侧重金融风险管理和普惠金融方向人才的培养，在学位论文选题、实验实训、师资培训等各方面重点倾斜。

科技赋能，紧扣行业发展脉搏。首先，科技课程筑基。在硕士课程设置中增加科技类课程和科技类内容，如教授R语言、Python软件、数据挖掘、量化投资等。金融学院从2020年开设“金融科技”微专业，开设了5门最为前沿的金融科技类课程，也成为专业硕士们汲取科技营养的宝库。其次，科技赛事驱动。引导学生积极参加国内外重要科技类赛事，以赛促教、以赛促学，全面提升学生的创新精神与实践能力，取得了丰富的成果，如“挑战杯”江苏省大学生创业计划竞赛金奖、全国财经高校创业大赛二等奖、郑商所杯全国大学生金融模拟交易大赛三等奖等。再次，科技平台孵化。与省内多家研究单位开展了全方位、深层次的战略性合作，如与江苏省生产力促进中心联合成立了科技金融创新实验室，致力于科技金融人才的培养。借助该平台，多名学生完成金融科技为主题的毕业论文，并获得多项成果，如2019级学生作品“风险补偿专项基金支持下科技型中小企业信贷可得性研究——以南京市为例”获得

2020年省级学术创新论坛优胜奖等。

3. 四方协同，改革创新，突出金融类硕士的实践性导向

力促四方协同，不断提升协同育人成效。学院与50余家“政产学研”单位合作，推动“人才培养链”“教育供给链”与“协同机制链”的互相支撑、深度融合。与40余家企业建立了实训实习基地，构建了“理论学习—模拟交易拓展—实战成熟”的高质量金融人才培养链。聘请30多名校外行业精英担任金融类专业硕士行业导师，在选题开题、实验实训、实习就业等领域与行业进行深度融合。

推动改革创新，持续强化实践创新导向。一是教学研讨。召开金融学院院长论坛等，加快补齐育人模式中的短板，推广应用育人机制中的特色和优势。二是教改研究。与南京大学、省金融监管局、江苏银行等单位的专家共同完成了多项省部级教改课题；深入推进翻转课堂、案例教学等教学方式改革，营造高效、平等、自由、开放的课堂氛围。三是内引外联。选派青年教师到金融业界挂职锻炼，重点学习最新金融科技知识和技能，为课堂质量提升起到了重要作用。不定期邀请投资类、信息类行业精英来校讲学，重点向师生讲解金融科技化、工程化等前沿动态。

（二）南京财经大学金融类硕士培养存在的问题

南京财经大学金融学院实践教学体系经过多年的运行和不断的优化，在金融硕士培养过程中发挥了重要作用，造就了大量的应用型高层次专门人才。但与金融业未来发展趋势以及高端人才培养目标相比，依然存在一些亟待改进的地方。

1. 与主流职业资格考试的融合度有待继续提升

包括本校在内的诸多高校都逐渐注重“双证”教学模式，即硕士证书+职业资格证书相结合的教学理念。例如，上海外国语大学把国际注册金融分析师（CFA）等全球顶尖资质证书的考试内容融入专业选修课程中；西南民族大学也开展了CFA应试课程讲座。南京财经大学在金融类硕士培养过程中也逐步将CFA、FRM、精算师考试等主流考试内容融入课堂和课程设置。但是总体来看，融合程度还有待继续提高，学生报考率和通过率仍有提升空间。

2. 校外导师参与学生培养的积极性有待提高

金融行业应用性很强，当学生初次步入金融行业实践工作中，实践基地导

师的理论和水平则显得尤为重要。我校校外导师遴选标准严格，受聘者的专业能力和实践经验普遍较高。但担任学生校外导师的人员多为金融机构的高层管理人员，本身工作就非常繁忙，少数校外导师对学生的实践实训疏于指导，对学生所花的精力有限。如何从制度上遴选出更为认真负责的导师，激发他们培养学生的积极性，是一项值得关注的问题。

3. 人才培养过程中的科技元素有待继续提升

我们已经深刻认识到高等教育正在发生的内涵变化，需要抓住新一轮科技革命的历史机遇，加强目标导向、问题导向，用信息技术引领，推动金融学科交叉和科技产业融合，不断提高服务社会的科技含量。尽管我们在课程设置、实验室建设、实习基地建设、师资队伍建设等多个方面作出了大量的工作努力，但囿于资金、人员等因素，或多或少地还存在科技元素不多，金融和科技元素融合度不深等现象。

六、“三维联动”教学模式新探索

对实践能力的要求是区别专业型硕士和学术型硕士的本质特征之一，也是检验专硕培养质量的根本标准之一。新科技时代背景下，“信息驱动”“智能金融”等对金融人才的培养提出了更高的要求。金融人才培养方案的设置要紧跟智能金融的发展现状，创新金融类专业硕士研究生实践能力的培养方式。

本节根据南京财经大学在金融类专硕培养方面积累的成功经验，借鉴国内外其他高校的培养模式，并结合新科技时代下金融行业的最新发展趋势，提出构建“三维联动”教学新模式的构想，为探索金融类硕士专业实践能力培养，科技素养提升提供路径参考。

（一）“三维联动”教学新模式

以满足教学需求为出发点，提倡教学模式多样化，让学生能够在掌握理论知识的基础上，将理论知识应用于实践，由此构建起“三维联动”教学新模式，教学新模式如图 4－1 所示。

（二）探讨“三维联动”教学模式下的实践教学内容

为了实现培养具有卓越实践能力的创新型应用人才的目标，高校需要与社

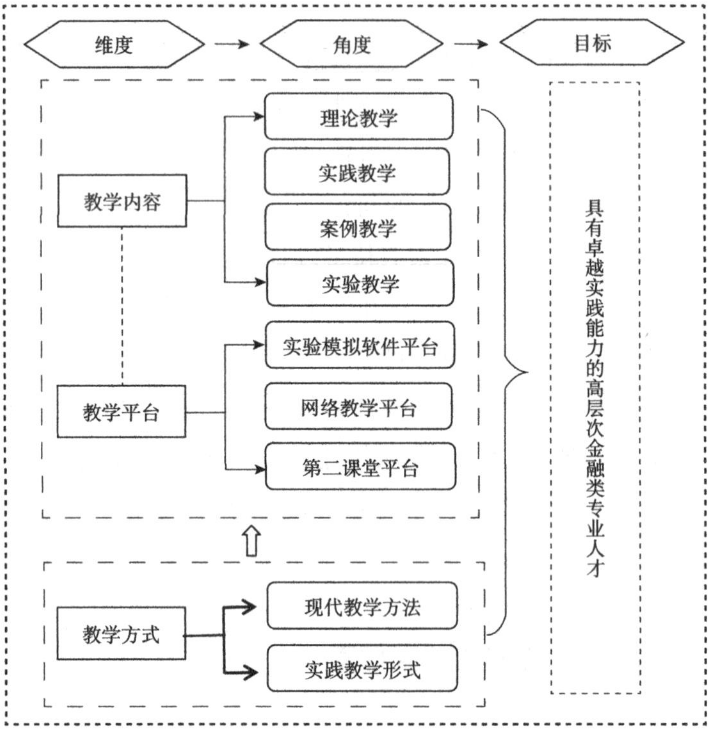

图 4－1　“三维联动”的实践教学模式

会加强协作关系。学校主要侧重于理论知识方面，社会更多的是提供实践平台。本课题探讨的教学模式是教学内容、教学平台和教学方式的立体联动。学校主要基于理论、案例与实验教学三个方面，夯实学生的理论知识，而校外重点开展实践教学。此外，积极搭建具有实践操作性的教学平台，围绕教学内容和教学平台，创新教学方法，三个模块相互作用，从而实现教学模式下的人才培养目标。

1. 打破壁垒，促进金融和科技的融合

首先，打破行业壁垒，持续提升实践类课程的数量和质量。在优化培养模式时，应更加注重金融行业专家和科技领域专家的深度参与，使实践类的课程数量和质量都得到实质性提升，逐步实现基础理论课程、学术前沿课程和应用实践课程有机结合，高效整合课程理论学习与专硕实践能力的培养。

其次，打破学科壁垒，深化金融与科技的融合度。这就要求学院在后续培养方案制定上打破学科壁垒，进行互联网思维与实践操作等多学科交叉融合，提高金融类硕士研究生对数据的管理、分析以及创新实践能力。培养具有卓越实践能力的复合型人才，不仅需要具备扎实的金融学、经济学、统计学以及数学等基础性课程，还需掌握计算机软件、管理学、智能科学等多学科知识与技能。

2. 创新模式，同步推进校内外实践教学

（1）提高校内实践教学质量

目前，我校金融类专业硕士研究生课程授课方式仍然以传统的课堂讲授为主，灌输式的教学方式使得专业硕士研究生学习主动性和能动性较差。我们应该多鼓励师生走出课堂，教师和金融行业的实践部门沟通交流，积极参与金融方面的横、纵向科研项目，将行业发展的前沿引进课堂，培养学生学习、实践的积极主动性。帮助学生能够了解国内外金融、社会发展的研究热点和时事前沿，提高研究生对经济发展、经济政策以及金融市场、金融事件的解读能力和实践能力，能够在进入社会后尽快适应工作岗位。

（2）提高校外实践教学质量

首先，完善“双导师”制，建立健全相应的保障制度。一方面，对于校外导师的评聘条件需要进一步完善，校外导师作为一线专家，不仅要有丰富的专业知识和行业经验，还需具备高度的责任感，能够指导、提高研究生的专业实践；另外，还需要建立健全校外导师的监督激励机制和考核制度，激励并约束校外导师积极参与学生的培养过程，提高校外导师对学生专业实习的参与度和指导效率。

其次，加强金融类专业实践基地的建设，强化校企合作。我院金融类专业实践基地的使用效率有待提高，实践基地的指导作用还需进一步加强。校企之间签订合作协议，进一步明确双方的权利和义务。在建设实践基地过程中，要注重目标清晰、制度完善、效果明显。对于实践基地的选择，首先要具有稳定合作培养金融类专业研究生的意向，另外还需选择在金融行业有一定代表性的金融类机构进行长期合作。金融机构作为实践基地要为学生提供实习机会并进行指导，学生在金融行业一线参与实践，了解机构的业务和市场的情况，真正掌握行业领域的实践技能。

3. 关注热点，推动案例教学走深走实

案例教学通过对市场上的产品和案例进行分析，在夯实学生专业知识的同时，不断培养学生思考问题和运用所学解决实际问题的能力。近几年，我校金融类专业研究生案例教学逐渐得到重视，但尚未形成完整体系。在今后的工作中要重视教学案例库的构建，要以创新实践型人才为培养目标。

对于案例的筛选要跨学科、跨专业、多角度，结合课程的重难点知识和问题，案例库不仅涉及传统金融机构，还要满足学习内容的多样性，整合包括保险和互联网金融等在内的内容，提高学生主动学习的积极性。同时，加强案例教学过程中分析方法的总结交流，鼓励学生积极参与案例大赛，通过组建团队、导师指导、分析案例、完成报告等过程，培养学生的实践能力。

4. 强化实训，促进理论与实践教学一体化

实验教学模拟通过同一个基础理论或经济现象，在实验教学中得到再现、验证、演绎和总结，从而培养学生对行业问题的思考能力和解决能力。我校金融类专业研究生的培养过程中对实验教学模块重视程度不够，应大力发展理论实践一体化的实验教学，真实再现的实务操作让学生间接增加实践经验。

实验教学中涉及的实验软件和系统平台既要接近实际业务，也需结合所学课程内容，与教学内容相适应。目前国内高校主要开展的有金融市场、外汇、证券分析交易业务以及商业银行综合业务等较为成熟的实验教学项目，除了再现传统金融业务之外，还可以实现全球市场行情同步，进行模拟交易。实验教学平台通过多学科专业交叉融合，增加学生处理业务的经验，发挥课程教学的应用价值，为金融市场储备更多的人才。

（三）构建“三维联动”教学模式指导下的教学平台

1. 完善网络教学平台

我校金融类专硕培养过程中，虚拟仿真、校企共建等实验实训体系尚未完全形成，“云教学”等现代教学技术方法与手段的应用暂未普及。应继续积极推动信息化教材建设，搭建 MOOC 课堂，建立 QQ 群、微信群等架构师生之间的教学沟通交流平台。MOOC 平台中蕴含了十分丰富的优质资源，结合课程教学实际将教学内容进行合理划分，尽可能地提高学生学习专业课程的效率，夯实实践的理论基础。

2. 强化实验实训平台

基于新科技发展的背景，建立适应大数据发展要求的金融类学位实验教学环境。金融类学科的发展趋势必将是更多地涉及信息技术参与大数据挖掘，应

结合传统实验教学，引入量化交易、金融科技等金融交易平台。我校金融类专业硕士的软件模拟平台主要靠学生自学，学校、学院应积极支持实验模拟软件平台建设，通过探索区域经济和金融行业发展特点，增加专业技术类课程，如“金融数据挖掘与处理”“财富管理”“金融时间序列分析与应用”“金融统计与软件应用”等。此外，课程实验模拟软件要根据金融类专业的特点，涉及包括银行、保险等金融各行业领域，多方面、系统化使用统计分析软件，如MATLAB、SPAA、S-PLUS、EVIEWS等。学生通过实验平台，从而提高数据分析和解决实践问题的能力。

3. 打造第二课堂平台

第二课堂作为高校开展学生教育的重要形式，对研究生实践创新能力有显著的正向影响。我校金融类专业硕士研究生对第二课堂的参与度还需要进一步提高。我们要积极鼓励、组织学生参与专业比赛、案例大赛等，利用好各部门组织的实践活动与科研创新机会，通过专业教师的积极参与，帮助、指导研究生完成科研项目。此外，组织校外金融领域专业人士系列讲座等，积极为学生搭建第二课堂平台，充分利用学生课余实践参与实践创新，锻炼能力，通过课外课内相结合的教学方式，提高学生实践创新意识。

（四）发展“三维联动”教学模式指导下的教学方式

当前，在教学方法上，我校金融类专业硕士研究生还是以传统的课程讲授为主要方式。依据当下的科技发展，新的技术和理论在不断创新，学科交叉融合已成为新趋势，结合硕士研究生学习自主性和探索性的特点，传统的教学方式已无法满足学生的个性化学习需求。

通过创新教学模式，培养具有卓越实践能力的复合型金融人才。首先要提高教学资源的有效利用，搭建课程信息平台，整合课程资源；此外，开展线上+线下的混合式教学方式，积极利用好“云课堂”平台，提升、优化研究生课程的教学效果；积极探索实践教学方法，通过案例教学、专家授课、专业实践等方式，提高金融类专业硕士的实践学习的主动性和能动性，强化金融类专业硕士生的实践应用能力，培养兼具信息技术、互联网思维、统计学理论等多学科基础的综合型金融人才。

为培养和提高金融类专业研究生的实践能力，我们应根据金融行业职业需求导向和学科发展规律，结合新科技时代的发展需求，充分利用学校的金融类学科优势，构建“三维联动”教学模式，使教学内容体系化，建立、推进教学平台的高效使用，积极利用第二课堂鼓励学生科研实践创新，并实现跨学科资源的互通互享，为金融行业与地方经济社会发展培养具有卓越实践能力的高层次金融类专业人才。

七、结束语

科技化、智能化是金融业未来发展不可撼动的趋势，实践能力是专业硕士的核心竞争力。如何在新科技背景下培养出理论基础厚、实践能力强、创新思维活的应用型高端金融人才是我们面临的重要课题。人才培养模式的不断优化，有赖于长期经验的积累，有赖于发展方向的把握，有赖于技术革新的推动，有赖于新方法的探索。我国金融类专硕人才培养刚刚走过十年的历程，过去成绩斐然，未来任重道远，前途光明璀璨。我们要始终秉持培养高质量人才的发展理念，认真落实立德树人的根本任务，紧扣时代发展脉搏，不断提升金融类高端人才培养质量。

参考文献

［1］陈健，张镇宇．金融科技化背景下高校金融专业硕士培养机制研究——基于209所院校的调研分析［J］．当代会计，2020（9）：136—138.

［2］陈学军，刘鑫．产教融合下金融专业硕士培养模式研究［J］．经济研究导刊，2021（14）：68—70.

［3］陈怡琴．金融硕士专业学位研究生专业实践体系的构建路径探索［J］．学位与研究生教育，2021（6）：24—28.

［4］傅巧灵，赵睿．地方高校金融硕士专业学位点建设现状与改进措施研究——基于现有人才培养方案的比较研究［J］．现代商贸工业，2018，39（33）：151—152.

［5］郭红玉，张运龙．高等教育功能视角下的金融硕士专业学位人才培养定位［J］．金融管理研究，2016（1）：1—10.

［6］胡朝晖，弓青青．着力提升金融硕士研究生的创新能力［N］．中国社会科学报，2020-11-18（006）.

［7］王家华，王瑞．校政企研联合培养金融硕士模式创新与策略研究——以南京

审计学院为例［J］. 研究生教育研究，2016（1）：80—85.

［8］吴婧，李国柱. 金融专业硕士培养存在的问题及对策研究［J］. 当代教育实践与教学研究，2020（6）：55—56.

［9］谢常绿，王修华. 我国金融专业学位硕士培养模式探讨——以美国德克萨斯州大学奥斯汀分校为例［J］. 保险职业学院学报，2016，30（4）：89—93.

［10］张震，王周伟. 新科技革命背景下金融硕士专业学位教育质量保障研究［J］. 金融管理研究，2016（1）：21—33.

［11］周春喜. 金融硕士专业学位研究生培养模式探索与实践——以浙江工商大学为例［J］. 金融教学与研究，2014（4）：60—64.

第五章　大数据背景下应用统计专业硕士人才培养模式创新与实践研究

摘　要：本章剖析了应用统计专业学位硕士研究生培养的发展历程；从思想政治教育、师德师风建设、师资队伍建设、教材体系建设、职业道德教育、专硕培养质量、服务贡献与社会贡献等维度，从实践教学、师资队伍建设和培养成效等角度分析目前应用统计专业学位硕士研究生培养面临的困难与挑战。总结国内外应用统计专硕的培养经验。最后从重视案例建设、夯实培养重点环节、加强师资队伍建设、重视教学内容建设、改进完善教学方式和加强课程实践竞赛等视角切入，提出若干兼具科学性和合理性提升培养质量的相关建议。

关键词：应用统计专硕；培养特点；培养成效；困难与挑战；经验借鉴

一、引言

为适应我国现代统计事业发展对应用统计专门人才的迫切需要，完善应用统计人才培养体系，创新应用统计人才培养模式，提高应用统计人才培养质量，教育部专门设置应用统计硕士专业学位（以下简称统计专硕）。随着大数据时代的来临，统计专硕培养势必面临新的挑战和机遇。事实上，大数据时代是现代生产力水平发展到一定阶段的必然产物，统计专硕应该具备的重要能力之一就是要将传统文本、图像的统计、分析向数据分析转变，将各种类型的结构化和非结构化数据变得活生生起来。仅此可知，传统的培养模式已经不适合大数据时代的要求，培养模式亟须创新。

通过知网搜索，目前针对统计专硕培养方面的研究非常缺乏，甚至专门讨论统计专硕培养的论文几乎空白。有限的研究主要如下：阮敬和陈涛（2015）针对当前大数据背景下数据分析人才需求的特征和现状，对我国统计专硕的大数据分析人才培养模式进行了探讨。施三支等（2015）以长春理工大学为例，提出若干应用统计专业硕士的培养与实验室建设的对策建议。张涛和黄海军（2015）分析了地方院校在该专业实践教学中存在的问题，并讨论应用统计专业硕士实践教学模式的构建和开展问题。张涛和黄海军（2017）基于中美统计专硕培养体系的比较，探讨了大数据背景下统计专硕人才培养遇到的问题，并提出了相应的解决办法。张彩虹等（2017a）以北京林业大学为例，介绍了该校统计专硕培养体系的改革实践。张彩虹等（2017b）基于中美统计专硕培养体系的比较，提出完善我国高校应用统计专业硕士培养体系的建议。李刚和王韬睿（2019）针对中美两国应用统计专业学位硕士研究生人才培养方案，进行了对比分析。陈蕾和庞建华（2019）以广西科技大学为例，对该校应用统计专业硕士研究生就业情况进行了调查分析。宇世航（2019）对东北地区高校统计专硕培养的现状、特色及其存在问题进行了分析。古家虹等（2020a，2020b）以广西科技大学为例，探索了应用统计专业硕士在实践平台下的培养模式，以及校企联动下应用统计专业硕士的培养路径。周少玲等（2021）以统计计算与软件课程为例，讨论了应用统计专业硕士研究生课程案例库的建设经验。

综合现有文献，针对统计专硕培养的文献极为缺乏，特别是针对大数据时代培养模式的创新几乎凤毛麟角，同时针对财经类高校的研究也较为匮乏。因此，作为地方性特色财经类高校，探讨大数据时代南京财经大学统计专硕培养模式的创新与实践，具有鲜明的理论价值和现实意义。

二、南京财经大学应用统计专业学位硕士研究生培养的发展、特点与成效

（一）发展过程

我校于2010年获批应用统计硕士专业学位授权点，2011年开始招生。本专业学位点立足江苏，服务长三角，辐射全国，培养具有严谨的学风及开拓进取、勇于创新的科学精神，充分掌握现代应用统计基本理论和方法及前沿发展趋势，具备较强的数据收集、整理、分析处理及统计建模、统计软件开发运用能力的高端数据分析人才。目前，统计专硕培养呈现如下特色。

第一，思政引领，立德铸魂，全面实施“三全育人”。基于马克思主义基本理论、习近平新时代中国特色社会主义思想、社会主义核心价值观等多维角度，将思政元素融入本学位点人才培养的全过程。

第二，立足数据库建设，发挥专业优势，助力脱贫攻坚。通过与中国残疾人数据科学研究院等多家单位开展调研合作，持续开展我省残疾人政策和服务满意度调查研究。

第三，质量保障，智慧赋能，突出专业创新性。构建高收入群体数据库，开发大数据时代需要的专业课程体系，实施交叉学科特色人才培养计划。

（二）培养特点

1. 思想政治教育方面

长期以来，本专业学位硕士点认真贯彻落实全国高校思想政治工作会议精神，遵循本专业学位教指委《应用统计硕士专业学位基本要求》要求，高度重视“三全育人”工作，始终坚守“立德树人”的育人理念，不断优化人才培养方案，在思政教育过程中形成了自身特色。

第一，示范引领，由点及面，全面推进课程思政建设。制度先行，学院出台《课程思政实施方案》，深入推进课程思政与思政课程同向同行，引领树人方向。示范引领，以院系为单位，依托三门校级思政示范课程展开项目建设，课程组定期研讨建设进度并评估成效，探索有形有效的课程思政模式。专业学科融合，与校马克思主义相关课程组联合共建，共同发掘思政元素、创新融入方式、深化课程改革。建强队伍，打造一支四位一体协同育人的学院思政工作教师队伍。

第二，一岗双责，立足阵地，严守意识形态“责任田”。高度重视，规范制度，严格落实领导干部“一岗双责”，明确主体责任。加强学习，强化师德师风建设，守好一二课堂、学术科研、舆论与网络、校园文化等主阵地，将坚持马克思主义指导思想，树立中国特色社会主义共同理想，弘扬社会主义核心价值观和中华优秀传统文化等融入教师的教学环节中，牢牢把握人才培养过程中学生思想引领、价值导向和人格塑造的主导权。

第三，样板示范，对标争先，推动全面从严治党向基层延伸。充分依托院党委、党支部、党员三个主体层面，认真搭建“标杆院系（培育）”“样板支部”“党员先锋工程”三层工作平台，全面实现“理论认知有高度”“思想政治受洗礼”“干事创业敢担当”三级工作目标。创新实践“三二二”支部党建工作法，实现“党建与业务工作互融互促和立德树人”两级工作目标，使支部成为本专业学位高质量发展的中坚力量。

第四，四位一体，三全育人，打造思政教师队伍。管理“树”人，打造一支耐心、细心、用心的学生工作思政队伍；组织“引”人，打造一支理论强、政治硬、素质高、作风实的党建工作思政队伍；服务“助”人，打造一支勤于实干、善于思考、精于创新的行政工作思政队伍；课程“立”人，打造一支有理想信仰、有道德情操、有扎实学识、有仁爱之心的专任教师思政队伍。

第五，实践育人，五育并举，搭建多元化社会实践平台。以实践为主要手段，以培养德智体美劳全面发展的社会主义建设者接班人为目标，搭建以专业实习实践、暑期社会实践、创新创业实训、党日活动、志愿服务、研究生学术导师项目、第二课堂实践活动等为主体的多元化社会实践平台。

2. 教材体系建设方面

第一，立足人才培养目标，构建科学课程体系。本专业学位构建了包含 9 门必修课和 14 门选修课的课程体系，致力于打造服务于人才培养的精品课程，3 门课程获批国家一流课程，教学质量显著提升，实现了课程体系建设各环节运行有章可循、有据可依。

第二，注重应用能力锻炼，搭建多维培养平台。人才培养过程中，加强应用能力和实践能力培养融入课程体系，在掌握课程基本理论和方法基础上，要求本专业学位研究生积极参加各类行业讲座和职业培训，拓宽视野，及时了解社会和行业对本专业学位人才培养最新需求，注重自身应用能力和职业能力提升。另一方面采用多种形式鼓励并支持本专业学位研究生参与和专业相关的政、产、学、研合作项目等实践活动，且必须参加不少于半年专业实践，以保证专业实践教学的质量，提高本专业研究生理论联系实际能力。

第三，响应社会行业需求，提升人才职业能力。随着大数据时代的来临，社会、行业对复合型、应用型专业数据分析人才需求急剧增加，为了培养与社会需求高度契合的人才，除了开设基础学位课和专业学位课程外，近年来本专业学位增设机器学习与 Python 实现、数据挖掘与大数据分析等大数据课程，使本专业学位研究生能胜任人工智能和大数据时代职业素养和能力要求。

第四，大力推进案例教学使用与开发建设，促进学生知行合一。(1) 加强案例教学，提升学生创新实践能力。积极鼓励并支持导师针对各类课程特点，结合自身科研项目，编写相应案例并贯穿于教学过程，积极开展案例教学，有效提升学生通过案例剖析实现理论知识的理解与运用。譬如，导师团队编写《统计咨询——应用案例》教材，并获江苏省高等学校重点教材立项；通过构建高收入群体数据库，让学生熟悉数据收集、清洗、分析和研究报告，树立了良好典范。(2) 注重案例开发，打造优秀精品案例。精心组织研究生导师指导学生撰写案例，并积极参加各类案例大赛，取得了较好成绩。(3) 通过案例开发与建设，培养本专业学位研究生发现问题、研究问题、解决问题和评价问题的能力。以此为契机，促进学生适应社会和时代发展需求，提高导师应用教学案例的水平，以便未来探索更适合本专业研究生的教学方法。

3. 师德师风建设方面

“德高为师，身正为范”，本专业学位建设中始终把提高教师思想政治素质和职业道德水平摆在首要位置，其主要做法如下。

第一，加强学习，提高师德素养。定期组织教师认真学习有关师德建设的法规、政策和文件，明确要求、提高认识、自我规范；举办一系列新进教师师德师风主题培训讲座、学习心得交流活动，要求新进教师撰写心得体会、行为反思，并进行交流汇报，大大提高了他们的师德素养。

第二，规范管理，强化师德建设。将师德师风建设要求贯穿于教师管理的全过程。在人才引进环节加大师德考察工作，严把教师队伍入口关。在教师年度考核、职称晋升、评优奖励、人才工程申报等方面推行师德师风“一票否决制”。出台《关于建立健全师德师风建设长效机制的实施意见》等制度和文件，多渠道宣传师德师风教育，积极营造浓厚的师德师风建设氛围。

第三，抓好党建，确保师德重点。作为“全国党建工作样板支部”培育创建单位，结合“样板”创建，提高师德师风建设水平。把党建工作和师德建设紧密结合起来，把党员自身建设当作师德建设工作的重点，切实发挥党员教师的先锋模范作用。向全体党员教师发出“从我做起、对我监督、向我看齐”的号召，通过党员教师带动，促进师德建设工作的健康发展。

第四，培育骨干，打造师德典范。本专业学位始终坚持“以人为本”的教育理念，着力培养“德艺双馨型”教师。涌现一批“教学名师”“双带头人”“优秀共产党员”教师，是师德师风建设的先进代表和典型人物，是全体师生尊重的典范和学习的榜样，大力宣传、积极推广。

第五，学生监督，提升师德内涵。加强对导师工作能力和责任心的考察，多渠道听取研究生意见，改进导师工作。通过对研究生深度访谈，了解各项师德师风规章制度落实情况，从而形成一支忠诚干净担当投身教育事业的导师队伍。鼓励研究生参加导师或导师团队的课题研究，通过导师和研究生的接触，以其高尚师德影响与感染研究生，提升研究生思想道德水平，提高他们的学术水平和研究能力

4. 师资队伍建设方面

第一，坚持德才兼备，打造高水平导师队伍。聘用具有良好思想政治素质、职业道德并具备较强科研能力的教师指导研究生，充分发挥优秀导师和教学名师的示范引领作用。明确要求申请导师有半年以上协助指导实践经历，新聘导师培训后方能上岗。以“十三五”期间为例，专业中 2 人分获江苏省“333 工程”第三层次培养对象、江苏省“青蓝工程”优秀青年骨干教师，3 人获校级高端人才。

第二，强化创新实践，构建“双师型”联合指导机制。聘请企事业单位等具有丰富经验的业界专家担任导师，构建校内、外导师联合培养机制，全程指导学生学习实践，有力促进了产教融合。

第三，积极探索人才培养导师组制，按金融统计、社会经济统计、大数据统计三个培养方向设立导师组，注重交叉融合，提升人才培养质量。

5. 职业道德教育方面

本专业学位高度重视职业道德与职业伦理建设，个人品德、职业道德和行业规范教育成效显著，受到学校、家长和用人单位的一致好评。

第一，加强政治学习和思想品德课程建设，提升学生个人品德修养。发挥全国党建工作样板支部的引领作用，通过思政课程和课程思政的有机融合，提高学生个人品德修养以及政治觉悟。专门开设科学道德与学风教育课程，组织研究生学习相关文件，并让研究生签署南京财经大学研究生科研诚信与学术规范承诺书，有效保障在校研究生均未发生违法违纪等现象。

第二，完善培养体制和机制，构建职业道德教育课程体系。修订专业学位人才培养方案，将职业价值观、职业操守和职业伦理等有机融入专业培养方案和课程标准中，促进求真意识、职业意识和保密意识有效融合。研究生实习和实践期间，均未产生违反职业道德现象。

第三，依托社会实践和项目，加强行业规范教育建设。引导研究生积极参加社会实践、学科竞赛、科研课题、各类职业讲座等“四大课堂”活动，并获得优异成绩。有意识在提高研究生业务水平的同时，潜移默化地进行行业规范教育，在思维上认识到行业规范的重要性和必要性，在实践中锤炼职业规范的意识和能力。在不同学习和工作场景中，均能较好遵守行业规范。此外，在案例教学中注重思政元素的引入，注重培养学生个人品德、职业操守和行业规范等方面的意识和能力。

（三）培养成效

1. 思想政治教育成效

经过多年的努力，本专业学位点紧紧围绕“三全育人”的教育理念，将思想引领贯穿于课程、队伍、科研、实践等各个环节，取得了一定的成效，现简要总结如下。

第一，课程思政与思政课程同向同行取得明显进展。本专业学位点与马克思主义学院共建课程思政合作平台。2020 年“统计学”课程遴选为校级课程思政示范课堂重点建设项目，2019 年经济统计学专业获批首批国家级一流本科专业建设点，“统计学”“统计模型与统计实验”评选为教育部“国家精品在线开放课程”，“现代工业统计”评选为“国家级线上线下混合式一流课程”。

第二，社会实践成效显著。“十三五”期间，3 个社会实践项目获得团中央学校部、全国学联颁发的“全国暑期‘三下乡’社会实践活动优秀团队奖”，2 个项目获得由江苏省委宣传部等单位颁发的相应奖项；5 个项目在挑战杯大赛中获奖等。在全国研究生数学建模竞赛、全国应用统计专业学位案例大赛等获得 5 项一等奖。

第三，意识形态阵地更加巩固。本专业学位点于 2019 年获得“江苏省五一劳动奖”，2016—2018 年度获得“江苏省文明校园”称号；在教育部主办的全国第五届大学生艺术展演活动中，由本专业同学参与制作的系列作品舞蹈《芳华》、合唱《陌上桑》、戏剧《微光时代》分获全国一等奖，朗诵《狂雪》获全国二等奖等。

第四，基层党组织建设成效显著。统计系教工党支部为首批“全国党建工作样板支部”培育创建单位，2020 年已通过教育部验收，凝练形成“依托三个主体层面、搭建两层工作平台和实现两级工作目标”的“三二二”支部党建工作法被很多支部采纳使用；学生支部被共青团江苏省委授予“2018 年度江苏省大中专学校‘活力团支部’”等。

第五，思政队伍建设取得明显进步。以“统计学”课程思政建设为抓手，一批年轻教师加入课程思政队伍，课程思政课教师数量不断增长、质量不断提升。本专业学位点思政队伍中既有全国模范教师、全国师德先进个人、省级教学名师，也有校级教学名师、青年岗位能手、江苏省高校优秀共产党员等。通过他们的典型示范作用，带动本专业学位整体思政队伍建设质量的不断提升，并在全国高校思政网、学习强国、人民日报、校园网、支部微信公众号等媒体平台作了宣传报道，形成较大的社会影响。

2. 师德师风建设成效

本专业学位点始终把师德师风建设摆到教师队伍建设首要位置，多措并举常抓不懈，推动建设向制度化、规范化、常态化发展，成效显著，简要总结如下。

第一，以师德师风建设为抓手，师德师风典范作用明显。近年来，获全国模范教师、全国师德先进个人、民建中央“全国优秀会员”等荣誉 5 项，获评省教学名师、省高校优秀共产党员、省级教学成果奖等 20 余项，主持校课程思政示范课堂重点项目 1 项。统计系教工党支部 2018 年获批首批高校“全国党建工作样板支部”培育创建单位并顺利通过验收。一直以来，没有导师因为师德、师风和学术道德问题被查处通报。

第二，以师德师风建设为动力，人才培养质量显著提升。经济统计学专业获批 2 门教育部“国家精品在线开放课程”，1 门“国家级线上线下混合式一流课程”，2019 年成为首批国家级一流本科专业建设点。硕士生就业率、学位授予率均达到 100%，就业层次稳步提升。

第三，探索课程思政有效途径，彰显育人主色。2016 年来学生获奖如下：

10 项全国应用统计专硕全国案例国赛奖，6 项全国统计建模国赛奖，8 项全国市场调查与分析大赛总决赛奖，18 项大学生数学建模大赛国际国家奖，5 篇本硕优秀毕业论文，11 项国家级大创项目，3 个学生团队获“全国暑期‘三下乡’社会实践活动优秀团队”。

3. 专硕培养质量成效

第一，专业实践形式多样，内涵丰富。本专业学位研究生专业实践基地在理论学习和实践操作方面有着较好的契合度，形成了鲜明的“学校—政府—企业”三位一体的良好互动体系，取得一系列丰硕成果。统计专硕培养专业实践整体设计合理。目前，已有 10 余家专业实践基地，其中江苏省研究生工站 4 家。专业实践基地注重学生数据的挖掘、整理、清洗、分析和研究报告撰写等方面的综合训练。近年来，有学生围绕专业实践，撰写毕业论文获得省级优秀论文 1 项，校级优秀论文 2 项。此外，考取多项职业资格证书。2016 年来，在校生积极考取各类职业资格证书，譬如大数据分析师、英语等级专业证书、注册会计师、教师资格证等共计 40 多项。

第二，专业联合培养机制健全。统计专硕学生在学校学习理论知识和基本操作技能，积累发现、解决问题的能力；在实践基地中学习如何解决现实问题，促进学生干中学的良性循环。同时，鼓励学生积极参与各类专业竞赛，成果优异。2016 年以来，国家级层面上：获得第三届全国应用统计专业学位案例大赛一等奖 2 项，第四届全国应用统计专业学位案例大赛一等奖 1 项，三等奖 3 项；华为杯研究生数学建模二、三等奖分别有 4 位、1 位同学；第二届泰迪杯数据分析大赛一等奖 1 位同学，第八届泰迪杯数据挖掘挑战赛一、二、三等奖分别有 1 位、3 位、3 位同学；全国首届研究生工业与金融大数据建模与计算机邀请赛三等奖 4 位同学。省部级层面上：江苏省数学建模二、三等奖各有 1 位同学。

第三，导师配置合理，管理有效。“十三五”期间，依托实践基地，聘请近 10 名校级、院级教授，以及校外有经验的政府官员、技术专家和一线工作人员，开展联合调查、报告撰写和学术讲座等，同时注重导师的常态化、长期化管理，形成良性互动和谐发展。近年来，就舆情监测、金融安全和精准扶贫等方面深入合作，积累大量鲜活案例和数据资料，撰写出多篇高质量的调研报告等。尤其是依托导师课题，积极参与特色鲜明的数据库建设。本专业学生采用调查座谈、文本分析和数据挖掘等方法，参与构建若干国内领先的大型微观数据库，譬如国内首个高收入群体数据库（TIC 数据库，分为八个子数据库）、江苏省残疾人生活状态调查数据库和长三角经济社会指标数据库等，凸显专业优势。

第四，毕业论文关注实际，无学术不端现象。“十三五”期间，应用统计专业硕士学位论文共 135 份，全部合格，较好地完成了论文撰写和答辩工作。根据历年毕业选题的词云分析，论文基于不同来源的宏观或者微观数据，选题依托指导教师国家级或者省部级课题、社会实践或者学科竞赛等，研究内容聚焦我国和江苏省内的有关经济、金融或者社会领域的焦点问题，选题具有很强的应用性。学校对学位申请者的学位论文 100% 进行学术不端系统查重，目前本专业学位申请者的论文查重均符合学校规定；5 年中共有 2 名硕士学位论文被抽检，评议结果均合格。2016 年以来，获江苏省优秀专业硕士学位论文 1 篇，校优秀学位论文 2 篇。

4. 服务贡献与社会声誉

第一，学术研究紧贴现实问题。典型案例如下：（1）构建了国内首个中国高收入群体数据库，对中国收入分配领域政策制定极具参考价值。（2）构建了残疾人政策和服务满意度调查数据库，对残疾人事业发展具有重要参考价值。（3）在多组学数据集的整合分析、超高维多响应变量回归以及自适应 Lasso 惩罚损失函数优化算法等方面的研究，为识别金融风险和保障金融安全奠定方法基础。

第二，发挥智库引领作用。充分发挥本专业学位教师作为省市人大代表、中共党员、民建成员等身份作用，“十三五”期间累计向省市级部门递交政策建言 10 余件，政策建议获相关部门采纳应用 10 项；通过发挥专业优势，30 余项研究成果被江苏省统计局、江苏省残疾人联合会、水利部太湖流域管理局等部门采纳应用，多人次获得相关部门的表彰奖励。

第三，创办学术组织，服务学术共同体。倡导成立中国商业统计学会，积极参与学会组织的各项活动，在由该学会组织的“全国大学生市场调查与分析大赛”活动中，获得 20 余项该赛事不同级别奖励。自 2018 年，本专业学位连续三年承办“江苏省研究生高级微观计量经济分析暑期学校”，来自海内外众多知名高校研究生参与此项活动，学员们普遍反映暑期学校安排的专题讲座高质量、高水平。

第四，开展科学普及，培训行业人才。“十三五”期间，本专业学位开展统计人才培训讲座（班）20余场次，开展大学生创新创业实践培训、政府采购流程管理与标书制作等项目培训40余个班，参与粮食系统人才培训讲座（班）6场次，累计培训学员4000余人，产生了较大的社会影响。

第五，服务疫情防控，助力脱贫攻坚。疫情防控期间，向江苏民建e家提交社情民意抗疫专题文章3篇，组织大家积极捐款捐物，为疫情防控作出应有的贡献；由导师主导、学生参与，积极搭建低收入群体、残疾人群体的调研平台，深入安徽省革命老区、江苏省苏北地区开展调研工作，形成高质量调查报告5篇，其研究成果在“人民日报”等数字化媒体作了宣传报道。

三、南京财经大学应用统计专业学位硕士研究生培养面临的困难与挑战

（一）实践教学方面

由于地方类财经院校的局限性，长期以来实践教学环节方面得不到重视，具体主要有以下表现。

第一，大数据课程的学习通常需要高规格硬件和高质量软件，尽管本专业大数据实验室已经投入建成，但与兄弟财经类高校相比还远远不足。很多大数据软件课程的学习往往是理论教学与上机教学相分离，导致学生只能课后操作，既浪费时间也降低学习效率，非常不利于培养质量的切实提升。

第二，目前，校外实践基地和实习单位共建，针对大数据方面的实践机会较为匮乏，导致针对大数据方面的诸多构想和实践目标很难真正落地，学校在就业市场中难以凸显优势。

第三，由于历史原因，导致师资队伍中缺乏既有深厚的数学和计算机基础，又熟悉应用统计知识，具有大数据实际工作经验的专业教师，因此在毕业论文选题上很少有基于大数据话题的研究，未能很好地将所学知识和毕业设计结合起来。

第四，没有建立学生课外实践活动的组织机构，从人力、物力上保证学生

课外实践活动的开展。同时，统计专硕缺乏有实际背景的好教材。

（二）师资建设方面

第一，统计专硕教师队伍缺乏大数据实践经验，往往无法有效指导统计专硕的学习及其实践。

第二，对于统计专硕的培养，往往占用年轻教师的时间和精力，但往往无法在职称评定、科研绩效和工作量换算等方面体现相应支持。一些具备大数据学科背景的年轻博士，由于学校统计专硕导师的选拔规则无法指导，导致目前专硕导师年均指导5—6个统计专硕，造成极大的结构性矛盾。

第三，统计专硕乃至整个统计系师资力量严重匮乏。为了积极配合学校微专业、第二专业、梅西学院、大数据科学与技术方向的课程安排，同时统计系教师承担全校统计学公共课任务，一些教师长期承担3—4门课程，如果不补充师资，课程开设的质量和数量将难以得到有效保证。

（三）培养理念方面

第一，在招生环节上，目前的考试办法不利于吸引非统计专业的人员报考等，尤其是计算机背景或者工科背景，导致很多学生基础较差，并不适合大数据方向的人才培养基本要求。

第二，在培养方案上，由于师资力量不足或者教学成本所限，我校统计专硕和学硕的很多课程是重复和统一授课的。但是，二者之间存在着较大区别，人才培养的质量考核也应不一样。因此，在课程上合理地区分应用统计硕士与学术型硕士的方案需要在实践中不断改进与完善。

第三，在培养过程中，由于硬件和软件设置，很多大数据课程的学习往往浅尝辄止无法深入，缺乏标杆性课程和标志性成果，更多的是零散化、碎片化和自觉化的学习。

四、应用统计专业学位硕士研究生培养的国内外经验借鉴

目前，围绕大数据时代统计专硕的培养，本章主要针对中美两国统计专硕发展现状，从培养目标、培养年限、培养方案、教学方法、教学内容、大数据

丰富了应用统计的教学内容六个方面对中美统计专硕培养体系进行比较分析。下面，将相关经验教训总结如下。

（一）培养目标要突出实践能力

大数据时代的来临，使得应用统计在解决自然科学、社会科学、工程学等领域实际问题的可能性、场景和方式更加丰富和多样。因此，未来统计专硕的培养目标要聚焦于对硕士生大数据思维和实践能力的培养。只有凸显大数据实战能力，那么统计专硕才可以适应大数据时代的需求。

（二）教学方法要多元化

传统的教学方式主要以课堂教学为主，这也是传授知识的主要和重要途径，但越来越难以满足当前教学任务的要求，缺陷在于形式单一，不够生动，效率不高。因此，要结合大数据中的常见案例和问题，采用更加生动灵活多媒体展示手段和案例教学方式，引导统计专硕学生独立、深入和全面思考，积极促进学生参与性学习、案例性学习、讨论性学习，激发学生理论用于实践的学习热情。除此之外，也要鼓励学生主动站在讲台，讲解案例，锻炼学生的自学能力和表达能力，以为后续参加各类比赛、实践和实习夯实基础。

（三）教学理念要与时俱进

大数据技术的发展，拓展和丰富了数据的内容、形式和容量，创新了数据获取的方式、维度和角度，因此统计专硕培养也要与时俱进。譬如，课程论文可以要求学生采用爬虫方式获得大数据，采用微信问卷形式收集数据，采用二维码形式收集数据，这些新颖、有趣和技术性强的收集方式，可以较好地锻炼学生能力和素养。事实上，大数据时代的数据量呈爆炸性增长，学生使用专业大数据分析统计软件的要求逐渐提高。因此，统计专硕的教学应采用开设新颖和前沿的软件教学、理论教学、实践教学和案例教学等形式，便于学生们提高数据处理和统计分析的能力。

（四）严格培养质量监控

培养高层次、复合型的统计专硕人才，需要做实做好教育质量的监控工作，要求培养过程中的严格要求和科学管理。

第一，要做好研究生的招生工作。目前统计专硕招生考试主要侧重于基础理论知识的考核，缺乏对计算机及统计实操能力的考核，因此复试阶段应需要加强对实践能力的考核内容和权重设置。

第二，要做好课程考核的严格监控。课程考核的形式不应仅限于考试或者课程论文，应该可以探索一些案例的撰写工作，进而直接检验研究生学习效果，也是督促他们学习的有效手段之一。此外，与美国等西方国家相比，目前统计专硕的课程考核要求相对较低，建议后续适当强化，只要这样，才会提升统计专硕的职业素养和能力。

第三，要做好专业实践和学位论文的严格监控。专业实践不能流于形式，满足于上级考核，而应创造条件让学生们接触到高质量、高标准和高要求的实践工作，提升他们对于社会人才需求的认知程度，在此过程中也可以增强他们收集、整理和分析数据的能力。与此同时，毕业论文的撰写也要凸显大数据特色，在形式上、数据采集上或者处理方法上鼓励创新，并对此类论文给予适当鼓励和奖励。

五、南京财经大学应用统计专业学位硕士研究生培养质量提升的方法与路径

（一）重视应用案例建设

投入人力、物力和财力，组织编写大数据相关应用案例。在案例撰写过程中，强调统计专硕与学硕之间的区别，凸显传统背景案例与大数据时代案例的区别。尤其是需要把案例教学体现在教学的各个环节中，把案例贯穿始终。案例编撰可以分为方法导向型、工具导向型和问题导向性等几种类别，并从精神和物质上鼓励师生参与全国性和其他级别的统计应用案例大赛。

（二）夯实培养重点环节

制定并完善统计专硕质量保证规范和师资培训的具体工作方案。在统计专硕培养方面，校内导师需要具备较强的教学能力，校外导师应具有一定的大数

据实操能力；课程设置中，要突出对学生大数据分析能力的培养；学位论文中，要凸显学生解决大数据相关问题的素养；答辩委员会中，应包括大数据相关领域实际部门的专家等。

（三）加强师资队伍建设

应建立一支完善的大数据理论和实战师资队伍。创造各种条件，组织或参加国内外大数据相关学术会议、实操训练和学科竞赛，邀请校外专家、实务部门和政府机关等来校交流；挖掘中青年教师教学与科研潜力，促使其快速成为大数据方面的教学骨干；改革统计专硕导师评聘要求，不拘一格降人才，同时将统计专硕教师列入学校紧缺专业教师，从优从快招聘相关博士。经过3—5年积累，逐步构建一支结构合理、富于创新、团结协作的高水平大数据教学团队。

（四）重视教学内容建设

随着大数据时代的来临，统计专硕有着更为广泛的应用背景。农业、工业、商业、金融、生态、医学、信息和管理等社会领域越来越离不开大数据信息的分析和处理；各种决策、预报和运筹等工作实施也离不开大数据工具的支撑。教学内容应与大数据时代相结合，追踪大数据行业前沿和学科前沿，及时更新教材内容和案例库。在教育部相关培养方案尚未完善的情况下，不能坐靠等，而是适时前瞻，打造具有一定领先水平的教学内容体系，同时思政元素也要有机融入其中。

（五）改进完善教学方式

大数据方面的理论和思想方法对统计专硕学生来说有一定难度，深入浅出地引导学生入门，使学生掌握大数据相关内容是教学重点也是难点。为此，应广泛和充分利用现代化多媒体技术，制作与教材适配的大数据实战相关课件，在课堂上把抽象的内容形象化、直观化和可视化；利用慕课网、雨课堂等网络资源，增加大数据背景知识的介绍、实操演示、模拟计算及应用案例介绍，使学生了解和认知大数据的广泛应用背景及重要性；将教学大纲、教案和教学过程等线上发布，使学生可以根据自己的需要进行有针对性、有计划的预习和复习。利用现代化手段，利用多种形式以促进师生之间的教学互动。

（六）加强课程实践竞赛

围绕大数据实战，注重并加强课程实践环节方面的研究。创造条件，鼓励学生采用大数据工具，参加科技创新活动及参加全国统计专硕案例大赛、全国大学生统计建模竞赛、数学建模大赛等活动等高规格、高级别比赛；引导学生进行研究性学习和创新性实验，培养统计专硕学生在大数据时代发现问题、分析问题和解决问题的兴趣和能力。

参考文献

［1］陈蕾，庞建华．应用统计专业硕士研究生就业情况调查分析——以广西科技大学为例［J］．统计与管理，2019（02）：94—98.

［2］古家虹，汪文秋，张涛．探索应用统计专业硕士在实践平台下的培养模式——以广西科技大学为例［J］．中国多媒体与网络教学学报（上旬刊），2020（10）：169—171，2020a.

［3］古家虹，杨婷，周丽娟．校企联动下应用统计专业硕士的培养路径——以广西科技大学为例［J］．西部素质教育，2020，6（05）：185—186，2020b.

［4］李刚，王韬睿．中美两国应用统计专业学位硕士研究生人才培养方案对比分析［J］．教育现代化，2019，6（85）：17—20.

［5］阮敬，陈涛．大数据背景下的应用统计专业硕士人才培养模式研究［J］．统计与管理，2015（08）：32—33.

［6］施三支，周林华，姜志侠，等．应用统计专业硕士的培养与实验室建设——以长春理工大学为例［J］．统计与管理，2015（04）：11—12.

［7］宇世航．东北部地区应用统计专业硕士建设的思考［C］//黑龙江省高等教育学会．高等教育现代化的实证研究（一）．黑龙江省高等教育学会，2019：5.

［8］张彩虹，谢一鸣，贾孟熙．应用统计专业硕士培养体系的改革实践——以北京林业大学为例［J］．中国林业教育，2017，35（02）：34—38，2020a.

［9］张彩虹，徐仁洪，李频．完善我国高校应用统计专业硕士培养体系的建议——基于中美应用统计专业硕士培养体系的比较［J］．中国林业教育，2017，35（03）：44—47，2020b.

［10］张涛，黄海军．大数据背景下应用统计专业硕士人才培养模式研究［J］．教

育教学论坛，2017（29）：178—179.

［11］张涛，黄海军．地方院校应用统计专业硕士实践模式研究［J］．高教学刊，2015（22）：74—75.

［12］周少玲，王小胜，张振辉．应用统计专业硕士研究生课程案例库建设研究——以统计计算与软件课程为例［J］．教育观察，2021，10（21）：106—108.

第六章　国际商务专业硕士跨学科培养模式研究

摘　要： 目前国内的国际商务专业硕士培养多在国际贸易系内进行，多数具有“重经济理论、轻管理实践”的弊端。参考国际一流大学跨学科培养的经验，结合现实条件，国际商务专业硕士适宜推进“经管理论＋经管实践”的经管跨学科人才培养模式。在明确具体影响因素的基础上，国际商务专业硕士应选择合适的经管融合跨学科培养路径，并在课程与师资、课程论文考核与实践、经管联培学制等方面创新人才培养模式。

关键词： 国际商务专硕；经管融合；跨学科培养；培养模式

一、引言

“跨学科（Interdisciplinary）培养”是相对于传统学科内培养而言的，即通过结合不同学科的优势师资，重新设计课程体系、优化实践环节、改变考核方式，达到提升培养质量、培养复合型人才的目的。跨学科培养在国外已经较为成熟且广受欢迎，对培养复合型人才具有重要的价值。国外高校的跨学科培养模式不仅起步较早，而且形式灵活多样，多所大学已经创新了多样化的跨学科研究生学位。比如，美国从20世纪70年代已经广泛开展跨学科培养，麻省理工学院开设了材料工程学、地震工程学、海洋工程学等多种跨学科课程。加拿大多伦多大学作为世界排名较前的一流大学，在跨学科研究生培养方面具有丰富经验。在文科方面，多伦多大学跨学科培养的研究生有“法律＋经济”“经济＋管理”“社会学＋管理”等多种模式，对应设计出多种学制。

就国际商务专业硕士这一学科来看，国内外培养模式具有较大区别。国外高校一般没有国际经济与贸易本科专业，也没有国际贸易系，国际商务硕士有自己的独立师资，课程方案以管理为主，经济为辅；注重商务实践和实习，并有较高的实践学分要求。但是国内高校国际商务专业硕士在国际贸易系内培养的现象比较普遍，国际商务专硕一般与国际贸易学学硕共用师资。从学科特点来看，国际商务学科与国际贸易学既有区别又有联系，国际贸易学主要研究跨境的贸易和投资理论，而国际商务分析的重点是企业，除了研究国际贸易中诸如贸易格局与方式、支付结算等理论与实务问题，也要研究跨国公司经营管理战略、企业国际化等问题（王珏 等，2016）。可以看出，两个学科存在着明显的界限，但由于两个学科研究对象有交叉，师资共用，目前多数高校国际商务专业硕士的培养与国际贸易学学术硕士具有较大的相似性。

国内高校国际商务专业硕士培养模式的弊端比较明显。师资方面，多数国际贸易学硕士生导师兼任了国际商务硕士生导师，在指导两类学生时倾向于使用类似的知识传授方式和考核要求。课程方面，硕导的重复带来部分课程的重复，国际商务虽然也增加了部分商务类课程，但总体上来看没有脱离国际贸易学的影子；另外在实践考核中，也是以学生提交证明材料的方式来证明参与了社会实践，学生实践能力很少有客观的检验。毕业论文方面，也是类似的要求，国际商务专业的硕士论文和国际贸易学的硕士论文选题和写作方法都非常接近，比如近年来两个学科的毕业论文中都多次出现经济政策不确定性对出口（或者对外直接投资、出口技术复杂度等）的影响，而这类题目显然并不契合国际商务专硕的培养目标。基于上述情况，没有明显特色、缺乏亮点是多数高校国际商务专业硕士培养存在的问题。

我国高校的国际商务专业硕士主要在国际贸易系内培养，凸显了培养过程中的诸多问题。总体来看，按经济学科模式培养，国际商务整体靠近国际贸易学，在商务实践能力上的培养比较薄弱，学生理论学习较多，对商务活动的整体把控不足。采用“经管跨学科培养”则是结合经济学科与管理学科的优势，避免国际商务专业硕士培养中“重经济理论、轻管理实践”的弊端。采用经济管理融合的跨学科培养，是在国际商务专硕现有归属院系难以改变的情况下引入“经济＋管理”的创新模式进行培养的必然选择。

二、国内外相关研究与实践

“跨学科培养”的研究和实践在20世纪70年代以后得以迅速发展。纵观国内相关文献，目前研究大致包括如下几个方面。

一是介绍国外高校跨学科培养的做法。国外高校对研究生跨学科培养的实践比较早，在复合型人才需求日益上升的背景下，研究型大学尤其是世界一流高水平大学加快了跨学科培养的步伐，并各有特点。剑桥大学在研究生跨学科培养中，侧重科研与实践的兼顾，延续了精英教育，也顺应了时代潮流（饶舒琪，2015）。MIT不仅建有各类跨院系、跨学科的学术组织机构，还专门开设了提供学位计划或辅修学位计划的跨学科教育项目（朱永东 等，2015）。密歇根大学是较早实施跨学科培养的高校，基于“广泛而丰富”的大学教育观，从1858年就开始推进研究生的跨学科培养，通过生源多样化、学院间师资共享、开设跨学科课程等方式，产生了多项跨学科前沿研究成果（陈翠容，李冰倩，2018）。除了大学主动实施跨学科培养，美国也会通过基金资助的方式推进研究生的跨学科培养，高校具体措施包括设置跨学科课程、跨学科社群、跨学科团队和导师组、社会实践等方式展开（徐岚 等，2018）。这些相关研究给我国推进研究生跨学科培养提供了较好的思路。

二是关于国内高校跨学科培养的探讨。北京大学在跨学科研究生培养方面开始比较早，为其他高校树立了典范（贾川，2008）。近年来，国内在研究生跨学科培养方面有了进一步发展，武汉大学在博士生招生和培养过程中开创了跨学科培养的先河，启动了“博士研究生跨学科拔尖创新人才培养试验区”项目，努力破解研究生培养过程中的体制机制障碍（周叶中 等，2015）。其他高水平大学也纷纷推出了各具特色的跨学科培养学位项目，比如中山大学逸仙实验班（王金发 等，2014）、浙江大学“医药+X”（涉及医学、药学、工学、信息学等多领域）跨学科学位项目都已经取得了较好的实践效果。

目前我国研究生跨学科培养还存在明显误区，比如缺乏精准的目标设定、流于形式的政策扶持、比较松散的团队合作以及过于僵化的绩效评价（张莉，2018）。有些学者从生态系统理论视角出发，以国内外六所一流高校为典型案例，识别出跨学科培养的关键要素，构建了研究型大学研究生跨学科培养模式构建的概念模型（刘晓璇，林成华，2019）。研究生培养应该基于问题导向而非学科立场，但目前实施跨学科培养还存在诸多障碍，因此应该从顶层设计上着手推进设立跨学科研究生培养机构，并完善各主体的利益协商机制和权力分配机制（田贤鹏 等，2021）。也有学者提出，高校跨学科人才培养应实施本硕课程方案的有效衔接，通过项目式矩阵结构来具体实施人才（孙燕芳，2016）培养模式。除此之外，跨学科培养需要一系列的保障措施，比如复合导师制度（吕旭峰 等，2015）、专门的跨学科组织机制建设（包水梅，谢心怡，2018）等。

也有些学者开始关注经管学科跨学科培养的问题。方大春、张凡（2016）运用SWOT分析方法分析了高校经管融合的优势、劣势、机遇和挑战。盛攀峰、楼旭明（2016）通过问卷调查，分析了西安某高校管理学跨学科培养目前存在的问题。徐玉梅等（2014）、檀菲菲（2016）分别针对国际贸易学、区域经济学提出了跨学科培养的设想。

三是关于国际商务专硕的人才培养。国际商务专业硕士培养的是强调实践、注重解决实际问题能力的国际商务应用型高级人才，因此应从培养目标、培养方式、课程设置及考核方式等多方面加强实践性及应用性（李孟一，2015）。施锦芳、刘昂（2017）认为，目前国际商务专业的培养目标不明确、学科体系不健全，培养的人才不能适应社会需要。张晓涛（2015）在分析我国目前国际商务硕士专业的现状时，观察到多数高校的国际商务必修课程具有理论导向或者偏经济学的特征。此外，关于国际商务专业硕士培养的文献多侧重于某一具体问题的研究，比如案例教学法（杨楠楠，2016；何望，2020）、双导师制（李焱 等，2019）、写作能力培养（傅樱捷 等，2020）等。也有学者立足本省经济现实，对国际商务本科人才培养提出了有针对性的建议（罗建兵，2018）。

从相关研究来看，虽然我国已提出“跨学科培养”概念多年，关于国内高校跨学科培养的一般性研究比较丰富，但总体来看多数文献集中于理工科研究生的跨学科培养，具体到经管学科方面，尤其是国际商务跨经管学科培养方面的研究还不够充分。

从国内的具体实践来看，跨学科培养在高校也并没有广泛铺开，国际商务专业硕士的跨学科培养更是鲜见。部分高校比如东北财经大学推出的“国际贸易学下设商务外语方向”、对外经贸大学设置的“文学学科下的商务英语方向”，属于商务方面跨学科培养的先行者，但二者均比较侧重于语言训练，和国际商务专业硕士的培养目标有明显区别。我国高校国际商务硕士培养普遍还是按照经济学科培养模式进行，一般设置在国际贸易系中，与“国际贸易学”

学术型硕士的培养具有较高的相似度，虽然加入了个别管理类课程，但离跨学科培养还存在较大距离。国际商务专业硕士实施经管跨学科培养对于明确自身定位、培养复合型人才、应对复杂多变的国际环境具有较强的现实意义，因此也势在必行。

三、国际商务专业硕士培养中经管学科融合的路径选择

跨学科培养首先要解决的是由谁来牵头的问题。美国和加拿大的高校中都已经有了比较成熟的做法。在美国研究型大学中，创建独立建制的跨学科研究机构路径、研究生院统筹组织路径、学院内部整合路径以及跨学院协同路径是比较典型的四种路径，而相应的师资队伍建设和研究生管理考核机制也因路径差异而不同（焦磊，2017）。与美国相比，加拿大的跨学科研究生培养具有更大的灵活性，主要有四种类型，包括学生自主设计跨学科研究方向的个人项目、多个学科教师专门设计的独立跨学科研究生培养项目、依托某个母学科与其他学科共同打造的联合跨学科研究生培养项目、非学位的跨学科研究培养项目（张媛，2016；王传毅 等，2016）。美国高校的四种路径都是校方或院方主导的，加拿大高校中的四种类型中则涵盖了学生主导和教师主导，但学生自主设计和学科教师设计的项目目前在我国高校中不具备现实可操作性。非学位项目在我国高校中有所尝试，比如北京大学有针对海外留学生的非学位短期留学项目，但多数高校并不涉及。对比来看，美国的“学院内整合路径”和“跨学院协同路径”，与加拿大的“依托某个母学科与其他学科共同打造的联合跨学科研究生培养项目”大致对应，因此总体来看，美国的四种路径与我国高校跨学科发展的方向比较一致。

考虑到四种路径的适用条件，结合国际商务专业硕士培养的特点，我国高校目前在国际商务专业硕士的跨学科培养路径选择中要考虑以下因素。

（一）学科投入和热门程度

选择何种路径首先要看学科本身的特点。学校独立建制的跨学科研究机构以及研究生院统筹的跨学科项目一般而言投入较高，需要独立设计考核机制，特别是前者需要搭建一套与其他学院平行运作的新班子，招募新的师资队伍。

采纳这两种路径时，一般会优先考虑学校的优势学科或者具有较好的社会需求和发展前景的学科，其中以理工学科居多，比如一些高校会在医药、工程、计算机、人工智能、运筹学等学科领域选择独立建制或者研究生院统筹的路径来集中更多资源推进跨学科项目。国际商务这一学科相对而言投入较少，培养难度一般，很难由学校或研究生院来进行跨学科培养的统筹，由具体相关学院学科推进会更为现实。

（二）学校性质和学院建制

国际商务属于管理学科，在综合性大学和财经类大学中会有明显的归属差别。综合性大学中的经管院（或者称为商学院、经济与金融学院等）涵盖了经济学科和管理学科，而财经类大学则会按专业大类进行学院建制，比如分为国贸学院、经济学院、工商管理学院等。这两种不同性质的大学，在国际商务学科的经管融合培养中，会产生明显不同的路径选择。从学院层面看，综合性大学一般会在经管院内进行资源整合，即选择美国大学中的“学院内部整合路径”。而财经类大学由于学科和专业分类较细，经济和管理分属不同学院，因此只能选择跨学院整合，比较可行的是以国际商务所属学院为主、其他学院协同的“跨学院协同路径”。具体来说，考虑到目前财经类高校的国际商务专硕基本设置在国际经贸学院中，因此应该选择以国际经贸学院为主，工商管理学院、营销物流学院等相关管理类学院协同的路径。

（三）学科基础和学科特点

无论是综合性大学内部的学院内部整合，还是财经类大学的跨学院协同，在国际商务专硕的跨学科经管融合中，都需要考虑该学科本身的基础条件和学科自身特点。

国际商务专硕设置的院系中，有些已经有开设较久的国际商务本科专业和国际经济与贸易专业，有较多的商务教学经验和实践积累，也有专门配备的师资；但有些学校则缺乏相应的条件支撑，没有国际商务本科专业，直接用国际贸易学学术硕士点的师资条件进行国际商务专业硕士的教学。前者在国际商务本科专业基础上建设专业硕士学科点虽然可以解决大部分课程的教学，但国际商务的学科特点是既需要经济背景的理论学习也需要商务实践中的多个模块支撑，比如国际市场上的跨国原材料与部件采购与配送这一商务行为，往往离不开国际供应链战略、供应链网络设计、国际供应链合作伙伴选择这些具体知识，需要“供应链管理”这门课程的学习，但这一课程往往开设在物流学院或者管理科学与工程学院，因此还是离不开与其他管理类院系的合作，具体操作中可以以本院师资为主、其他院系师资为辅。对于没有国际商务本科专业支撑的国际商务专业硕士培养来说，设置在国际贸易系内，在本身具备经济学基础的条件下，借助外力来进行跨学科经管融合、由其他管理学院协助配备师资的比例还要更高，具体操作中需要以其他管理类院系师资为主。

总体来看，国际商务专硕的经管跨学科培养选择何种路径，具体要看所处高校的具体情况和本学科现有条件，就财经类高校而言，跨学院协同是比较可行的路径选择。

四、南京财经大学国际商务专业硕士经管跨学科培养模式

目前财经类高校经济与管理分设不同学院，经管学科也相应归属不同学院，部分设置了国际商务专业硕士的高校也并未开设国际商务本科专业，比如南京财经大学。这类高校的情况在目前具有典型性，本章以南京财经大学为例分析国际商务专硕的跨学科培养模式。

南京财经大学国际商务专业硕士从 2016 年开始招生，目前已经毕业了四届学生。近年来生源质量稳步提升，报考人数与录取人数之比从 2016 年的 1.75 增加到 2020 年的 5.32，生源包括中国矿业大学、南京理工大学、南京财经大学、安徽财经大学等高校毕业生。质量保障与认证体系比较完整，制定了包括培养方案、专业实践管理暂行办法、教学管理规定、开题管理规定、中期考核管理办法、论文撰写规范、学籍管理等在内的 20 多项规章制度。南京财经大学国际商务专硕的发展已经取得了一定的成效，但从就业去向看，毕业研究生除了小部分考人其他高校继续攻读博士学位外，多数去向是中资银行和其他金融机构。就业以金融机构为主，一定程度上偏离了商务人才的培养目标。究其原因，还是因为目前培养主体设置的偏误，造成培养重经济轻管理，在整个人才培养模式中对国际商务领域的拓展不够，学生知识结构以经济学为主，匹配的就业岗位也就比较局限和单一。要改变这一局面，国际商务专硕需要从

培养主体、课程与师资、课程与实践的考核方式、学位制度等方面着手进行经管融合的跨学科培养模式改革。

从跨学科培养的路径来看，南京财经大学作为财经类高校的主要特点是经管学院分开设置并且划分较细，适合选择跨学院协同合作的路径，即由国际经贸学院联合其他管理学院的管理学科进行合作培养。在具体实施中，需要从以下多个方面推进经管融合的跨学科培养。

（一）在学科合作中打破学科学院壁垒

在经管融合的跨学科培养中，首先要解决的是打破学科与院系的壁垒，有效合作促进国际商务专硕的培养模式优化。目前国际经贸学院的主要学科是应用经济学，涵盖了国际贸易学、产业经济学、国民经济学三个二级学科，经济学科实力雄厚，已经培养了多届硕士研究生。在国际商务的专硕培养中，需要该学科主动与本院的国际贸易学科合作，并与其他管理学院的学科合作，专门为国际商务专硕的培养制定方案，包括课程与考核、师资、激励制度等。学校或研究生院虽然不直接参与，但应鼓励这种跨院系跨学科的合作，并在评估与考核方面给予支持政策。

（二）体现经管融合的课程与师资

目前南京财经大学国际商务硕士的培养目标是“具有大财经视野，掌握国际商务领域坚实的基础理论和宽广的专业知识，具备良好的商业道德、丰富的国际商务知识，熟练掌握现代国际商务实践技能，有较强的解决实际问题的能力，胜任在政府部门、涉外企事业单位和社会团体从事国际商务运营与管理工作”（南京财经大学专业硕士培养方案 2021 版）。这一培养目标是合理的，致力于培养高级国际商务人才。在推进这一目标时，需要考虑商务活动本身面临宏观经济背景和经济运行规律，既有经管理论，又有经管实践。从目前最新的课程计划来看，除了公共基础课以外，七门学位课程中有一门“国际商法”由法学院承担，十一门选修课中“国际财务管理”来自会计学院、“国际市场营销”来自营销与物流学院，其他课程均来自国际经贸学院，因此在师资队伍和课程设计上需要重新考虑跨学科能力知识的结合，加大管理学科课程的比例。

从课程设计来看，国际商务在跨学科的经管融合方面需要考虑几个模块的相互配合，考虑国际商务过程中的主要环节，并考虑学科发展前沿和课程的应用性，不过多涉及纯理论研究。模块包括三类：经济类课程、商务管理类课程、方法类课程。经济类课程由国贸院负责（也可考虑其他经济类学院的辅助），具体可以考虑以下课程：世界经济分析与预测（国贸学院）、国际投融资（金融学院）、国际税收（财税学院）、数字贸易研究（国贸学院）等。商务管理类课程可以考虑：国际财务管理（会计学院）、供应链管理（营销与物流学院）、国际商务谈判（国贸学院）、国际商务战略（工商管理学院）、不确定下的决策（管理科学与工程学院）、跨境电子商务（国贸学院）、运筹学（管理科学与工程学院）、国际风险管理（工商管理学院）、全球运营管理（工商管理学院）、全球战略（国贸学院）等。这些课程结合了其他管理类学院的核心课程，围绕国际企业经营与管理中的主要商务活动展开，另外也借鉴了部分国外国际商务硕士的常设课程。方法类课程可以考虑：国际贸易和投资数据库、计量软件、数据挖掘等。除了课程模块的经管融合，还需要授课教师本身在具体课程中能够具备经管思维，对具体案例的分析兼顾经管视角，培养学生熟练引用经管理论分析现实问题。比如国际商务战略课程中，跨国企业在本土化与全球化的协调中需要考察经济环境，预测经济趋势，然后才能做出管理决策。

在师资方面协调好以后，需要国际商务专硕负责人通过 QQ 群等即时联络工具对来自不同学院的教师进行日常工作的协调，比如对授课计划、教学资料等进行统筹安排，经常性地通过在线或线下方式听取来自各学院的教师意见和建议。教师来源多学院，授课内容和教学大纲也需要在开课前进行审核，避免部分课程的章节出现重复。三大模块从课程和师资方面进行不同学院不同学科间合作，能够取长补短，做到国际商务专业硕士培养的最优。

师资配备除了课程以外，还需要切实加强双导师制的执行。目前专业硕士普遍采取“专业导师 + 行业导师”的做法，但多数并未真正落实，依旧是专业导师全程负责，而专业导师大多数没有行业经验。因此，在专硕培养中，需要尽可能地利用各种校友资源和其他渠道，引进兼职行业导师来充实师资队伍。行业导师本身工作繁忙的情况下，可以多利用在线方式进行指导，并积极创造条件让学生去企业参观、座谈或者实习。

（三）侧重能力提升的课程和学位论文考核

从学校2021版国际商务专硕培养方案来看，课程考核中的主要要求包括：1. 公共基础课及学位课的考核须进行笔试，主要考察研究生对基础知识的理解及运用能力；2. 专业选修课以课程研究报告考核为主，以了解研究生对专业知识的掌握情况和综合分析问题能力；3. 第三学期初，由导师和学院对研究生进行中期考核，主要考核研究生课程学习情况。可以看出，目前对课程考核的要求比较粗略，未体现国际商务专业硕士对商务能力的要求。以“国际商务谈判”这门学位课来说，本质上是锻炼学生的口头谈判能力，因此无论笔试还是研究报告均不适合，而是需要学生在经过训练后通过设计一系列谈判主题，组队进行现场谈判，才能考核学生真实水平，同时也可以鼓励学生参与谈判大赛并计入最终成绩。再比如计量软件选修课的考核可以让学生通过收集数据解决现实经济问题，也可以鼓励学生通过参与相关竞赛来进行应用。总体而言，对学生能力的考核在各门课中需要结合具体情况来定，需要给授课教师较大的自主权。

培养方案对学位论文的要求是：学位论文的形式可以多种多样，既可采取理论与政策研究的形式，也可采取国际商务案例分析、国际市场调研报告、商业计划书、项目可行性报告等形式。论文形式可以是多样性的，但是目前现有的国际商务专硕学位论文都是单一的传统论文形式，没有鼓励学生尝试多样化的调研报告、商业计划书等形式。再加上专硕和学硕共用导师队伍，造成国际商务专硕和国际贸易学学硕的学位论文形式和主题都较为接近。因此，要开创性地引导学生创新论文形式和内容。即便是传统论文方式，也要避免学生完全从经济理论层面进行选题，而是能够结合经济发展背景研究国际企业或某一典型行业在国际市场竞争中的决策或战略。

总体而言，在课程考核和学位论文方面，在课程设计已经体现经管融合和跨学科培养的前提下，需要设计灵活多样的考核方式，从而真正落实到能力培养和提升上。

（四）提升专硕培养的经管实践效果

目前培养方案对实践的要求是：硕士研究生从第二学期暑假开始，参加6

个月（含假期）的专业实践，在完成专业实践后，应填写专业实践报告，由学院和导师给予考核评分（合格与不合格）。专业实践考核合格者给予 4 学分。专业实践不得在课程学习阶段进行。学科在设计这一环节时只考虑了时长和学分，忽略了实践的经管导向和过程性考核，最终也仅提交专业实践报告进行评价，还需要在考虑提升经管实践能力的基础上进一步细化考核的评价指标。目前实践主要以实习的方式展开，要真正提升学生的实践效果，首先对学生的实践要求要细化，对学生所实习行业和单位不作过窄要求，但需要学生在实习中围绕发现问题、解决问题的思路进行实践主题的设计。比如有部分硕士生在南京新港开发区博世西门子公司做人力资源方面的实习，可以设计的研究主题包括跨文化人力资源管理、文化差异对博世西门子员工培训的影响等管理学主题，也可以设计相关的经济学主题。结合经管理论推进经管实践，比单纯流水账式的专业实践报告更有价值。其次，对学生实习时间的要求不能局限于非学习阶段的寒暑假，毕竟实习的招聘竞争较激烈，只要学生能够处理好实习与学业的关系，可以适当放宽时间要求。再次，学科和导师要进行实践的过程检查，这种检查可以灵活处理，比如由导师进行每周一次的在线谈话，让学生汇报实践中遇到的具体问题并进行讨论。最后，学生实习完成后的考核，除了上述提到的有明确研究主题的实践报告外，还可以组织口头答辩的方式对学生进行考核，这个过程中学生交流对不同企业的想法，对导师和学生来说也是开阔思路的有效方式，可以对更多的行业有感性认识。

除了实习以外，参与支教、创新创业竞赛、不同级别的案例大赛、地方政府和企业发布的横向课题均应算作实践环节，这方面需要学科进一步拓宽思路，为学生主动寻找机会并鼓励学生参与，并由导师进行指导。在学生评奖评优时，实践方面的权重可以在现有基础上适当提高。

（五）创新经管联培的学位制度

经管跨学科培养的推进，需要跨经管学科协调、跨经管学院推动、整合利用经管学科教师不同的知识资源来共同完成，不仅培养过程具有经管跨学科特点，而且在学位设计方面可考虑采用双学位制（经济学学硕 + 国际商务专硕，三年完成两个硕士学位）、本硕连读制（经济学学士 + 国际商务专硕，五年完成本科和硕士研究生学习，并获得学士学位和硕士学位）等灵活多样的形式来培养经管复合型人才。目前国外高校比如多伦多大学已经大范围设置多学科双学位或本硕连读学位，涉及学科非常广泛，并且与中国、新加坡部分高校进行合作，对学生具有较大的吸引力。国内本硕连读虽然比较普遍，但多见于同一学科内，形式上还具有很大的创新空间。从国际商务专硕的角度来看，“学硕＋专硕”的双学位制和“学士加专硕”的本硕连读制可以在学校长远发展和规划中逐渐落地，这需要学校首先进行学科规划、研究生院推进、具体学院进行落实。

我国从2010年开始设立国际商务专业硕士学位，到目前还在不断完善和探索之中。经管融合的跨学科培养思路创新在明确经管融合的路径基础上，需要从师资、课程、考核、实践等多方面进行培养模式的细化。在开放型经济不断深化的背景下，需要培养更多的高级经管复合型人才从事国际商务工作，经管融合跨学科的培养则是国际商务专业硕士这一学科的重要发展方向。

参考文献

[1] 包水梅，魏玉梅.美国博士生跨学科培养的基本路径及其特征研究——以哈佛大学教育研究生院为例［J］.中国高教研究，2015（05）：47—54.

[2] 陈翠荣，李冰倩.密歇根大学跨学科培养研究生的理念基础、实现途径及面临的挑战［J］.外国教育研究，2018，45（08）：3—14.

[3] 方大春，张凡.高校经济管理专业跨学科融合的机遇与挑战［J］.安庆师范学院学报（社会科学版），2016，35（05）：151—154.

[4] 傅缨捷，王雨萌，朱悦.专业学位研究生写作能力培养问题研究——以国际商务硕士为例［J］.长春工程学院学报（社会科学版），2020，21（01）：145—148＋152.

[5] 高京京.跨学科商务外语人才培养模式探讨与实践——以东北财经大学国际商务英语方向硕士研究生为例［J］.语文学刊（外语教育教学），2016（05）：143—144＋147.

[6] 何望.案例教学法在国际商务硕士创新创业教育中的应用探索［J］.大学教育，2020（03）：177—180.

[7] 贾川.北京大学跨学科研究生培养分析［J］.科技创新导报，2008（31）：219—220.

[8] 焦磊.美国研究型大学培养跨学科研究生的动因、路径及模式研究［J］.外国

教育研究，2017，44（03）：16—26.

［9］焦磊，谢安邦. 美国跨学科研究生教育组织形式与机制探究［J］. 中国高教研究，2015（10）：70—75.

［10］李金，王磊，梁洪. 研究型大学跨学科研究生培养模式研究［J］. 黑龙江高教研究，2015（09）：138—140.

［11］李孟一. 国际商务专业硕士人才培养初探［J］. 国际商务（对外经济贸易大学学报），2015（02）：154—160.

［12］李焱，崔嘉明，黄庆波. 国际商务硕士研究生双导师制培养模式研究［J］. 教育教学论坛，2019（26）：169—170.

［13］刘晓璇，林成华. 研究型大学研究生跨学科培养模式的要素识别与模式构建——基于内容分析法的多案例研究［J］. 中国高教研究，2019（01）：66—71.

［14］罗建兵. 开放崛起战略下湖南省国际商务人才培养模式创新［J］. 改革与开放，2018（20）：13—16.

［15］吕旭峰，范惠明，吴伟. 跨学科研究生培养复合导师制度的构想［J］. 教育发展研究，2015，35（11）：33—39.

［16］饶舒琪. 科研与实践能力兼顾的跨学科综合培养——剑桥大学研究生教育的新路径选择［J］. 外国教育研究，2015，42（05）：25—36.

［17］施锦芳，刘昂. 国际化国际商务硕士人才培养模式研究——以东北财经大学为例［J］. 大连大学学报，2017，38（01）：114—120.

［18］孙燕芳. 高校跨学科人才本硕联合培养模式的构建［J］. 学术探索，2016（01）：125—129.

［19］田贤鹏，李翠翠，袁晶. 从学科立场到问题导向：跨学科研究生培养的机制变革［J］. 高教探索，2021（03）：52—59.

［20］王传毅，严会芬，吕晓泓. 跨学科研究生培养：加拿大大学的实践与特色［J］. 研究生教育研究，2016（05）：84—89.

［21］王金发，邓少芝，陈慧，等. 跨学科创新人才培养的探索——中山大学“逸仙试验班”8 年回眸［J］. 中国大学教学，2014（12）：21—24 +31.

［22］王珏，禄建，姜玉梅. 国际商务学科内涵与相关的国际学术资源评述［J］. 国际商务研究，2016，37（05）：5—16.

［23］徐岚，陶涛. 跨学科研究生教育培养模式创新——以能力和身份认同为核心［J］. 厦门大学学报（哲学社会科学版），2018（02）：65—74.

［24］徐岚，陶涛，周笑南. 跨学科研究生核心能力及其培养途径——基于美国

IGERT 项目的分析［J］. 学位与研究生教育，2018（05）：61—68.

［25］徐玉梅，杜葳，李慧. 国际贸易学专业跨学科研究生培养与实践探析［J］. 黑龙江省政法管理干部学院学报，2014（06）：149—150.

［26］杨楠楠. 案例教学在 MIB 人才培养中的意义［J］. 教育教学论坛，2016（13）：182—183.

［27］张莉. 跨学科研究生培养的误区分析及对策研究［J］. 研究生教育研究，2018（05）：18—22.

［28］张晓涛. 美国大学国际商务人才培养模式及启示［J］. 西南民族大学学报（人文社科版），2015，36（07）：217—223.

［29］张媛. "跨学科"视角下研究生培养模式探析——基于加拿大研究生教育联合会报告述评［J］. 研究生教育研究，2016（04）：92—95.

［30］周叶中，夏义堃，宋朝阳. 研究生跨学科培养模式创新的探索——武汉大学的改革实践［J］. 学位与研究生教育，2015（09）：25—28.

第七章　基于政产学研融合的税务硕士专业学位研究生培养模式探索

摘　要： 无论是综合素质还是专业能力都需要日积月累，慢慢养成。在学生培养质量上，专业知识与专业技能始终既是基础也是核心。良好的专业素养是实践动手能力和创新能力、学习能力的基石。我们按照以生为本、服务社会的理念，面向大市场，锤炼核心竞争能力，培养行业精英人才。逐步凝练形成培养有特色、质量有保障、就业有竞争力的税务硕士专业培养体系。本章从“思想道德、职业操守教育”“行业需求和学生个性化发展需要”“提升政产学研融合度”三个方面探索税务硕士专业学位研究生培养的特色，提出要从实践中来，到实践中去，着眼行业需求和学生个性化发展需要，不断提升政产学研融合度、强化核心专业课程的精深化延伸教学，多维度提升学生的实践能力。

关键词： 综合素质；实践动手能力；个性化发展

税务硕士专业学位研究生的培养从2011年第一批授权开始，迄今为止已经有十来年的发展，培养了大量高层次、应用型税务专门人才。在税收立法进程不断加快、税收征管改革不断深化的当下，国家发展、社会用人单位都对税务硕士专业学位研究生的培养提出了更高、更实的要求。如何提升培养质量、形成自己的培养特色，是税务硕士专业学位研究生培养单位都非常关注的焦点。

一、全国税务硕士专业学位总体情况

全国税务硕士专业学位已经获批了四个批次。目前有27个省、自治区、直辖市一共有61个税务硕士专业学位培养单位（表7－1）。广西、青海、宁夏、海南4省份没有。从地区分布来看，东部36个，占了一半以上；中部13

个；西部12个。除了中央民族大学、南京审计大学、杭州电子科技大学、广东外语外贸大学、河北大学、西安财经大学是2020年第四批获批的，还未开始招生以外，还有武汉大学、四川大学、华中科技大学、东北师范大学、中山大学岭南学院目前暂停招生，其他高校基本上都在招生。每年招生人数1350人左右[①]。实际上，从人才需求方的情况看，税务系统或税务师事务所等中介机构对税务硕士的潜在需求量很大，全国研究生学历以上的高层次人才占比都很低，截止到2020年底，全国70.89万人的税务人员队伍中，研究生以上学历仅仅占7.52%[②]。税务师行业这一比例更低，约4%。

前三批的54所高等院校中，有19所在招生时有明确的专业方向。这19所高等院校所设定的专业方向，一方面，从研究方向的关键词看，有的基于学科的课程细分，更侧重于某一个领域，如：税收管理、国际税收、税务筹划、税务代理、税收政策分析、税收理论与政策、税法理论与实务、海关税收；有的基于实践工作，侧重于实践的具体领域，如：税收政策与征管实务、税务管理与稽查、税收筹划与公司理财、税收筹划与公司理财、企业税务战略、税收中介服务；有的则注重实践工作的交叉研究，如：企业税务筹划与风险管理、税务会计与税收风险、国际税收与税务管理、国际税收与跨国公司。另一方面，从研究方向确立的主体视角看，有的侧重于对纳税主体的研究，如：公司财务战略与税务风险控制、企业税务管理和税收筹划；有的侧重于征税主体视角，如：税收政策与征管实务、纳税服务与管理；有的则以税收中介为研究主体，如：税收中介服务、税务代理等。从总体上看，专业方向设置特点更加趋向于切口小、应用型、交叉性。

表7-1　全国税务硕士专业学位培养单位分布

序号	地区	高等院校
1	北京	北京大学、中国人民大学、北京工商大学、中央财经大学、对外经济贸易大学、首都经济贸易大学、中国社会科学院大学、北京国家会计学院、中国财政科学研究院、中央民族大学**
2	上海	复旦大学、上海财经大学、上海海关学院、上海国家会计学院、上海理工大学**
3	天津	南开大学、天津财经大学
4	辽宁	辽宁大学、东北财经大学

① 不含推免。根据中国研究生招生信息网2021年招生名额汇总。

② 数据来源：2021年《中国税务年鉴》。

续表

序号	地区	高等院校
5	江苏	苏州大学、南京财经大学、南京审计大学**
6	浙江	浙江大学、浙江财经大学、杭州电子科技大学**
7	广东	暨南大学、广东财经大学、中山大学岭南学院*、广东外语外贸大学**
8	福建	厦门大学、集美大学、厦门国家会计学院
9	河北	河北经贸大学、河北大学**
10	山东	山东大学、山东财经大学
11	山西	山西财经大学
12	吉林	吉林大学、吉林财经大学、东北师范大学*
13	黑龙江	哈尔滨商业大学
14	安徽	安徽大学、安徽财经大学
15	江西	江西财经大学
16	河南	河南财经政法大学
17	湖北	中南财经政法大学、武汉大学*、华中科技大学*
18	湖南	湖南大学
19	四川	四川大学*、西南财经大学
20	重庆	西南政法大学、重庆工商大学
21	贵州	贵州财经大学
22	云南	云南财经大学
23	西藏	西藏民族大学
24	陕西	西安交通大学、西安财经大学**
25	甘肃	兰州财经大学
26	新疆	新疆财经大学
27	内蒙古	内蒙古财经大学

注：* 为停止招生的培养单位，** 为第四批新增的培养单位。

二、税务硕士专业学位研究生培养的素质要求

（一）高等教育管理层面

根据《深化新时代教育评价改革总体方案》《关于深化新时代教育督导体制机制改革的意见》《加快推进教育现代化实施方案（2018—2022 年）》《专业学位研究生教育发展方案（2020—2025）》等文件精神，全国对专业学位研究生的教育和培养遵循“聚焦立德树人，突出职业道德”“聚焦培养质量，强化特色定位”“聚焦行业需求，强调职业胜任”三个基本原则。重视人才培养的政治素养和职业操守，专业素养和培育特色，人才培养与社会需求的契合

度，培养高层次、应用型、复合型的税务专业人才。

在此基础上，全国税务硕士专业学位指导委员会指出，要注重对税务硕士专业学位研究生的税务合规处理能力、税收政策分析能力、税收战略规划能力、税务风险管理能力的培养。以税务实践能力培养为重点，以产学结合为途径，以提高质量为核心，紧密结合税务实务工作，通过案例教学和实习实践的教学方法，提高学生发现问题、分析问题和解决问题的能力，为社会输送高层次、应用型税务专门人才。

（二）社会需求层面

我们通过发放问卷的方式，调查用人单位对税收人才的需求。在被调查对象中有党政机关（含财政局、税务局）、事业单位、国有企业、税务师事务所、会计师事务所等。调查结果（图7－1）显示，用人单位最为重视的是综合素质，有62.07%的被调查者都认为综合素质很重要。其次很受用人单位关注的是实践动手能力，有39.66%的被调查者选择了它。排第三位的才是专业基础知识传授。心理素质教育、合作与协调能力、创新能力也很受关注。此外，一些用人单位对灵活应变能力、计算机技能、外语运用能力、思想道德修养等也很重视。

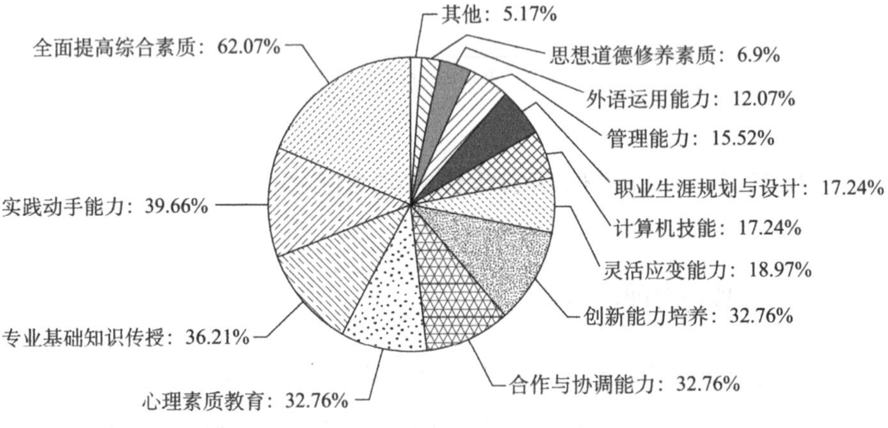

图7－1　用人单位对高级税务人才的能力要求

无论是教育管理者还是人才需求方，对税务硕士专业人才的实践应用能力都非常重视。高等教育管理更强调各种税收专业实践能力，并将其分为税务合规处理能力、税收政策分析能力、税收战略规划能力、税务风险管理能力四个维度。而用人单位更为强调综合素质，其次才是实践能力、专业知识。用人单位更为注重综合素质、实践动手能力。调查中，我们发现南京财经大学在税收人才培养方面有一定的特色，但也存在着不足。在税收人才培养方面，南京财大财税学院毕业生个人素质在综合素质、专业水平、学习能力、实际工作能力方面较突出，而在实践动手能力、创新能力上还存在着不足（图7－2）。这也向我们提出一个问题，在税务硕士人才培养方面，该如何采取有效措施来提升学生的实践动手能力和创新能力？

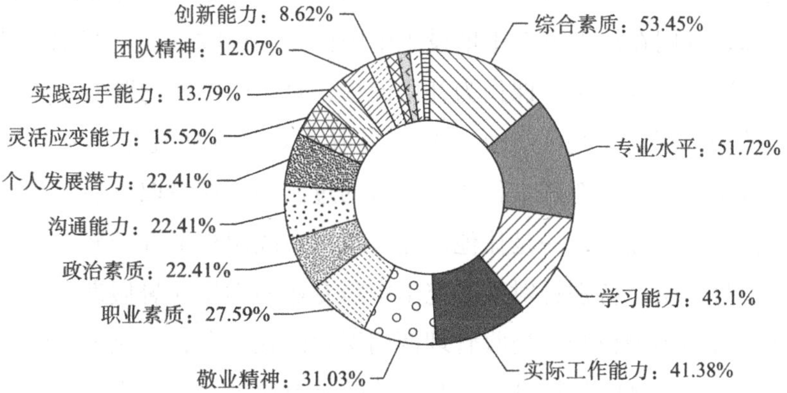

图7－2　南京财经大学税收专业毕业生个人素质调查（用人单位）

三、税务硕士专业学位研究生培养的质量管控

无论是综合素质还是专业能力都需要日积月累，慢慢养成。在学生培养质量上，专业知识与专业技能始终既是基础也是核心。良好的专业素养是实践动手能力和创新能力、学习能力的基石。

（一）从源头做起，科学设计培养方案

广泛收集各个高校的税务硕士专业学位研究生培养方案，吸纳课程设计中的优点，博采众长，结合本专业的师资力量和专业发展优势，我们在税务专业学位教学指导委员会规定的学位课的基础上，有针对性地设置了专业选修课。提高人才培养对行业需求差异化的适配度。对于就业需求强、税收问题复杂的特定行业，开设专门的选修课。增加了“企业税收风险管理”课程，提升学生在企业层面从事税务管理的业务水平；增加了“数据分析与软件运用”课

程，以加强学生的数据分析能力；增加了“行业前沿专题”以增强课程知识体系的应用性和实践性；增加了“涉税服务代理与实务”“涉税服务相关法律”以进一步强化学生在税务师职业方面的基本素养。

（二）课程补修与预科引导双管齐下

考虑到税务硕士专业学位研究生生源来自经济类、管理类本科专业的皆有，有将近三分之二的学生是跨专业报考，本科阶段一些基本课程没有修过，为了避免研究生阶段学生水平参差不齐，教学难度大，导致研究生教育本科化，一方面，我们在培养方案中增设了中国税制、税收管理、基础会计、财务管理等本科阶段的专业主干课作为补修课程，对不同专业的跨专业报考的学生做出不同的补修要求。另一方面，我们采取了对“准研究生”强化入学前的预科引导教学的方式，抓好本科毕业暑假的过渡期，在录取以后的当年暑假给学生布置预科学习任务，一是让他们充分利用在线课程资源补修一些专业基础课程，提前打基础，特别针对准研究生中跨专业的学生在暑假期间开放了中国大学慕课平台的中国税制、税收管理两门课程的在线课；二是要求学生报考税务师，以考促学，这既是提升专业基本功的有效途径，其实也是对税务硕士专业学位研究生学习质量的检测。

（三）多元化的行业导师队伍，强力提升实践教学

行业导师的行业背景条块化、所在地网格化。结合学生工作的就业去向，我们邀请的行业导师既有省、地级市税务局的业务骨干，也有AAAAA级税务师事务所、会计师事务所的专家能手，还有大企业的财税高管、企业家。既能让学生根据自己的兴趣和职业生涯规划选择行业导师，又能方便省内生源的学生“哪来哪去”地选择行业导师，加强跟行业导师的学习与交流。

行业导师不局限于课后指导，我们还邀请他们进课堂，担任课程教学，我们邀请了中汇税务师事务所的所长、产业教授孙洋给学生讲授企业税务风险管理课程，邀请税务局、事务所、中国注册税务师协会会长、企业财税高管、企业家等各行各业的行业导师分别给学生讲授行业前沿专题，开拓学生的视野。

（四）不断提升学生专业知识的宽度和厚度

充分利用网络、线上资源，安排学生聆听或向他们推送各种“编外行业导

师”的讲座等，每学年都给学生提供几十场线上讲座的链接或会议号。在时间许可的情况下，也鼓励学生积极参加一些国内、国际的会议，2020 级学生陆续参加了“全球化、数字化与国际税收改革”国际会议、2020 IFA 中国年会暨国际税收论坛、第十五届（2020）公共经济与公共政策论坛——“十四五”时期经济高质量发展与现代财税改革、中国经济形势展望高端论坛、IBFD 第十一届国际税务会议——变革中的国际税收格局、第七届“经世学者”清北人三校经济与管理研究生学术论坛、双循环发展格局下的税收政策与税务师按行业立法研究论坛暨中国税收筹划研究会第十五届年会、International Tax Arbitration in Asia 等会议。表 7－2 列出了 2021 年学生线上参会的部分讲座。

表 7－2　　2021 年学生线上参会的部分讲座

日期	讲座	报告人/主办方
2021. 1. 9	财政激励与中国经济增长	吕冰洋（中国人民大学）
2021. 1. 12	高维张量分位回归	练恒（中国人民大学）
2021. 1. 15	地方公共服务均等化与转移支付制度设计	龚锋（武汉大学）
2021. 1. 23	财政与收入再分配	岳希明（中国人民大学）
2021. 1. 30	中国式财政分权和区域间资源配置	陆毅（清华大学）
2021. 1. 31—2021. 2. 7	西南财经大学财税学院 2021 年计量经济学寒假培训课	李伊（西南财经大学）
2021. 2. 5	财政挂钩性分配体制的历史分析：以教师工资为例	刘明兴（北京大学）、冯昕瑞（对外经贸大学）
2021. 3. 4	PSM 倾向得分匹配的原理与应用	崔百胜
2021. 3. 6	财政学源流与演变	马珺（中国社会科学院财经战略研究院）
2021. 3. 14	机器学习与农业政策分析（回放）	于晓华
2021. 3. 24	乡村振兴战略思考	王朝才（中国财政科学研究院）
2021. 4. 9—2021. 4. 16	从研究生到研究者：转型准备	姜纬（哥伦比亚大学）
2021. 4—5	中国经济社会调查方法系列讲座	中国人民大学经济学院
2021. 4. 14	外文期刊发表经验交流会	中国人民大学
2021. 4. 15	中国对外援助与受援国经济领导能力：基于地理信息数据的实证考察	黄振乾（中国农业大学）
2021. 4. 24	学术研究与学术论文写作能力提升会议	天津财经大学
2021. 5. 10	“财政治理的逻辑”学术讲座	李永友
2021. 5. 16	高质量发展阶段的社会治理	王振耀（北京师范大学中国公益研究院）

续表

日期	讲座	报告人/主办方
2021.5.20	数字化国际税收	朱青
2021.5.22	全球化与国际税收改革	廖体忠（经合组织财政事务部）
2021.6.1	The Tax Implications of the Cashless Society	Prof. Dr. Pasquale Pistone（荷兰国际财政文献局）
2021.6.2	“十四五”医疗卫生改革的重点与政府财税政策选择	李玲（中财财税学院）
2021.6.5	“十四五”期间中国财政面临的挑战与改革	冯俏彬（国务院发展研究中心宏观部）
2021.6.7	Does One-the-job Training Boost Firm Performance: Inferences from the Tax Treatment of Training Expenses	陆毅（清华大学）
2021.6.12	现代预算制度建设中的绩效管理	马蔡琛（南开大学经济学院）
2021.6.18	本土博士如何走好学术道路、做好科学研究	程名望（同济大学）
2021.7.17	税收对西方现代国家的塑造	刘守刚（上海财经大学）
2021.7.19	为什么要从财政学的视角研究金融？——关于财政与金融关系的理论基础	李俊生（中央财经大学）
2021.7.23	所得税典型案例中的法理与纠结	王家本（北京天驰君泰律所）、严锡中（上海左券律所）、袁森庚（广州盈科律所）
2021.7.23	所得税政策制定与法律实践中的疑难问题	任宇（国税总局所得税司企一处）
2021.7.31	财政社会学视角下财政理论重建	刘晓路（中国人民大学）
2021.8.11	加快建设国内统一大市场问题的政策研究	刘志彪（南京大学）
2021.8.17	提升税务硕士研究生毕业论文写作质量的思考	杜莉（复旦大学）
2021.8.17	全球数字经济征税的现状与未来	唐恩亮、丁奕菁、李雪（普华永道）

四、税务硕士专业学位研究生培养的特色探索

按照以生为本、服务社会的理念，面向大市场，锤炼核心竞争能力，培养行业精英人才。逐步凝练形成培养有特色、质量有保障、就业有竞争力的税务硕士专业培养体系。

（一）思想道德、职业操守教育：从实践中来，到实践中去

传统的思想道德、职业操守教育可能更多的是以说教为主，这样的教育形

式容易出现给学生的印象不深，甚至左耳朵进、右耳朵出的效果。因此，可以更多地采取从实践中来、到实践中去的方式来做好职业道德教育。从实践中来，在平时的日常教育中，更多的是用现实中真实的事例进行剖析，让学生体会道德、规矩的根本，感悟思想意识，树立正确的价值观，并学会用正确的价值观来去指导自己的职业生涯规划。到实践中去，让学生在社会实践中体会思想道德、职业操守的具体体现[1]，在学生社会实践前给他们提出实习工作的注意事项，社会实践中对他们的实习情况进行跟踪，社会实践后对他们的实习感受进行询问，把职业操守教育细化到具体的学生实习工作中去。全面推进“三全育人”，实现思想政治教育与专业技能培养融合统一[2]。

（二）着眼行业需求和学生个性化发展需要，多维度提升实践能力

首先，与行业需求紧密结合。对于就业需求强、税收问题复杂的特定行业，开设专门的税收选修课，为有志到这些行业工作的学生夯实专业功底。

其次，在遵循教学基本规范和共同要求的基础上，针对公务员、中介机构、企事业单位“三类人才”差异性要求，采取不同的教学方式，分类拓展税收高端人才的培养。对创新创业型人才，充分利用实验实践教学平台，积极提供专业实验和实践机会，鼓励学生积极参加演讲比赛、辩论赛、德勤税务精英挑战赛等，以提高学生实务水平和口笔头表达能力。对学术型人才，鼓励他们参加名家学术讲座、英语竞赛、数学竞赛、“挑战杯”、实践创新项目等，以开拓学术视野，提高专业水平和专业技能。

另外，充分利用寒暑假时间，鼓励学生及早自觉、主动融入社会的大熔炉去锤炼、打磨。结合学生本科阶段的实习情况，安排学生利用研一的寒假、暑假、研二寒假实习，要求学生在找工作以前都要在税务局、事务所、企业实习过，及早积累工作经验和经历职业体验，用发展眼光来看待未来的职业选择，科学地进行长远的职业规划。

最后，实习与毕业学位论文互动。带着研究问题去业务实习，在业务实习中去研究问题。推进涉税专业服务领域科研活动，鼓励行业协会、税务师事务所、税务师依托院校科研资源，开展涉税服务领域专项课题学术研究。鼓励学生将学位论文与实习单位的工作研究相结合、与实习过程中的典型案例相结合。不断提高学生运用税务及相关学科理论、知识和方法分析、解决工程税务

实际问题的能力[3]。

（三）“请进来、走出去”，提升政产学研融合度

政产学研结合，不仅仅是要结合，更要深度融合。开启高校教师与实务界互挂模式，逐步形成业务上深度渗透、形式上灵活多变交叉互助的共进机制。

1. “请进来”，实务性强的课程请省税务局、税务师事务所等合作单位的业内业务骨干来承担2—3个轮次的教学，或者是在一门课中承担部分实验课时的教学，或者是采用双师课堂模式教学，逐步带动、提高专职教师的实务类课程的教学水平。

2. “走出去”，为双师型实务教学师资队伍培养搭建平台。一是逐步形成老师去税务师事务所挂职、走出校园融入实务界灵活兼（顾）业（务）机制，锻炼和保持实务水平，实现专职教师师资产教融合。二是教学型、教学研究型教师走出去，加强与实际业务部门的合作，与税务师事务所建立合作研究机制，加强典型案例的教学与研究。

（四）加强实验（实践）体系建设，强化核心专业课程的精深化延伸教学

一是通过“六位一体”实验实践教学模式（“团队学习—案例分析—现场观摩—模拟训练—实战检验—创新研究”）和“3+3”实验实践教学体系（课程实践案例教学、寒暑假实习、研二6个月的专业实习的“三类实验实践”，以及专业认知实践、专业实践、毕业实践的“三段实践”），将理论学习与应用能力的培养有机结合（图7-3）。同时注重加强校内实验平台和校外实践基地的建设。依托学院财税治理现代化实践教育中心，建设成具有综合型、开放型、研究型特点的重点实验室，即不仅成为教学实验支撑平台，满足课程（知识点）单项实验、课程综合实验、专业综合实验的需要，而且成为社会服务和科学研究的支撑平台。在实验实践教学中逐步建立健全研究型、开放型实验教学模式，加大综合性、设计性实验项目，加强学生实践技能的训练，真正缩短学生适应社会的周期。

二是“三个课堂”教学模式覆盖理论课堂教学、实践课堂教学和课外第三课堂应用能力培养三部分，从理论、实践、应用三方面着实培养学生税收管理课程的理解和学习能力，加强与现实问题相结合的分析能力，直至提升应用

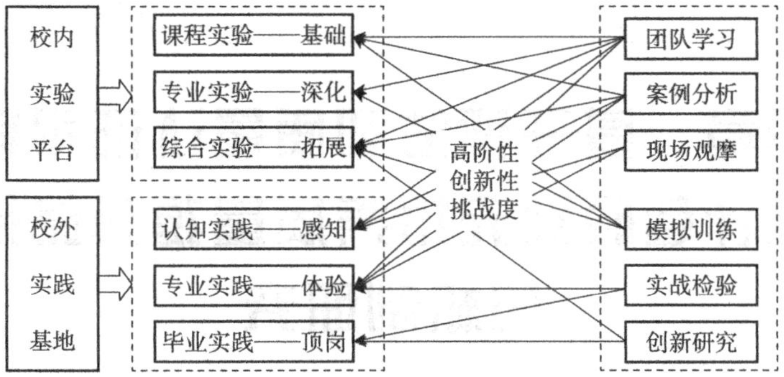

图7－3　“六位一体”实验实践教学模式和“3＋3”实验实践教学体系

知识和进行科学研究的能力。

三是创建1—2个现场教学基地。为学生走出去开拓视野搭建平台。选择省内具有一定影响力的技术先进性企业或纳税百强企业，建立现场教学机制。每学期组织税务硕士学位学生和优秀的本科生现场听企业家们上课、就实际问题开展讨论。

参考文献

［1］马永红，刘润泽，于苗苗．我国产教融合培养专业学位研究生：内涵、类型及发展状况［J］．学位与研究生教育，2021（07）：12—18.

［2］刘润泽，马万里，樊文强．产教融合对专业学位研究生实践能力影响的路径分析［J］．中国高教研究，2021（03）：89—94.

［3］程永波，秦伟平．生态系统视角下商科类专业学位研究生培养模式研究与实践［J］．学位与研究生教育，2021（02）：23—28.

第八章　基于评估和质量认证视角下会计专硕双元培养质量提升路径与机制研究

摘　要：本章基于评估和质量认证视角，研究了会计专硕（MPAcc）培养的质量提升路径与机制，通过全程双元共建导师队伍、全程双元共管论文质量、全程双元共育国际化人才，全程双元共创实践平台以及全程双元共商案例教学等改革措施。构建了“招生—培养—就业”全程协同、“实训—实习—定向培养—就业”一体化双元融合、“启智润心—财会筑基—教智赋能”三足鼎立育人以及利益主体“共建—共享—共赢”质量保障等双元培养质量提升机制。

关键词：评估和质量认证；会计专硕；质量提升路径；双元培养机制

一、引言

随着科技进步、经济和产业的转型升级，各行各业对专硕的职业素养、知识能力、专业化程度提出了更高要求，专业学位硕士研究生（简称专硕）招生规模占硕士研究生招生总规模的比例，从2009年的不足20%，到2017年超出学硕达55.50%，预计2025年将扩大到三分之二，专硕教育已成为我国研究生教育的主渠道。在高等教育在蓬勃发展的同时，专硕教育在整体上仍然存在人才培养的质量水平与国家建设需要不协调问题（程永波等，2021；姚文韵等，2012）。作为专业学位类别的代表，会计专硕（Master of Professional Accounting，简称MPAcc）教育培养质量同样存在相应差距。从水平评估和质量认证角度看，占比约24%的培养单位参加了全国会计硕士首次水平评估，优秀率不足4%；18家培养单位获得了教育质量A级认证，约占全国培养单位总数6%。那么，如何提升会计专硕人才培养质量呢？

本章以会计专硕（MPAcc）教育的质量认证和评估标准为视角，结合典型案例经验和南京财经大学会计硕士教育培养实践，研究会计专硕教育质量提升路径和双元培养机制。通过研究会计专硕师资与教学安排等教育质量提升路径，总结会计专硕教育规律。

二、文献综述

现有会计硕士教育文献主要关注培养方案与培养模式、质量保障体系、教学质量评估模式与教育质量认证等领域。在此，就其代表性文献综述如下：

（一）培养方案与培养模式

在有关培养方案研究的文献中，吴勋和张彩彩（2015）指出，会计硕士和会计学硕士研究生教育已经逐步呈现出专业型以及学术型两种培养模式相互补充的局面，这种局面能够适应市场经济对高级应用人才的需要。从会计专业硕士培养背景出发，基于培养单位不同数量特征、办学水平层次、地域分布差异等视角，描述会计专业硕士培养现状；以首批会计专业硕士培养单位为典型样本，分析了相应样本中培养大纲（方案）潜在的问题，提出了会计专硕教育培养和教学应该完善的思路，从而健全了会计人才队伍建设体系，提高了会计行业核心竞争力。周晓苏（2014）和毛敏（2016）回顾了国内会计专硕培养和教育的制度情景，分别以南开大学以及南京财经大学会计硕士培养为案例，对会计专业硕士的课程安排、案例教学方法、学位论文评价等方面进行了深入分析。

在有关培养模式的研究文献中，陈吉凤（2013）以第四届中国 MPAcc 教育发展论坛的会议内容和会议论文为分析对象，聚焦国内的会计专硕（全日制）培养模式的变革，围绕案例教学、案例开发和案例研究的主题，探讨案例教学蕴含的价值和发展的路径、案例开发所面临的实践困境和破解之道、案例研究存在的问题和解决途径，为促进我国 MPAcc 教育高质量发展提供参考。郭文和姚文韵（2019）着重研究了财务共享服务趋势下我国高校财会专业人才培养模式的重构：首先，总结了企业财务共享服务的实施对财会专业人才培养提出的新要求；其次，基于培养导向、培养目标和实现策略三个方面，构建了“333”型财会专业人才培养新模式；最后，从课程体系设置、师资队伍建设和教学方法优化三个方面详细论证了上述人才培养新模式实现的策略。

（二）质量保障体系

在有关质量保障体系的研究文献中，胡国强和瞿晓龙（2014）认为，作为专业硕士类型中不可忽视的一员，会计硕士教育和培养在发展并日益壮大，培养质量提升能够惠及多方，例如雇主、学生和培养单位在培养质量上利益完全一致。因此，建立一个完善的教育培养的质量保障体系是至关重要的。据此，作者从招生、培养和就业等视角阐述了质量保障体系构成及其互相关系。钟子亮与周咏梅（2011）认为会计专硕在类型上属于会计学专业应用型硕士研究生，由于一些单位的招生历史较短，培养经验不足，因而教育培养存在缺陷在所难免。作者对会计专硕培养模式的现状及缺陷进行了必要的分析，并提出相应的对策建议。程平和段莹莹（2016）认为，在国家层面上已经开展了专硕方面的教育综合改革同时相关省份也启动了专业学位教育和培养模式改革的情景下，需要系统考虑建构并持续改进教育培养质量保证以及监督系统。作者构建了 MPAcc 培养质量保证以及监督系统的 BSC（平衡计分卡）模型，并基于 BSC（平衡计分卡）四维度的战略关联构建了 MPAcc 培养质量保证以及监督系统的战略地图，旨在为实现案例学校 MPAcc 教育的质监系统的构建给出理论根据，助力其高质量发展。程平和段莹莹（2014）认为，在国家深化研究生教育和专业学位培养模式改革、教指委实施 MPAcc 教育质量认证的背景下，如何加强与完善 MPAcc 培养质量保障体系建设已成为亟待解决的重要问题。针对 MPAcc 教育的现状及发展前景，引入 COSO 内部控制理论，建立了会计硕士教育培养为对象的内控架构。重点阐述了 MPAcc 培养的内控五要素，探讨了相应的原则与属性等内容，最后对框架的有效运行提出建议。

（三）教学质量评估模式与质量认证

在有关教学质量评估模式的研究文献中，白华和王玲玲（2011）探讨了暨南大学 MPAcc 教学质量评估的实践中“4 +2 +2 +1”模式，对 MPAcc 教学“4 +2 +2 +1”模式的内涵特点进行了相应的介绍，并指出了该模式实施中应注意的问题。

在有关教育质量认证的研究文献中，宋建波等（2012）认为，作为国内人才队伍体系中极其重要的构成，会计人才能够对市场经济秩序进行维护，能够积极促进市场经济的健康发展。从我国相应人才的整体发展目标和职业必须的能力需求出发，研究了我国会计人才队伍现状及与未来需要间的差距，分析了我国会计专硕的发展现状以及与国外的差距，提出发展会计人才教育、推行MPAcc教育质量认证是促进我国会计人才发展、保障会计人才培养、落实我国会计人才发展战略的重要举措。

整体上看，现有文献对会计专业硕士教育进行了有益探讨，形成了许多有价值的观点和具体实践措施。不过，有关会计硕士教育质量提升的路径框架体系研究尚未见现有研究文献报道。本章基于现有文献不足，结合教育质量相关理论以及相应专业硕士的专项评估、水平评估以及教育质量认证体系，分析会计专硕教育质量提升路径，为提升会计专硕培养单位的教育质量提供了可行路径。

三、会计专硕培养质量的国内外经验借鉴

通过文献梳理发现，现有会计硕士教育质量研究文献涉及培养方案、培养模式、质量保障体系、教学质量评估模式以及教育质量认证等多个方面，尚没有形成一个逻辑体系（陈吉凤等，2013；宋建波等，2012）。

（一）会计专硕培养质量的国内外经验

在国外，会计专硕培养面临的问题与非会计专业硕士的国外培养中普遍存在的问题不同（李骏和姚文韵，2019）。针对会计专硕教育质量的评估与认证，国外会计教育深受国际教育认证体系的发展的正面影响，其中，国际精英商学院协会（AACSB）、欧洲质量发展认证体系（EQUIS）、国际MBA协会（AMBAs）等三大国际认证体系最为有名。国内主要有三种标准，即专项评估、水平评估以及教育质量认证。从目的上看，会计专硕专项评估在于全覆盖考察MPAcc授权点的人才培养相应的体系是否完备，强化对会计专硕人才培养及其过程的控制和监督，确保人才培养质量。会计专硕水平评估是以深化研究生教育改革以及持续推进相应的培养模式上改革等两个意见类文件为基础，依据顺应需求、质量提高为核心，追求改革培养模式、管理规范和质量提高，提升培

养单位重视会计专硕（MPAcc）的实践能力，重视教学中案例运用、实习实践中行业企业的积极参与，以达到职业发展与实践能力的无缝衔接。

（二）会计专硕评估和质量认证的比较分析

会计专硕教育质量认证是为了持续提升培养质量，促进高质量内涵型发展，强化会计专硕品牌效应而开展的。会计专硕（MPAcc）的教育质量认证体系能够全面考量全社会发展对层次高、综合型的会计专硕人才的迫切要求，目的在于对参与认证的培养单位的实践状况以及进一步提升空间进行整体评价，从而有效地构建专业培养基本水准。

会计专硕教育质量认证体系具有多维的主体、适宜的层次以及完备的环节，能够贯通项目决策、项目指导、项目咨询、项目评价、项目认证等多个过程。通过认证，形成良性竞争，综合运用校内校外资源，形成自身特色和发展之需的战略发展目标，通过制度建设和良好的内控，不断提升培养质量。

显然，专项评估、水平评估以及质量认证都指向了教育质量。那么，它们之间是什么关系？影响评估或认证等级差异的因素有哪些？如何提升培养单位会计硕士教育质量？

从现有评估与认证体系看，会计专硕（MPAcc）专项评估体系包括：（1）人才培养；（2）师资队伍；（3）质量保障三个方面。水平评估包括：（1）培养目标；（2）师资队伍；（3）培养过程；（4）学业质量；（5）社会评价；（6）质量保障体系等方面。会计硕士教育质量认证体系包括：（1）发展战略；（2）办学条件；（3）管理制度；（4）师资队伍；（5）招生；（6）教学安排；（7）学生成就等方面。

细致分析上述评估与认证体系，不难发现，虽然专项评估仅包含人才培养、师资队伍以及质量保障体系，但是，其人才培养方面涵盖了质量认证体系中发展战略、教学安排以及招生体系，还包含论文质量等学生成就指标；同样，专项评估中质量保障涵盖质量认证体系中办学条件和管理制度指标。因此，质量认证体系比专项评估体系要全面。

与专项评估和教育质量认证不同，会计硕士水平评估关注重点在于整个教育过程的关键绩效指标（KPI）观测与评价等方面。

（三）评估认证视角下教育质量提升框架

与上述评估与教育认证体系中各指标平行评价（即各个指标分值加权平均）不同，我们认为，会计硕士教育质量核心在于学生培养成效，而教育质量直接受到师资队伍和教学安排质量影响；除此之外，发展战略、办学条件、管理制度以及招生情况也会影响教育质量。其中，教育质量是这些因素影响的结果（图 8 - 1）。

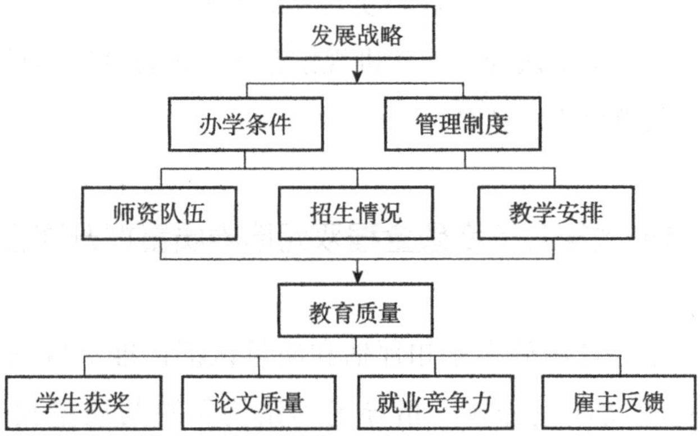

图 8 - 1　评估认证视角下教育质量提升框架

资料来源：根据全国会计专硕教育指导委员会相关文件归纳整理。

如图 8 - 1 所示，在教育质量影响中，以下因素应得到关注：

1. 发展战略

其包括项目使命、愿景、规划（项目使命、愿景的合理性和挑战性及规划的可实施性和创新性）、人才培养目标和培养方案（人才培养目标的清晰准确和培养方案的完善程度、参与制订者广泛度及被理解程度）等。

2. 办学条件

其包括专门机构与专门场地（MPAcc 项目机构、人员、办公场地）、经费筹措与经费管理；网络平台建设（网络平台建设情况及实验条件）以及图书资料（经济管理类图书资料及数据库建设情况）等。

3. 管理制度

其包括制度建设及档案管理、教学评估与激励以及学生管理与服务等。

4. 师资队伍

师资队伍主要关注专职教师师生比、校外实践导师师生比、专任课程师资比、师资实践经验比、科研成果强度以及培训强度。提升这些指标水平，有利于提升会计硕士教育质量。

5. 招生情况

其主要指生源质量（复试比例、报录比、生均入学分数、优秀生源比）。

6. 教学安排

教学安排主要关注教学班规模、课程大纲覆盖率、教学方式适配度、课堂外综合素质培养强度、课程知识应用性考评占比、课程开发与建设流程化程度、案例入库率、实习实践基地数、实习实践基地利用率、实践成绩优秀率、教学计划执行率等。本章认为除教学班规模存在一定合理区域外，其他指标水平越高，会计专硕教育质量越高。

四、南京财经大学会计专硕全程双元培养质量提升路径

南京财经大学会计专硕点紧扣评估和质量认证标准，持续实施了相应改革举措。在毕业论文质量控制、指导老师结构调整与质量提升、国际化培养、产学研实践基地与研究生工作站以及案例库建设上有针对性出台了改革措施，制订与实施了相应制度，已形成了相对完善的质量保障体系，并取得了良好的改革成效。在此，简要剖析本专硕点具体改革举措及培养质量提升路径。

（一）全程双元共建导师队伍

实行校内和校外全程双导师指导模式，构建校内硕士研究生导师、校内外副硕士研究生导师、校外兼职导师、行业实践导师体系，逐步实行导师组制度，形成学术水平、实务水平、国际化水平兼备、结构层次合理的双师型教师队伍。根据会计专硕对高端专业实践型人才的培养需求，从新生入学伊始，在校内导师与学生双选结束后，即举行行业导师与学生双选交流研讨会，确保有充足时间发挥行业导师的专业实践指导作用，并着力搭建校内和校外导师沟通交流机制，在学生培养和就业等环节充分发挥双元导师组的作用。

如图 8－2 所示，会计专硕授权点开办以来，我们坚持“引进立足高起点，挂职培训抓提高”的师资队伍建设原则，采取国外引进、在职培训、外派挂职

和外聘兼职等多种方式，加大硕导队伍建设力度，优化师资结构，形成一支知识结构、年龄结构、学历结构、职称结构和学缘结构搭建合理，教学水平高、科研和实践能力强的专兼职结合的研究生导师队伍。会计专硕专业学位授权点现有校内专硕专职导师45名，校外兼职导师2名；行业实践导师120多名，产业教授3人。其中校内导师具有教授职称的20人，校聘教授2人，具备博士学位的40人。与此同时，以具备博士学位的新入职老师为主体构建了一支副导师团队。

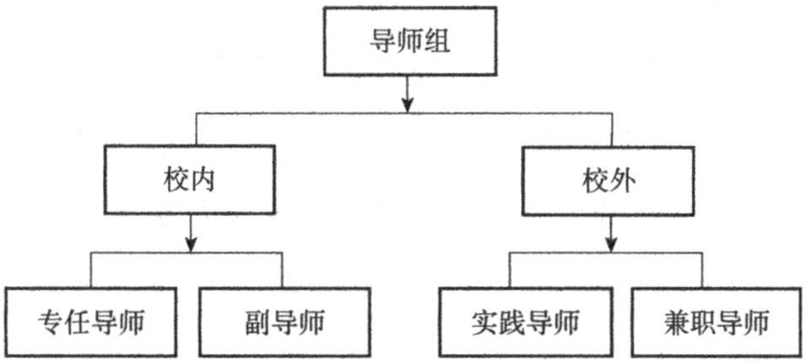

图8－2　导师组体系

充分发挥校内导师、校外实践指导老师作用，在江苏省会计领军人才以及著名公司中吸收实践经验丰富、职称高或具备多种从业资格的人士，在符合南京财经大学与会计学院相应规定的条件下，聘为行业实践导师。打通高校和企事业单位的资源藩篱，鼓励教师走入合作单位挂职任职，邀请行业专家走进课堂加盟专业及学科建设。深化教师遴选制度改革，兼顾行业背景和学历层次，更加注重实践经验的导向作用。增设南京财经大学会计学院研究生副指导老师，并制定相应管理办法。

具体改革要点或者质量提升路径包括：（1）自新生入学伊始，学生选定校内学术导师后，即举行行业导师与学生互选交流会，实现校内导师与校外导师对学生学业指导同步，同时，完善校内导师和校外行业导师沟通机制；（2）增加行业实践导师数，作为课程讲授、讲座以及实习实践环节参与人，通过遴选制度修订，充分挖掘实践导师在专硕培养中职业指导作用；（3）纳入新进优秀博士，作为讲座课程、科研训练导师并参与论文答辩环节；（4）重构数智化培养方案，开设智慧会计创新实验班；（5）开发数智化理论课程，协同安永咨询开发《RPA财务流程自动化》等10门数智财务课程。

（二）全程双元共管论文质量

实行校内和校外导师协同共管学位论文质量机制，充分发挥行业导师在论文选题、开题评审、预答辩以及专业实践答辩等环节的监督管理职能。

根据全国会计专硕教学指导委员会关于学位论文写作指导意见，学位论文应在导师的指导下由研究生独立完成，在写作上应有实事求是的科学态度。学位论文写作应包括：（1）选定研究课题；（2）审议开题报告；（3）预答辩；（4）正式答辩；等等相应环节。由专硕点所在学院邀请相应专家来审议会计专硕的开题报告。开题审议通过后，学位论文选题由指导老师与学生商定后，专硕点组织校内和校外导师共同进行论文选题审议，给出选题建议。学位论文应具有一定的新见解，突出学以致用，应与会计实践紧密结合，体现会计专硕学员灵活使用专业及相关专业理论、基本知识和基础方法，研究和解决专业工作中实践问题的能力。

学位论文可采用管理诊断、调研报告、案例分析、专题研究等多种形式。学位论文答辩委员会中应有来自会计实践领域且具有相应专业技术职务或资格的专家。学位论文撰写环节的严格把控，是实现会计硕士人才培养目标的必要前提。

为了形成相对完善的毕业论文质量控制体系，本专硕点特制订并实施了《南京财经大学会计专业学位毕业论文质量标准与指导规范》，在学位论文质量上实行“节点步骤式控制”。遵循学校相关制度，本专硕点增加相关环节。

质量提升路径包括：（1）实行校内导师与校外行业导师协同进行学位论文全流程审议；（2）细化专业学位毕业论文评审与指导标准，并增加开题答辩、预答辩、正式答辩时学生申请与指导老师审核这一前置环节；（3）细化评价内容与评分标准，使论文评阅更为客观化，具体见《南京财经大学会计专业学位研究生毕业论文质量标准与指导规范》；（4）注重论文格式体例与内容审核手续完备，督促师生共同负责，化解管控风险；（5）二次答辩后增加培养委员会审核关；（6）从选题审核至学位论文正式答辩全程匿名。

强化行业导师在论文质量控制中作用，对选题增加行业导师审议环节；强化学术诚信控制，在预答辩环节，要求学生把研究数据上交，本专硕点组织教师进行检查，防止学术造假；强化淘汰率，每一环节控制通过比率。

（三）全程双元共育国际化人才

为了培养能够应对未来商业世界复杂性的国际化财会人才，本专硕点着力完善研究生培养过程，注重国际化特色培养。具体措施或者质量提升路径是：（1）导师队伍国际化，引进境外师资，鼓励校内指导老师进行海外研修；（2）引进境外优质教学资源，开设双语课程或全英文课程；（3）设立 ACCA 中心，鼓励学员参加 ACCA 课程学习，获得国际职业资格认证；（4）有条件地派遣学员进行短期国外研修或学术交流；（5）鼓励学员到国际四大会计师事务所以及外资企业实习、实践。

（四）全程双元共创实践平台

为了践行研究导向型实习，强化研究生实践能力培养，我校会计专业学位硕士点进行改革的主要举措或者质量提升路径包括：（1）全面推进产学研实践基地建设，续签或新签实践实习基地；（2）按期组织实践导师与专硕见面会；（3）通过电话、微信群、QQ 群或者实地走访，强化实践实习指导工作；（4）积极申报研究生工作站，2018 年至今已向江苏省教育厅申报二十余家研究生工作站；（5）以优秀标准推进省立项的研究生工作站建设。

（五）全程双元共商案例教学

为了提升案例入库数量，培养学生职业能力，我校会计专业学位硕士点提出了以下主要举措或者质量提升路径：（1）构建会计专硕案例库；（2）为案例建设提供必要的制度保障；（3）校内导师与行业导师充分沟通，开展企业调研活动，进行案例研究；（4）积极组织向中国教学案例中心进行投稿，以增加入库案例数量；（5）设立案例预研究专项（陈效林，程永波，2021）。

五、南京财经大学会计专硕双元培养质量提升机制

在上述改革实践中，本专硕点已经逐步构建了双元培养提升质量机制。双元培养体现在将课堂教学与企业实践相融合（产教融合）、校内学生与校外导师相融合（校企联动）、校内导师与业界专家融合（内外资源整合）、环境动

态（如国家战略蕴含的大数据技术、新基建等）与专业知识对接（技能升级）以及国内学习与国际交流（国内外循环）相结合等，通过“产教融合”“校企联动”“内外资源整合”“技能升级”“国内外循环”达成培养质量提升之目标（程永波和秦伟平，2021；程永波等，2020）。在融合、联动、整合、升级以及循环中形成四个机制：

（一）构建“招生—培养—就业”全程协同机制

本专硕点注重招生、培养与就业阶段良性反馈机制构建，这能够避免传统的双元协同培养体系强调学校和企业的产教融合而忽略学生这一对象，不仅强调学生是双元协同培养的直接对象，更是有效连接学校和企业这两个主体的中间桥梁。

一是在招生环节上突出双元培养属性。既积极鼓励有经验的在职人员报考，以其丰富的实践阅历为基础，能够以问题与职业目标为导向进行学习，也鼓励优质在校生源报考，以形成生源结构优化和保证生源资源配置效率；这一导向能够保证在招生环节突出会计专业硕士培养的职业属性和实践倾向。

二是重视培养过程中学生诉求。规避传统双元培养在课程设计、校外实训等方面基本上由学校决定而不考虑教育内容是否符合学生兴趣这一现实问题，本专硕点在改革中，通过校内导师师生互选、选修课程设置、实践导师师生互选、相对固定的科研场所配置、期中师生座谈、定期学科和专硕点评估调查、学生社团调研等方式能够充分考虑学生合理诉求，强化沟通渠道建设。

三是在学生职业规划上坚持双元协同导向，通过收集就业信息、单位走进来、学生走出去、职业规划课程、就业讲座等塑造就业观，辨证处理好学业与就业、就业结构等问题，避免会计专业硕士过度被公考、CPA 等考试挤压时间，降低职业教育质量。

（二）构建“实训—实习—定向培养—就业”一体化双元融合机制

本专硕点在综合改革中，为了解决培养中主体脱节现象，特别是在课程设计、专业实训等方面存在错位现象，先后与新道科技、DAMA、财税邦等头部企业合作，建立了“实训—实习—定向培养—就业”一体化的大型实习基地。通过共建社会实践基地，进一步提升本专业面向区域经济和社会发展的服务功能。

通过入学确定行业导师，采用集中与分散、线上与线下等多种灵活实训实习方式将实训实习嵌入校内培养全过程，学生经过一定的实践经历后，明白哪些东西应该掌握，这样带着目标和问题再回到课堂学习，能够激发学生自主学习兴趣。进一步通过选聘和考核机制来改善师资知识结构，鼓励导师和任课教师获得双师资格，增加导师和任课老师到企业挂职、兼职机会；通过院聘导师改革引导师资在学科建设、专硕点建设、研究生工作站建设上增加精力，与职称评审、薪酬设计联动，形成有效激励机制。进一步加强学术导师和行业导师的联合指导，推动理论学习与实践训练相结合。同时，积极发挥产业教授、行业导师作用，在专硕培养方案修订、课程讲授、讲座等方面不断增加专业实践内容比例；通过与新道科技、安永等头部企业开展产学研合作，合作单位具有丰富企业项目案例与课程资源，实现了校企资源优势互补，可以通过定向培养的方式让学生从认识实习、生产实习、设计实习、毕业实习与设计等方面满足专业实践教学，投入人才培养全过程。进一步，通过在招生、人才培养、论文撰写、实习实践等环节实行“双师型”教学。邀请新道科技、安永等拥有实战经验的高管、行业领军人才担任行业导师进课堂，为学生讲解实务经验，有效提升了学生的理论实践结合与业务综合能力，从而从根本上提升了学生的就业能力。

（三）构建“启智润心—财会筑基—数智赋能”三足鼎立育人机制

为满足数智时代财务管理人才需求与教育变革，以培养恪守职业道德，具备财经专业能力、数智技术能力、业务协同能力和战略决策能力的高素质复合型财务管理人才为目标，秉承“启智润心—财会筑基—数智赋能”的育人理念，聚焦培养目标链，将“数智化知识”融入课程体系；创新培养过程链，通过“数智化手段”优化教学环节；激活培养保障链，建设立体化保障机制支撑教研教改，实现人才培养重心“从传统财务到业财融合，从数字核算到数智治理，从单兵作战到跨界协同”的转型。同时，本专硕点持续推动依托互联网技术的教学模式改革，利用平台工具开展混合式教学，加大在线课程建设力度，构建数字化教学资源库（姚文韵等，2018）。配合团队学习、案例分析、现场研究、实践训练等多种方法实施线上线下教学模式，提升了学生的学习兴趣和学习效果。

本专硕点与百度、新道科技、DAMA中国等企业共同建设财务共享实践基地、共同筹建产业学院。近年来，联合培训大数据财务师资和财务管理人才300余人；依托学院雄厚校外行业导师队伍，邀请行业专家进课堂，实现理论实践双元驱动；构建“数智”教育平台，协同合作企业在国家级经济管理实验中心基础上，全面建成财务共享实验室、云财务实验室，通过模拟仿真，培养学生专业判断、数据分析决策能力；分别与江苏省财政厅、江苏省会计学会牵头成立“江苏现代财税治理协同创新中心”“江苏省会计教育协同发展中心”，打造了育人摇篮、学术高地、高端智库，引领全省教育变革和协同发展。

（四）构建利益主体“共建—共享—共赢”质量保障机制

除了学生、学校和企业之外，建立其他多边协同保障机制也是提高双元协同培养质量的关键。随着会计专业硕士的扩招，学生培养质量受限、与社会需求脱节等问题日益突出。一方面，发挥政府、行业协会等引导作用，不仅对学校给予资金、政策支持，加强师资队伍建设和培训，还引导当地行业协会、企业积极参与合作办学，促使建立长期校企合作机制。另一方面，充分发挥全国会计专硕教育指导委员会的指导、协调和监督作用。同时，本专硕点构建“数智”教育平台，在国家级经济管理实验中心基础上全面建成财务共享、云财务实验室和财务大数据研究院。进一步，健全以大数据为基础的动态教学质量评价体系；近年来，本专硕点投入会计“数智化”教研教改经费1000余万元，充足经费保障培养质量稳步提升。开展“传帮带”师徒结对活动，将党小组建在课程组上，充分发挥基层党组织的战斗堡垒作用。鼓励专职教师和行业导师双向互融，实现全程双元人才培养目标。坚持目标控制和过程控制相结合，不断探索和完善教师教研实施过程、教研评估和信息反馈与处理等“三位一体”会计专硕（MPAcc）教学质量保障体系。

六、南京财经大学会计专硕人才培养特色及成效

南京财经大学（会计学院）2004年开始招收会计学术型硕士研究生，

2011 年开始招收会计专硕专硕，是全国第三批 MPAcc 培养院校。在国务院学位办、教育部、全国会计专硕教育指导委员会的领导下，南京财经大学会计专硕专业学位授权点依托江苏省高校工商管理优势学科、服务于国家特殊需求的博士人才培养项目、江苏省高校会计学品牌专业建设工程（A 类资助）以及国家一流专业建设点等，以内涵建设和高质量发展为主要路径，优化重组全校教育类资源，大胆进取，踏实工作，狠抓制度建设、培养质量、专业品牌、学科特色，经过多年来的培育和建设，本授权点初步形成了鲜明的人才培养特色，已成为江苏及长三角地区社会认可度高的中高端财会人才培养基地。截至2021年，累计招收 MPAcc 同学 1143 名，已经毕业 770 余名（见表 8－1）。经过多年发展，南京财经大学会计学院已经形成会计学、会计、审计和资产评估四个硕士点、全日制与非全日制全方位的研究生教育体系。本专硕点已于 2015 年全国会计专硕专项评估中通过，于 2016 年参加全国专硕教育水平评估，成绩位列江苏省前列。

表 8－1　　　　南京财经大学会计学院研究生历年招生人数统计表

年份	合计	会计（全日制）	会计（非全日制）
2011	23	23	
2012	38	38	
2013	64	64	
2014	66	66	
2015	80	51	29
2016	99	52	47
2017	138	71	67
2018	141	74	67
2019	127	70	57
2020	184	154	30
2021	183	183	0
合计	1143	846	297

资料来源：根据历年录取与毕业数据统计。

（一）会计专硕（MPAcc）人才培养特色

以“启智润心、财会筑基、数智赋能”同向同行、同频共振的人才培养理念为指引，南京财经大学会计专硕在传统 TPACK 的技术知识（TK）、方法知识（PK）、内容知识（CK）框架基础上，进一步融合数智化技术 I 和育人成果导向 OB 形成全新 OB-I-TPACK 人才培养模式（如图 8－3 所示），基于传统 TPACK 实现财会筑基，基于 I-TPACK 实现数智赋能，基于 OB-I-TPACK 实现启智润心。通过开发特色教学资源、推行场馆式教学模式、打造思政系列微课程、探索多元教学团队、搭建校内实训平台、建设社会实践基地六大创新举措在启智润心以致远、财会筑基显效能、数智赋能谱新篇等维度上形成创新特色。

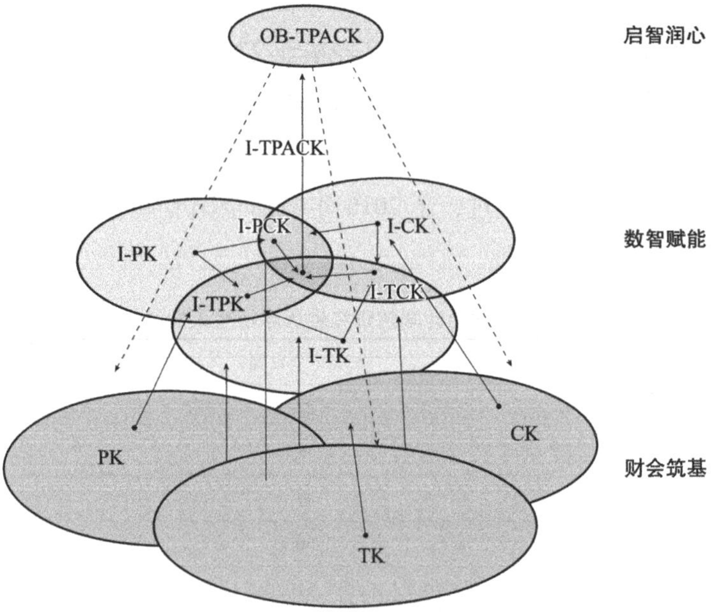

图 8－3　OB-I-TPACK 人才培养模式

1. 启智润心以致远

会计专硕课程教学以中华优秀传统文化和思政微课程为主线，通过“起”业家博物馆、中华传统小故事、党史中的财经故事等方式，将 114 个思政微课程和中华传统小故事嵌入课程主要知识点，培养学生的家国情怀和会计职业道德。首先，专业课程倡导“擅谋利、谋公利；求富裕、求共同富裕”的红色企业家精神，利用“起”业家（“起”业家寓意创业者）博物馆推行场馆式教学，学生通过实案实景，观展思辨，学习财会知识，并点燃大爱之心和求知热情。其次，将中华优秀传统文化引入课堂，提升中华文化影响力，创新课程教学。此外，深入挖鲜活思政育人元素，将财会知识点深度融入党史中的财经故事，打造有温度的会计专硕思政示范课堂。

2. 财会筑基显效能

从理论教学、实践提升、课程评价等方面入手，通过多样化的教学手段，实现会计专硕学员理论知识和实践能力提升。理论教学方面：课前，教师基于定制化导学案，向学生定向推送资源，强调一生一资源，生生有特色；而学生则在教师的主导下开展自适应学习并反馈学习情况。通过此过程，实现教师知道我要教什么，学生知道我要学什么。课中，通过师生角色互换、学生小剧场、圆桌案例讨论等多样化教学手段翻转课堂，调动学生积极性，多维参与课堂，激发课堂活力，打造深度互动—实时反馈型课堂。课后，学生利用个性化教辅资源巩固知识，通过团队研讨拓展案例作业，在案例分析中实现知识深化、个人成长。师生利用各种教学场景开展线上线下常态化交流，双向反馈形成教学评价闭环。实践教学方面：一方面，会计专硕人才培养依托学院校外行业导师，利用智慧教室设备，积极探索任课教师和行业导师“双师同堂”的教学方法共同引导学生走进企业真实经营场景，体验感悟财务信息运用和决策过程，实现理论实践统一。另一方面，师生共建“爱泰克”中小企业服务团，将会计与科技相融合，助力近百家中小微企业发展。学生学以致用，在实践中学习成长，实现沉浸式学习。

3. 数智赋能谱新篇

在会计专硕新生入学之前开设python、财务机器人、数据管理及法学等相关模块化课程，以数智化手段和内容完善学生智慧会计相关知识结构。同时，通过财务共享实验室、财务大数据分析知识嵌入以及智慧会计虚拟教研室等方式，提高会计专硕学员财务数智知识掌握水平。进一步，搭建以企业经营模拟平台、云财务平台、财务大数据实践平台为主体的财务共享实验室，通过模拟仿真培养学生专业判断、数据分析与决策能力。此外，依托智慧会计虚拟教研室，基于“共建、共享、共赢”原则，打造了一个跨学科、跨院校、跨地域的立体化智慧育人载体，为培养兼备会计知识、数智知识的会计专硕人才提供保障。

经过多年的探索，南京财经大学会计专硕逐渐形成了启智润心、财会筑基、数智赋能三位一体的育人特色。本专硕点依托思政学院和四个国家一流专业建设点，建立了全国首个可移动策展的“起”业家博物馆，实施场馆式教学，在学习强国平台连续播出二十集“党史财经故事”课程思政微视频，党史故事情景再现，将思政如盐在水地融入专业学习，确保专硕培养的方向性；为应对现代信息技术对会计高端人才培养的挑战，培养符合未来市场需求的高端会计人才，学院在会计专硕正常的人才培养方案之外开设数智化课程，优化学生知识结构，拓展学生的大会计视野，培养“会计 + 大数据”、人工智能的复合创新型人才；与安永咨询（中国）、DAMA 中国、新道科技等知名公司，以及重庆大学、浙江大学等重点高校合作，跨界协同，虚拟教研，将行业实践和高校理论教学充分融合，探索会计专硕（MPAcc）人才培养新模式。

（二）会计专硕（MPAcc）授权点建设成效

整体上看，本专硕点经过多年发展，已经取得了相应成效。

1. 师资队伍质量建设稳步提升

本专硕点秉承全程双元人才培养理念，采取国内外引进、在职培训、外派挂职和外聘兼职等多种方式，加大硕导队伍建设力度，优化师资结构，已经形成一支知识结构、年龄结构、学历结构、职称结构和学缘结构搭建合理，教学水平高、科研和实践能力强的专兼职结合的研究生导师队伍，其中，享受国务院特殊津贴 1 人，财政部全国会计学术领军人才 2 人，杨纪琬会计学奖获得者 3 人，财政部内部控制标准委员咨询专家 1 人，江苏省“333 人才工程”培养对象 6 人，江苏高校“青蓝工程”优秀教学团队 1 个，江苏高校“青蓝工程”培养对象 15 人，江苏省财政厅会计咨询专家多人，校级教学名师 3 人。专职硕士生导师 45 人，行业导师 120 多人，70% 以上校内导师具有专业实务经历经验并参与过多项企事业单位咨询项目，已经形成了以中青年教师为主体，专业结构、职称结构、学缘结构合理的师资队伍。教研师资团队荣获国家级教学成果奖二等奖、首届和第二届全国高校教师教学创新大赛二等奖、江苏省教学成果奖特等奖、首届和第二届江苏省高校教师教学创新大赛特等奖、江苏高校“青蓝团队”优秀教学团队（优秀结项）、江苏省高校思政大比武特等奖等，2022 年本专硕点教师再次荣获江苏省高校教师创新大赛特等奖，并作为工商管理学科全省唯一一门竞赛课程参加全国教师创新大赛决赛，并荣获全国二等奖。

2. 课程教研平台质量显著提高

以双元人才培养理念为指引，本专硕点目前已建有30余家校外实习实训基地，9个江苏省研究生工作站。同时，专硕点构建了“数智”教育平台，在国家级经济管理实验中心基础上全面建成财务共享、云财务实验室和财务大数据研究院。进一步，牵头成立“江苏现代财税治理协同创新中心”“江苏省会计教育协同发展中心”，连续举办3届国际学术及双元人才培养研讨会，打造了育人摇篮、学术高地、高端智库，推进优质教育资源共建共享。教研成果得到德勤、毕马威等国际四大会计师事务所以及苏美达集团等大型国企的认可与好评；其中，本专硕点课程思政建设成果得到省委常委等领导肯定，成功经验被光明日报、中国青年报、学习强国等20余家媒体及平台追踪报道，省内外数十所兄弟院校前来交流学习，彰显了南京财经大学高素质会计专硕人才培养模式的示范引领作用。

3. 学生培养亮点频现，成果斐然

截至2021年，本专硕点11篇学位论文获省优秀论文和1篇全国教指委优秀论文。作为双元人才培养的重要抓手，案例开发和案例竞赛是本专硕点学生培养的一大亮点。截至2021年，学生参与各项高水平案例开发数十篇，其中，5篇案例入选全国百篇优秀管理案例，11项案例入选中国管理案例共享中心，14项案例入选中国专业学位教学案例中心案例库。在案例竞赛方面，会计专硕学生获全国高等院校财务数智化大赛国赛二等奖1项，省赛一等奖5项；全国MPAcc学生案例大赛中，本专硕点连续斩获佳绩，第五届全国MPAcc学生案例大赛，本专硕点7支队伍进入初赛第二阶段，最终荣获全国优秀案例奖、最佳创意奖、复赛最佳表现奖；第六届全国MPAcc学生案例大赛，5支队伍进入初赛第二阶段，1个团队获得初赛第一阶段华东赛区二等奖，2个团队获得初赛第一阶段华东赛区三等奖；第八届全国MPAcc学生案例大赛，本专硕点学生团队获得大丰收，在初赛第一阶段，2支研究生团队从全国2993支参赛队伍中脱颖而出，分别荣获全国华东赛区特等奖和一等奖，成功晋级全国前100强，1支本科生参赛队伍荣获全国本科生代表队优胜奖，在全国复决赛阶段，本专硕点团队最终荣获全国总决赛二等奖，彰显了本专硕点的全程双元培养育人成效。

参考文献

[1] 白华，王玲玲．“4+2+2+1”MPAcc 教学质量评估模式推介［J］．财会月刊，2011（18）：102—103.

[2] 陈吉风，侯力纲，刘春晖．“案例”助力会计专业硕士培养模式变革——第四届中国 MPAcc 教育发展论坛综述［J］．会计研究，2013（02）：91—93.

[3] 陈效林，程永波．工商管理硕士研究生“三位一体”案例教学体系研究——以南京财经大学 MBA 教学为例［J］．研究生教育研究，2021（06）：77—84.

[4] 程平，段莹莹．基于 BSC 的 MPAcc 培养质量保证和监督体系建设——以重庆理工大学为例［J］．财会通讯，2016（07）：50—54.

[5] 程平，段莹莹．基于 COSO 框架的 MPAcc 培养质量保障体系内部控制研究［J］．研究生教育研究，2014（05）：73—78.

[6] 程永波，梅景辉，杨荣刚．新时代高校思政课教学实效性提升的现实挑战与策略探析［J］．中国高等教育，2021（19）：33—35.

[7] 程永波，秦伟平．生态系统视角下商科类专业学位研究生培养模式研究与实践［J］．学位与研究生教育，2021（02）：23—28.

[8] 程永波，秦伟平，陈效林．MBA 全程双元协同培养模式的建构与实践［J］．研究生教育研究，2020（06）：7—12.

[9] 郭文，姚文韵．财务共享服务趋势下的高校财会专业人才培养模式研究［J］. 商业会计，2019（05）：106—108.

[10] 韩春玲，吴琳．探索“四位一体”创新型特色育人模式——以武汉大学深化专业学位研究生教育综合改革为例［J］．大学教育，2018（11）：239—241.

[11] 贺随波，刘俊起．服务需求 创新模式 突出特色 提高质量——深化专业学位研究生教育综合改革二年总结［J］．学位与研究生教育，2018（01）：1—6.

[12] 胡国强，瞿晓龙．MPAcc 教育质量保障体系研究［J］．广西财经学院学报，2014，27（02）：112—119.

[13] 李骏，姚文韵．日本法科大学院教育改革得失及启示［J］．学位与研究生教育，2019（02）：62—69.

[14] 毛敏，吴楠．会计专业硕士 MPAcc 的创新性研究——基于南京财经大学的案例思考［J］．中国市场，2015（50）：141—143.

[15] 宋建波，荆新，王化成．开展会计硕士（MPAcc）教育质量认证的研究［J］．会计研究，2012（10）：11—20+95.

[16] 王雯，李健强，于嘉林，张宏彦．拓展培养平台 创新培养模式 推进国际合

作——中国农业大学深化专业学位研究生教育综合改革实践与探索［J］．学位与研究生教育，2017（01）：8—12.

［17］吴勋，张彩彩．我国会计专业硕士（MPAcc）培养现状分析［J］．财会通讯，2015（31）：66—69.

［18］姚文韵，陈飞宇．江苏高等教育对经济增长影响及发展对策研究［J］．华东经济管理，2012，26（12）：14—16.

［19］姚文韵，沈永建，沈亦丹．互联网发展与研究生教学改革［J］．江苏高教，2018，（11）：73—76.

［20］钟子亮，周咏梅．会计硕士专业学位（MPAcc）培养模式研究［J］．高等财经教育研究，2011，14（02）：37—40.

［21］周晓苏，贾婧．中国会计专业硕士教育研究——关于南开大学 MPAcc 教育的案例分析［J］．会计之友，2014（27）：90—99.

第九章　资产评估专业学位研究生双元培养模式探索与实践

摘　要： 资产评估硕士专业学位自 2010 年经教育部批准全国招生以来，已为社会培养了一批资产评估行业高层次人才，取得了一定成效。然而，资产评估专硕设立时间较短，人才培养模式、师资队伍建设等仍在探索之中。如何完善和创新资产评估专业硕士研究生培养机制，实现创新型、高层次和应用型专业硕士人才的培养目标，已然成为学术界和产业界共同关心的热点问题。本章基于协同理论，探索资产评估专业学位研究生双元培养模式，同时以南京财经大学资产评估专业硕士人才的培养实践为例，探究、完善和创新"双元协同"资产评估专业学位研究生培养的具体措施。

关键词： 资产评估；专业学位研究生；双元协同；培养模式

一、引言

为了适应我国社会主义市场经济发展对资产评估专门人才的迫切需求，完善资产评估人才培养体系，创新资产评估人才培养模式，提高资产评估人才培养质量，资产评估专业学位研究生教育应运而生。我国于 2010 年设立了资产评估硕士专业学位（Master of Valuation，MV）。经过十余年的积累，我国资产评估研究生教育取得了长足发展，为资产评估行业输送了大量高质量评估人才。然而，由于资产评估学科具有较强的专业实践性特征，我国资产评估专业硕士人才培养方面还存在着诸多问题。如梁美健和武彩云（2020）调查研究认为相关培养院校普遍反映资产评估专硕人才培养年限不足，实践实习以及社会参与环节较为薄弱；苑泽明和张静（2020）认为环境与技术的快速更迭，导致资产评估专硕培养出现了教学与人才需求的错配，高校与企业和市场未有效融合，学生的岗位知识应用能力不够；徐丹丹等（2017）认为校外导师在指导学生方面也存在缺乏经验，选聘考核缺乏标准等问题。

如何将学术与应用紧密结合是资产评估专硕培养的突出问题。“双元协同”研究生培养模式提供了一种解决思路，该模式将学术培养与产业实践有效结合起来，通过深化产教融合，实现创新型、高层次应用型资产评估人才的培养目标（王锋等，2019）。

本章基于协同理论，结合南京财经大学资产评估硕士专业学位的培养实践，紧紧围绕高校和企业的二元，探索资产评估专业学位研究生双元培养模式，为我国资产评估专业硕士人才的培养提供借鉴与参考。

二、资产评估专业学位硕士研究生培养面临的困难与挑战

随着科学技术的日新月异，我们的生活方式发生了巨大的改变。在数字经济发展的重大转折时期，高等教育也迎来范式转变。习近平总书记针对高等教育人才培养强调，推进产学研协同创新，积极投身实施创新驱动发展战略，着重培养创新型、复合型、应用型人才。王锋等（2019）提出专业学位研究生教育作为高层次的高等教育的重要组成部分，在培养高层次应用型专门人才方面发挥着不可替代的作用。杨茜和汪霞（2021）提出我国专业学位研究生培养始于1991年，经过三十年的不断探索，专业学位研究生教育体系逐渐补充和完善，推动着研究生教育不断向着高质量发展。资产评估行业的快速发展以及新技术的不断涌现，给资产评估专业学位硕士研究生的培养带来了新的困难与挑战。这些困难与挑战体现在资产评估专业硕士研究生教育教学、人才培养，以及实践实习等各个方面。

（一）新形势、新技术给资产评估专业硕士教育教学带来了新的挑战

随着资产评估行业的快速发展，相关部门对资产评估行业的监管日益严格。2016年《资产评估法》出台，2017年新的《资产评估基本准则》实施，预示着市场对资产评估机构及其从业人员的监管力度进一步加大，也标志着我国资产评估行业迈上了新的台阶。《资产评估法》的出台，降低了资产评估行业的执业门槛与资产评估师职业资格考试的门槛，提出资产评估师专业化改革和创新的方向，同时确立了资产评估行业违法行为处罚的法律依据。这些准

则、规范的细化与完善，无疑给高校资产评估教育尤其是资产评估专业硕士研究生的教育教学工作带来了巨大挑战，如何通过考试以及课程等教育教学的改革来增强资产评估专硕研究生的市场竞争能力，提升专业化水平以及职业道德，成为当前开设资产评估专业硕士学位点的高校要思考的问题（王锋等，2019）。

此外，苑泽明和张静（2020）认为智能化、大数据、“互联网＋”以及云计算等新技术的发展，为高校资产评估专硕研究生的教学内容、教学手段与教学资源提出了新的要求。然而，在新技术的背景下，仍然存在部分教师教学理念相对落后，缺乏教学手段及时更新的积极性和主动性等问题。因此利用新技术完善教学内容、丰富教学形式、提高教学的质量与效益，成为资产评估专业硕士教育教学的一项新的挑战。

（二）人才培养时间较短，培养体系架构无法满足现实需求

专业学位硕士研究生的培养方式具有独特性，有别于学术型硕士研究生。尹世平等（2020）认为在课程设置、教育方法等人才培养方面，相较于学术型硕士研究生，专硕研究生教育更加倾向于职业性与市场化，不仅需要课程的学习，同时更加看重专业实践。然而，梁美健和武彩云（2020）提出现实中资产评估专业型硕士的培养方式普遍缺乏系统创新能力，多数沿袭学术型硕士的培养方式，未能有效兼顾理论知识的学习与专业实践的应用。这一方面是由于资产评估教育对市场的要求更高，其专业学位硕士研究生培养本身存在难度，另一方面也受限于资产评估专硕的培养年限，即“一年学习，一年实习”的简单结合。这种固有的培养年限并不能有效满足资产评估专硕培养的需求、确立资产评估专业学位研究生的培养体系，难以形成专硕人才培养与市场的有效结合，资产评估专业硕士教育的培养架构有待进一步完善。

（三）双导师联合培养机制不完善，深度融合不足

当前开设资产评估专业硕士学位的高校普遍采用的是双导师制，即高校与企业或实践基地联合，校内导师与行业或企业导师相结合的培养方式。这种双导师制的培养模式避免了单一导师培养的不足之处，能够整合校内外的双向资源，充分利用高校的理论教学与企业的应用实践优势。然而，在校企双元化人

才培养机制探索道路上，存在校企合作形式单一、供需服务平台功能不强等问题，李克（2020）认为缺乏长效机制、合作观念不同，李秀琴和汪霞（2010）认为合作存在利益分歧等问题，以及汤正华和谢金楼（2020）认为企业参与办学积极性不高导致课程内容与职业标准、教学过程与生产过程脱节等问题，阻碍了校企之间的深度融合。对于资产评估专业硕士的培养而言，尽管其专业学位研究生教育发展中的产教融合、双元化的推进取得了长足发展。然而在两年的培养年限里，行业导师存在一定程度的缺席，校外导师可能尚未充分发挥实践实习指导的作用。因此，如何充分利用高校与企业联合培养的优势，体现校内校外双导师制的叠加效应，实现双导师联合培养的深度融合，成为资产评估专业硕士培养中的一个关键问题。

（四）研究生实践实习以及社会参与环节薄弱

对于资产评估行业来说，实践实习不仅是评估实务界，同时也是理论界充分认可和高度关注的问题；对于研究生未来的职业发展来说，实践实习也是不可或缺的经历。开设资产评估专业硕士学位的各大高校也对研究生的实习时间、学分以及评价考核作出了相应规定，积极开展资产评估专硕研究生的实习工作、提升研究生理论学习与实践相结合的能力、增强研究生的社会参与度。然而，梁美健和武彩云（2020）认为在资产评估专硕研究生的实践实习中，依然存在着诸多问题，例如部分评估机构等社会力量参与资产评估专业硕士培养的主动性不足、高校制定的实习时间过短以及研究生在实践实习中较少参与社会问题的讨论等问题。因此，在当前资产评估理论与实践日益结合的环境下，完善资产评估专硕研究生的实践实习，提升研究生的社会参与度显得更加重要，成为资产评估专业学位硕士研究生培养面临的困难之一。

三、资产评估专业学位硕士研究生培养的国内外经验借鉴

（一）资产评估硕士专业学位研究生培养模式理论探索

协同理论（Synergetics）是由德国物理学家赫尔曼·哈肯（Hermann Haken）于 20 世纪 70 年代创立的一门跨越自然科学与社会科学的横断学科，是系

统科学的一个重要分支。魏海燕和李晗（2012）提出其主要研究系统之间或要素之间相互作用，由不平衡到平衡态的变化规律。卢珊和赵黎明（2011）提出在社会科学尤其是管理学和教育学领域，协同理论获得了广泛的应用。程永波等（2020）提出在专业学位研究生产学研联合培养的过程中，高校和企业之间存在潜在的协同效应。季仁东和张宇林（2015）认为高校具有理论教学和科学研究的优势，而企业更擅长实践和实际引用的推广，两种资源相互结合，发挥各自的比较优势，并遵从系统要素相互作用的基本规律，形成二者的“双元协同”效应，则必能在专业硕士人才的联合培养中，显著提高研究生的实践创新能力，实现人才培养目标。

（二）资产评估硕士专业学位研究生培养模式国内外实践创新

“双元协同”有助于解决教育教学培养过程中发现的问题。孙进（2013）提出德国双元制高校通过将学院的理论教学和合作培养单位的实践培训结合起来，让学生拥有在职业实践中独立应用科学知识和方法的能力。席茹和沈鸿敏（2015）提出其特征主要体现在三个方面：（1）学校和企业协同，强调双方的资源融合，企业深度参与学生的培养方案、毕业设计等教学过程；（2）兴趣与个性结合，注重学生实践能力培养，在校学生到企业参加有偿实际锻炼，企业提供实习机会和实习平台；（3）学校教师和企业导师在人才资源上的进一步共享和整合，共同完成学生的培养和指导。黄乃文（2020）提出将学校与企业结合，实现双元主体协同培养达到 $1+1>2$ 的教育效果，学习德国双元制高校的培养教育模式，加深校企融合的深度。汪全报和卜春梅（2019）提出要构建多立体协同的产教融合体系。

中国化的“双元制”在国内一些高校得到了广泛推广，以首都经贸大学的资产评估专业为例，校内专业师资力量雄厚，同时聘请中国资产评估协会、北京市注册会计师协会、中国农业银行、中联资产评估集团公司、中和资产评估有限公司、北京中天衡平国际资产评估有限公司、普华永道会计师事务所、沃克森国际资产评估有限公司等资产评估实务界的知名高级专家 20 余人担任校外导师。资产评估专业硕士实施双导师制，校内导师和业界导师齐抓共管、相得益彰，校内导师夯实理论基础，校外导师助长专业实力。学校注重理论教学与社会实践相结合的原则，课程学习与实践课程紧密衔接，突出资产评估实务能力的培养，兼顾研究能力的培养，提升了资产评估专硕研究生综合运用资产评估科学理论和方法解决实际问题的能力。

综上所述，Steiner 和 Scherr（2013）提出成功学校的几个关键基石包括学校明确的使命、由行业共同领导的项目、支持性的学习环境和专业专家教师。Taran Thune（2011）提出要把握好背景、组织等要素。王锋等（2019）提出过程要素，包括项目管理、沟通和解决冲突、社会资本，从目标协同、资源协同、管理协同三个方面构建“政产学研用”协同机制。程永波和欧亚（2018）认为要将双元化贯穿专业学位研究生培养的各个环节中，构建全程双元化培养体系。徐新洲（2020）认为要加强产教融合深度，创新创业教育机制，构建起企业全过程、全方位参与的学生培养机制。

四、资产评估专业学位研究生“12345”培养模式构建

本章提出“一核、双元、三商、四阶、五能”为核心的资产评估专业硕士培养模式，其中：一核是指培养目标；双元是指培养方式为双元融合；三商是指智商、情商和数商；四阶是指课程理论学习、案例情景分析、专业实习实训以及课题创新研究；五能是指信息技术能力、职业适应能力、表达展示能力、沟通协调能力和创新创业能力，简称“12345”培养模式，如图 9－1 所示。

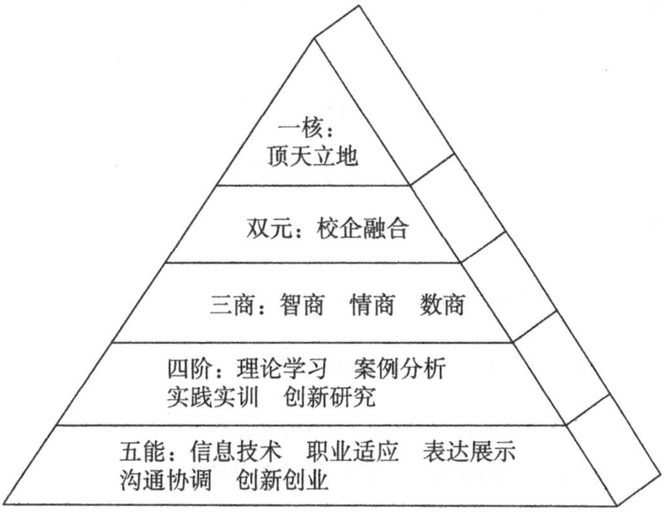

图 9－1　资产评估专业学位研究生“12345”培养模式构建

（一）培养目标：一核引领

人才培养目标是人才培养的起点，也是人才培养的终点，其定位的不同将导致高校对人财物的配置和在具体教学工作中的安排也有所不同。因此，高校在基本办学思想策略指导下明确专业培养目标便是重中之重。郭媛媛（2021）认为数字经济背景下，资产评估专业学位硕士研究生的培养目标是培养出顶天立地、德法兼修的高素质的研究生。其人才培养主要基于三点：一是拥有扎实的专业理论知识，立足前沿具备创新能力；二是能在数字经济大环境下，从现实出发解决社会实践中发现的问题；三是具备较高的思想道德素养和较强的法律意识。

（二）培养方式：双元融合

资产评估专业学位硕士作为专业型硕士，应更加注重培养学生的实际解决问题的能力，因此，校外实践在资产评估专业学位研究生培养的过程中是不可或缺的。“双元制”的培养模式可以提高专业学位研究生的综合素质，弥补传统培养模式的不足。采取实践和理论相结合，专业课和案例相结合，加强校企合作强度，以产促教、以产促学，双师教导，以企业和市场为导向，让企业参与双元化教学计划的制定，从全局把握岗位职业能力的要求，避免出现资产评估研究生人才培养与市场需求脱节、企业与高校人才培养规范不统一的现象。以国家重大战略需求为指导，通过高校与企业建立合作关系，建立产教融合的协同育人培养模式是当今时代尤其是数字经济背景下人才培养的新趋势。在高校和企业双元融合的资产评估专业学位研究生培养方式下，将有助于为市场提供公正价值尺度和价值信息，同时为社会培养德法兼修的高素质评估人才，促进资产评估事业的发展。

（三）培养理念：三商共举

吴玉梅等（2020）提出三商是指智商、情商与数商。智商也称为智力商数，是人们对于外界观察、抽象概括及创造水平的一种理性的能力。智商是成功的前提，资产评估智商用来衡量资产评估专业知识水平与技能，表现为资产评估学生根据课程理论知识，分析问题和解决问题的能力。高智商资产评估人才善于吸取资产评估知识，感悟资产评估常识，并能从实践过程中将问题具体化，将已掌握的知识运用于解决实践问题。

情商反映一个人对自己情感把控和处理与他人关系的能力，是表现一个人的感性程度的能力。人并不是单一的存在而是与外界有联系的，这时人对外界环境的感知能力表现就尤为重要。资产评估情商用来评价资产评估人员的品格，在资产评估实践活动中，能够理解他人，与他人能进行有效的沟通，能充分表达自我想法都是高情商的表现。资产评估情商的培养在资产评估人才培养中具有重要作用。

数商则是数据化时代一个人对数据的敏感程度的综合评价。资产评估数商是衡量资产评估从业人员是否具备数据意识、思维、习惯和数据分析能力的重要尺度，可以用来衡量资产评估人员数据素养。在数字经济背景下的人们除了智商和情商外更需要数商。培养资产评估专业硕士研究生数据采集、数据分析与应用的职业能力，增强资产评估专业硕士研究生的软实力，让资产评估专业硕士研究生在社会中更加具有竞争力。

（四）培养路径：四阶发展

（1）第一阶段是课程理论学习。通过专业课和辅修课程的理论学习能快速掌握资产评估专业的理论与知识，包括基础性知识、资产评估专业及相关专业知识、资产评估法律知识等，构建资产评估知识框架。

（2）第二阶段是案例情境分析。案例分析是促进理论与实践相结合的重要桥梁。在传统的教学方式下，学生机械地学习理论知识很容易导致学会后又马上忘记，没有消化吸收和实际应用经验，下次碰到又是新问题、新知识，很难进步。而在案例情境分析过程中，能够有效发挥学生的自主性，让学生自己去分析一个案例，从中发现问题并创新性思考解决问题的办法，从而培养学生创新思考问题的能力，并且在组队合作的过程中也能培养学生的管理沟通能力和团队合作能力。

（3）第三阶段是理论创新研究。研究生教育就是要培养掌握本学科坚实的理论基础和系统的专业知识，并具有创新精神的高级专门人才。实训的根本目的是能吸收掌握理论知识，并对实训中所遇见的问题，进行总结和思考，在课题研究之中创新地提出解决办法，推动资产评估专业理论的发展。

（4）第四阶段是专业实践实训。数字经济背景下资产评估人才培养应更加强调专业知识的实践应用，应用型人才的培养要让学生掌握了基础知识之后去企业中参加实践实训。参加实践实训既可以培养学生的运用专业知识解决实际问题的能力，又可以培养学生的专业技能。在校企协同育人，加强合作的前提下，实训使得资产评估理论的实践性和资产评估实践的理论性走向融合。

（五）培养重心：五能并重

铸就高素质资产评估人才的目标就是要促进学生对于专业的应用能力的整体提升，专业应用能力主要可以分为五个方面。

（1）信息技术能力。在数字化时代，信息技术能力是资产评估人才的一项最基本的能力要素。信息技术能力就是在互联网中能够搜集和筛选信息，并能将信息整合的能力及获得信息后后续工作的处理能力，包括保密、建档、分类储存的能力。资产评估工作不仅仅在于对事物价值的评估工作，更重要的是在为评估工作做准备的过程中能否有效地利用技术工具、采用技术手段，收集、整理、利用有用的信息，解决问题。

（2）职业适应能力。资产评估具有很强的操作性，对资产评估的过程、评估报告的编制等都需要有丰富的业务经验。在进行实务处理过程中需要将知识、技能、效率综合达到相当熟练的职业水平的能力。职业适应能力的强弱反映了资产评估学生从学生角色向职业角色转换的能力。

（3）表达展示能力。表达展示能力是将个人内心的想法、情感或意图通过各种形式表达传递给他人并使他人能够理解的一种能力，是资产评估学生必须具备的重要的、核心的能力。信息技术能力、职业适应能力是准确地表达展示能力的基础。

（4）沟通协调能力。沟通协调能力是指在日常生活中通过与他人有效地沟通达到减少摩擦或调动积极性的能力。有效的沟通协调能够增强团队的效率，使团队内部分工明确、完整，配合有序。沟通协调能力的基础是表达展示能力。

（5）创新创业能力。在现代资产评估体系中，资产评估职能除了评估业务外还参与到经济前景预测、管理控制活动等诸多方面，资产评估专业人员不仅要掌握专业技能，还要拥有勇于挑战，敢于创新的企业家精神与风范。创新和创业是密不可分的两个概念，前者是后者的基础和前提，后者又是前者的体现和延伸，前者是创新创业的特质，后者是创新创业的目标。

五、资产评估专业学位研究生培养模式的实践

南京财经大学是教育部首批（2010 年）资产评估硕士专业学位授权点，取得了一系列重要培育成果。本章以南京财经大学资产评估专业硕士人才培养的实践为例，探讨资产评估专业学位研究生双元培养模式的实践。

（一）立足“顶天立地”，构建商能并重的资产评估专业硕士人才培养格局

（1）凝练资产评估专业学位研究生培养目标，立足长三角、辐射全国，融合大财经背景，培养具备经世济民、诚信天下、德法兼修、家国情怀，掌握信息技术能力、职业适应能力、表达展示能力、沟通协调能力、管理执行能力和创新创业能力的新商科复合型资产评估高端人才。资产评估硕士研究生应拥有专业相关的理论，能独立思考，能将知识应用于实践中解决现实问题，并在理论研究方面具有一定的创新精神。

（2）资产评估专业学位研究生人才培养方案强调商能并重，明确以新时代企业需求为导向，培养具备企业所要求的专业知识和能分析解决实际问题的资产评估专业硕士研究生。采取多种形式的教学方式，注重学生分析和解决实际问题的能力的培养，优化资产评估专业人才培养的渠道和手段。将行业讲座和专业实践纳入学分修读之中，加强学校和企业在人才培养课程体系建设中的协同合作。设置“资产评估理论与案例”“企业价值评估理论与实务”“无形资产评估理论与实务”“财务会计理论与实务”“财务管理与实务”“资产管理理论与实务”等课程，有助于夯实学生基础理论框架，利用案例将理论与实务结合起来，培养学生的表达展示能力及沟通协调能力。设置“数量分析方法”课程，加强学生在“数智”环境下应用计算机工具解决问题的能力。设置“行业分析专题”了解行业动向，“中外资产评估准则”加强学生的法律意识。除此之外，学生还可根据个人兴趣选修专业课程之外的课程，形成学科交叉，构建开放、创新、融合的资产评估课程体系。“商”“能”并重，培养有文化、能思辨、懂专业、擅运用的高素质资产评估专业人才。

（二）创新“双元融合”，完善产教一体的资产评估专硕人才培养生态

（1）构建“双师型”教师队伍，实施“名师工程”计划，开展“传帮带”活动，激励教师开展理论课程、实践教学建设，促进“科教融合”。当前，专业学位研究生培养普遍实行的是“双导师制”即“校内导师＋校外导师”，为优化双师型教师队伍，应细化导师选聘准则，明确校外导师的责任、让校外导师参与资产评估专业硕士研究生的培养，包括培养方案的制定、课程讲授、专业实习和论文指导等内容，并且加强校外导师沟通机制。

（2）将应用能力和职业能力培养融入课程体系，完善实践教学体系，推广案例教学，促进“产教融合”。基于全程双元化培养要求，开展实践与案例教学设计多种交互方式，包括理论与实践导师同堂研讨、线上讨论交互、非上课时间讨论、将案例教学与学位论文要求结合等，鼓励学生大胆选择案例素材，在论文指导环节进一步强化研究的规范性和创新性。依据专业特点，对教学模式进行适应性调整，以案例教学为抓手，积极提升师生案例学习、案例讨论和案例开发环节的交流频率。

（3）推进校企合作深度和广度。实行“引进来”和“走出去”战略加强人才的交流。一方面聘用外界高水平的行业专家来学校给学生上课；另一方面鼓励内部的教师深入企业实践了解资产评估行业最前沿、最新的评估案例。加深高校与企业的合作，让企业也参与到学生培养方案的制定中，改革课程教学，让理论知识与评估实践紧密结合。邀请评估师进入课堂，分享评估经验，讲授实践案例；扩展校企合作的广度，与企业签订合作协议，为学生提供多种不同的实习岗位，让学生能参加到实际的评估项目中去，更好地应用课堂中学习到的理论知识。

（三）强化“四阶发展”，打造四阶闭环的资产评估专业硕士人才培养路径

（1）课程学习强调学科交叉。依据《资产评估专业硕士研究生核心课程指南》，基于自身优势与特色，不断优化课程设置，形成了适应培养目标、符合社会需求的资产评估特色课程体系。①拓展“资产评估理论与案例”“无形资产评估理论和实务”等专业核心课程的深度，满足专业高阶性要求。②打造“数量分析方法”“财务报表与企业经营分析”等优质精品课程，实现现代信息技术与教育教学深度融合。③新增“行业分析专题”“资产管理理论与实务”等新兴交叉科学课程，响应社会行业发展需求。通过整合教学资源，构建符合校企融合的“二元制”资产评估专业课程体系，使教学和实践紧密结合。

（2）案例分析强调产教融合。基于全程双元化培养要求，开展实践与案例教学设计多种交互方式，包括理论与行业导师同堂研讨、线上讨论交互、非上课时间讨论、将案例教学与学位论文要求结合等，鼓励学生大胆选择案例素材，在论文指导环节进一步强化研究的规范性和创新性。依据专业特点，对教学模式进行适应性调整，以案例教学为抓手，积极提升师生案例学习、案例讨论和案例开发环节的交流频率。首先，专业课教师将专业课程案例教学比重提升至40%以上，并倡导以问题为导向的教学方式，供研究生进行线上线下交互讨论。其次，强调教学相长，师生共同参与企业调研和案例研讨，通过企业访谈、问卷调查以及沙盘回顾等方式极大地拓宽了师生的视野。最后落实产教融合，申报建立江苏省研究生工作站以及实习实践基地，共同开发教学案例，校内学术导师和校外行业导师联合指导研究生撰写案例类毕业论文。

（3）实践实训平台强调校企共建。加深高校与企业共同建设资产评估专业研究生实践基地的程度，可以从高校出发，从内外两个方面进行。从高校内部来说，高校是作为人才培养的主要平台，应设立专门的组织负责与实践基地进行沟通合作，协同教学部门制定学生的实习计划。就外部来说，应主动发挥高校的科研优势，高校积极地与企业建立互利互惠的合作关系，与实践基地共同制定实践培养方案，包括学生的实践时间、内容以及研究成果的展示形式。

（4）创新能力培养强调理实结合。以问题为导向牵引实践全过程，从实践中发现问题，分析问题，确定问题的性质、明确关键点和难点，对问题进行理论研究，同时在解决问题过程中，可以进一步学习和消化课程理论知识。创新是一个持续、不断积累进步的过程，创新不是凭空的创新，创新是需要一定的知识积累，知识积累越多，创新的思维就越活跃，创新能力就越强。在不断的累积知识的过程中，其创新力也得到了提升，创新力的提升又有助于掌握基础知识。通过理论和实践的结合，在解决实践问题中不断前进，不断积累，最终使创新能力得到有效提升。

四阶闭环，第一阶段课程理论学习是第二阶段案例开发和案例研究的基础，而同时案例开发和案例研究在第一阶段与第三阶段实际实训过程中起到桥梁的作用，它上承理论下启实践，用实践规范去贯穿理论，又用理论去指导实践，第二阶段的案例开发和案例研究和第三阶段的实践实训又能让学生很好地吸收第一阶段所学的课程理论知识，并更加熟练地运用和掌握。在第三阶段实践实训过程中通过解决实际问题的过程中发现新的理论问题，将引导第四阶段课题创新研究。而课题的创新研究需要课程理论为基础，因此又将回到第一阶段形成四阶闭环的资产评估专硕人才（图9－2），由此实现良性循环。

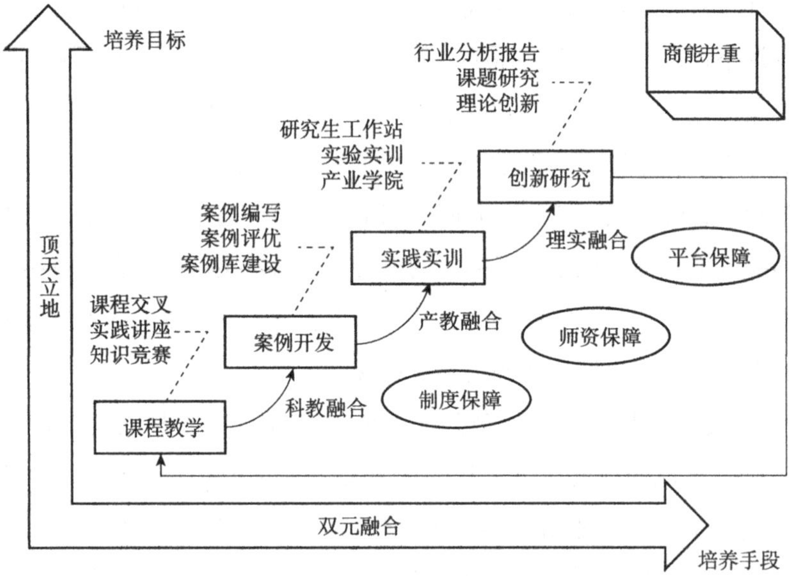

图9－2　“四阶闭环”资产评估专硕人才培养路径

六、实施效果评价

从招生质量、课程教学质量、师资建设质量、学生培养质量以及平台发展质量五个方面来看，南京财经大学资产评估专业学位研究生教育取得了突出成绩和效果。

（一）招生质量

坚持商能并重的人才培养方案，构建目标管理、运行实施、监督评价、实时反馈和调控改进的质量保障闭系统，通过人才培养个性化、三个课堂一体化以及教与学协同化，在平台建设、学科建设、团队建设以及学生发展等方面取得了显著成效，得到学校、社会、学界的普遍认可。报考人数逐年递增，生源范围不断扩大，近三年第一志愿报录比例为9.4∶1。

（二）课程教学质量

资产评估专业将应用能力和职业能力培养融入课程体系，完善教学体系，推广案例教学，促进“产教融合”。《产学合作的资产评估专业科研型教学团队建设》获教育部产学合作项目立项，获江苏省资产评估协会立项。《资产评估学基础》入选江苏省高等学校重点教材第二批出版名单；《公司治理与内部控制》入选“十二五”江苏省专业类建设核心课教材；《无形资产评估理论与实务》入选江苏省品牌专业建设计划。本学位点依托核心课程已开发形成数十项案例。其中，团队教学案例获得全国资产评估教学案例大赛二等奖1项。本专业积极开展以赛促学，以赛促教的教育教学模式，教学团队连续指导研究生积极参加全国资产评估教学案例大赛、江苏省研究生科研创新实践大赛等各类竞赛，并获得首届全国高校资产评估专业研究生（中企华杯）知识竞赛优秀奖和第二届“中企华杯”全国资产评估专业研究生知识竞赛优秀奖，获得“挑战杯”全国大学生创业计划竞赛全国金奖1项、省级奖多项，获得大学生实践创新创业计划国家级项目10项，省级项目22项等多项奖项。

（三）师资建设质量

本专业深化“引企入教”改革和实践，从融入“国家发展战略、地方经济发展、产业转型升级、创新人才培养”四方面着手，积极打造思教融合和产教融合的高素质教师队伍。本专业教师在立德树人、教书育人、严谨笃学、教学改革方面取得了一系列成果，专业教师获国家级教学成果奖二等奖、江苏省政府优秀教学成果奖特等奖。历年学生评教分数均为优秀，涌现出多名中宣部宣传思想文化青年英才、校教学名师和校级“我最喜爱的老师”。实施全程双元化培养模式，将职业教育贯穿于专业学位硕士培养的全过程中，根据行业需求，培养职业化、专业化的研究生。目前，校内导师近60%教师具有专业实践经历，75%导师参与过多项企事业单位咨询项目。同时，资产评估专业硕士历年的论文选题强调理论联系实际，主要围绕企业价值评估、无形资产评估、金融资产评估、PPP 项目评估、信用评估、以财务报告为目的的评估、评估方法改进与应用等资产评估实务中难题和学科前沿研究方向选定，突出论文研究水平的同时，强调评估案例实务导向。其中 1 篇获省优秀学位论文、8 篇获校优秀学位论文，且历年的学位论文抽检全部合格；学位论文研究成果发表在《中国资产评估》《资产评估研究》等行业重点期刊以及 CSSCI 来源期刊 30 余篇，同行引用数百次。严格导师聘用及培训制度，要求新晋导师培训后上岗，且具有半年以上企业实践工作经验；深化资深导师带徒制度，形成优势互补的 3—5 人导师组，助力提升人才培养质量。

（四）学生培养质量

聚焦社会现实需求，坚持产教深度融合，要求每位硕士研究生应在资产评估事务所、房地产估价事务所、土地估价事务所、资产评估行业管理部门、会计师事务所、金融机构、制造业企业、政府管理等工作部门进行实习，且应在校外导师的指导下完成专业实践，提升学生发现、分析和解决企业实际问题的能力。在资产评估专业课程案例教学的启发下，资产评估专业硕士研究生参与案例开发、案例分析的热情较高。通过独立或与指导老师合作完成案例开发 10 余项，7 项入选“中国管理案例共享中心”案例库，2 项获全国资产评估业务案例大赛三等奖。此外，资产评估专硕研究生与指导老师合作完成行业分析报告 6 份，这些行业分析报告服务于资产评估事务所、行业内企业的业务咨询。其中多份行业分析报告参加第十三届、十四届、十五届全国资产评估教育发展论坛并在会议上作学术汇报，多份报告在大会评比中获奖。专业硕士学生积极报考资产评估师、CPA 等职业资格考试，其中证券从业资格通过率为 100%，资产评估师通过率为 45%，报考同学均通过若干门课程。

（五）平台发展质量

注重思教融合、产教融合、校企融合，通过塑造共同目标，构建“富于学习性”的人才培养平台。（1）以个性化培养为基础，专业教师与行业导师协同指导，激发学生内在兴趣，制定个体培养目标和发展计划。（2）校外资源参与办学程度高，聘请中资评协秘书长为荣誉教授，江苏省财政厅、资产评估协会历届领导、行业专家多次来校指导。（3）获批财政部全国资产评估学科建设基地，建有数十家校外实习实训基地和2个高端人才培养平台。(4) 以教学为主线、科研为龙头，团队教师主持十余项国家级课题，三十多项企事业单位社会服务课题，师生合作发表数十篇高水平论文，社会服务项目获得受托单位广泛好评。

参考文献

[1] 程永波，欧亚. 全程双元化：专业学位硕士研究生培养的路径选择 [J]. 学位与研究生教育，2018 (08)：46—52.

[2] 程永波，秦伟平，陈效林. MBA 全程双元协同培养模式的建构与实践 [J]. 研究生教育研究，2020 (06)：7—12.

[3] 郭媛媛. 学术研究要“顶天”“立地” [N]. 人民政协报，2021 - 01 - 11 (009).

[4] 黄乃文. 系统工程视阈下德国双元制职教模式本土化探索 [J]. 广西社会科学，2020 (09)：178—182.

[5] 季仁东，张宇林. 产学研联合培养专业学位研究生模式探索与实践——以江苏淮阴工学院为例 [J]. 教育与教学研究，2015，29 (06)：64—67.

[6] 李克. 建设培育产教融合型企业——以吉林省为例 [J]. 宏观经济管理，2020 (02)：80—85.

[7] 李秀琴，汪霞. 江苏省产学研合作的现状、问题与对策思考——基于对江苏省 5 个企业与高校合作情况的调研 [J]. 全球教育展望，2010，39 (05)：58—63.

[8] 梁美健，武彩云. 资产评估专业硕士人才培养现状分析及展望 [J]. 中国资产评估，2020 (07)：54—59.

[9] 卢珊，赵黎明. 基于协同理论的创业投资机构与科技型中小企业演化博弈分析 [J]. 科学学与科学技术管理，2011，32 (07)：120—123 + 179.

[10] 孙进. 德国高等教育机构的分类与办学定位 [J]. 中国高教研究，2013 (01)：61—67.

[11] 汤正华，谢金楼. 应用型本科院校产教融合的探索与实践 [J]. 高等工程教育研究，2020 (05)：123—128.

[12] 汪全报，卜春梅. 专业学位研究生教育的产教融合——基于目标导向的特色化策略 [J]. 学位与研究生教育，2019 (03)：24—29.

[13] 王锋，吴从新，李凯风. 专业学位研究生“内外协同”的培养模式构建研究——以资产评估专业为例 [J]. 当代教育理论与实践，2019，11 (05)：124—129.

[14] 王锋，吴从新，张顺. 专业学位研究生协同培养机制构建——以资产评估专业为例 [J]. 中国高校科技，2019 (08)：54—57.

[15] 王开田，胡晓明. 高素养会计人才的素质与能力结构探析 [J]. 中国高等教育，2017 (09)：57—59.

[16] 魏海燕，李晗. 基于协同理论视角的高校科研评价体系构建 [J]. 科技进步与对策，2012，29 (22)：148—150.

[17] 吴大进，等. 协同学原理和应用 [M]. 武汉：华中理工大学出版社，1990.

[18] 吴玉梅，张卫国，陈利. "大智移云"下会计人才数商塑造 [J]. 财会月刊，2020 (07)：81—85.

[19] 席茹，沈鸿敏. 德国双元制与高层次应用技术型人才培养 [J]. 世界教育信息，2015，028 (024)：12—16.

[20] 徐丹丹，杨德勇，李雅梦，等. 社科类专业学位研究生校外导师工作机制的探索与实践——以北京工商大学资产评估专业为例 [J]. 学位与研究生教育，2017 (04)：31—34.

[21] 徐新洲. 以"两融合"驱动"双一流"高校创新创业教育研究 [J]. 学校党建与思想教育，2020 (20)：70—72.

[22] 杨茜，汪霞. 改革开放40年我国专业学位研究生教育政策变迁与发展逻辑 [J]. 高教探索，2021 (03)：60—65.

[23] 尹世平，刘双，王菲，等. 对我国专业学位硕士研究生教育发展的思考 [J]. 高等建筑教育，2020，29 (03)：108—114.

[24] 苑泽明，张静. 新形势下资产评估教育教学改革的思考 [J]. 中国资产评估，2020 (07)：38—44.

[25] Steiner G., Scherr J. Higher Education for Complex Real-World Problems and Innovation: A Tribute to Heufler's Industrial Design Approach [J]. *Creative Education*, 2013, 4, 130 - 136.

[26] Thune T. Success Factors in Higher Education - Industry Collaboration: A Case Study of Collaboration in the Engineering Field [J]. *Tertiary Education and Management*, 2011, 17 (1): 31 - 50.

第十章 “新文科”建设背景下旅游管理专业硕士研究生培养质量提升研究

摘　要：社会飞速发展，对文科人才素质提出新要求。本章以南京财经大学旅游管理为例，探讨“新文科”建设背景下专业硕士研究生培养质量的提升问题，提出通过“三融合”，达到“二优化二提升”目标。在新时代人才培养新要求、旅游业硕士人才的需求、旅游管理专业硕士国家标准和学生调查分析的基础上，指出目前南京财经大学旅游管理专业硕士培养方案存在思政教育融入度有待深化、新科技融入度有待拓展、知识面有待拓宽、应用与创新能力培养有待加强等问题。强调要坚持以学生发展和社会需求为本，以特色为原则，从思政、知识、能力、素养等方面构建旅游管理专业硕士研究生培养质量体系，从目标定位、培养模式、课程结构和实践教学等方面优化并重构旅游管理专业硕士研究生培养方案，从加强师资队伍和课程建设、强化实践教学、加强过程监管等方面提出旅游管理专业硕士研究生培养质量保障措施。

关键词：专业硕士；培养质量；旅游管理；新文科

一、引言

（一）“新文科”建设背景分析

2018年8月，中共中央提出高等教育“四新”建设，即要努力发展“新文科、新工科、新医科和新农科”，“新文科”概念被正式提出；2019年4月，教育部、科技部和财政部等13个国家部门联合召开“六卓越一拔尖”计划2.0（卓越工程师、卓越医生、卓越农林人才、卓越教师、卓越法治人才和卓越新闻传播人才教育培养计划2.0以及基础学科拔尖学生培养计划2.0）大会，标志着“新文科”建设正式启动（黄启兵，田晓明，2020）；2020年11月，教育部“新文科”建设工作组在山东大学威海校区召开了“新文科”建设会议，在对“新文科”建设如何实施深入研讨的基础上，对“新文科”建设作出全面部署，发布了《“新文科”建设宣言》，标志着“新文科”建设进入正式实施阶段。“新文科”建设的启动，对未来中国文科及其高等教育发展将产生深远的影响。

（二）研究现状

近年来，“新文科”成为学界特别是高等教育学界关注和讨论的热点问题，主要集中在“新文科”内涵与特征、总体建设思路与举措以及“新文科”背景下学科专业和课程建设等方面。

1. “新文科”内涵与特征剖析

目前学术界对“新文科”内涵与特征给予较多关注和热烈讨论，代表性的观点有：张俊宗（2019）从学科、历史、时代和中国四个维度对“新文科”进行了解读，认为人文精神、学科交叉融合、新技术运用、中国学科学术与话语体系、立德树人等是其核心要义，“新文科”的重要特征是其综合性和时代性；樊丽明（2020）认为“新文科”建设的核心要义是要立足新时代，顺应新趋势，基于新任务，回应新需求，以人的现代化与全面发展为目标，促进文科融合化、中国化和国际化发展，重点是新专业或新方向、新模式、新课程和新理论的建设；马骁和李雪（2020）认为“新文科”建设的根本任务在于优化课程体系，培养复合型人才，重点在于完善协同创新制度。

2. “新文科”总体建设思路与实践

袁凯、姜兆亮和刘传勇（2020）介绍了山东大学“新文科”建设实践与探索，即通过建设新时代通识教育体系 2.0 工程、“新文科”教育教学研究理论高地、文科拔尖人才培养基地三核驱动机制，加强特色专业、课程和教材、实践教学等建设，构建多元化复合型人才培养体系；张天舒（2020）运用调查法，对“新文科”拔尖人才培养质量进行了实证研究，并从中国性、国际性与专业引领面向未来的三个角度提出如何提升拔尖人才培养质量的对策与建议；张苏亮和于天禾（2021）介绍了南京大学“新文科”建设举措，强调“四性”即研究性、人文性、交叉性和实践性，从专业和多元育人平台的建设、复合型人才培养模式的构建以及深化校、企、地和科研平台的实践合作等方面推进“新文科”建设；马骁、李雪和孙晓东（2021）分析了影响和制约

“新文科”建设的主要问题和因素，认为现有的学科分类体系不能完全适应知识创新的现实要求及未来趋势，基层学术组织形态一定程度上制约了学科的交叉融合创新，人才培养体系难以有效实现新文科要求的人才培养目标，评价体系对建设新文科发挥的支撑引领作用明显不够等是阻碍新文科建设的瓶颈性问题，针对这些问题，提出把准文科发展的客观规律，重塑基层学术组织形态，完善学科协同创新机制，深化文科人才培养改革，构建与新文科建设相适应的评价体系等推进新文科建设的思路举措；邱汉琴和陈东芝（2020）探讨了以新文科建设引领中国旅游类本科教育的改革创新问题，提出明确新文科人才培养目标，制定培养新文科人才计划，构筑新文科人才培养平台，探索新文科课程教学模式，完善新文科质量标准体系。

3. “新文科”背景下学科专业和课程建设探析

一些学者对“新文科”背景下有关学科专业和课程建设进行了探讨，王重润（2020）认为实施新财经教育改革需要从“数字思维、专业结构、教师能力、课程体系、教学形态、质量改进”等六个方面着手，围绕新财经人才宏观思维、计算思维、创新思维能力培养，构建“专业＋科技＋数学”复合型知识结构；黄震方、黄睿和侯国林（2020）在对新文科内涵及其背景下旅游管理类专业课程建设要求进行解读的基础上，通过问卷调查和运用潜在冲突指数（PCI）等分析方法，探析了旅游管理类专业本科课程教学存在的问题与产生原因，提出了“金课”建设的基本标准和主要路径，强调应按照新文科理念和要求推动旅游管理类专业本科课程改革，构建适应社会和行业发展需求、体现知识能力素质有机融合、彰显人文精神与文化内涵、融合相关学科和现代科技的全新课程体系与协同创新教学模式；苏丹、温智恒和刘鑫（2019）针对应用型本科院校实际情况，对旅游管理人才培养模式进行理论和实践改革探索，从理论教学、实践教学两个模块出发，分别采用案例讲授法和校企合作实践法对两大模块进行改革。

4. 研究述评

目前，学术界对“新文科”内涵与特征进行了热烈讨论，对高等院校新文科总体建设思路与举措以及学科专业和课程建设进行了一定的探讨，但研究不够系统、不够深入，特别对“新文科”建设背景下研究生层面人才培养质量提升问题研究涉及较少，当前专业硕士培养学术化现象较为突出，新形势下专业硕士如何培养、如何提高质量问题急需加强研究。

二、“新文科”的内涵、特征与本质要求分析

中国进入新时代，当今社会和以往相比发生很大变化，变得越来越复杂，技术革新日新月异，社会以加速度向前发展，对文科人才素质提出新的更高的要求，即综合素质的要求，表现为思政的过硬、知识的广博、新技术的熟用、全球的视野、中国的方案以及创新的能力等。因此，人才培养理念、模式、内容、手段等要进行转变更新，以强化学生解决实际问题能力、具备强烈本土化意识、国际化视野以及健全人格为重点，具体来说，通过重点解决“三融合”问题，达到“二优化二提升”的目标（具体如图10－1所示）。

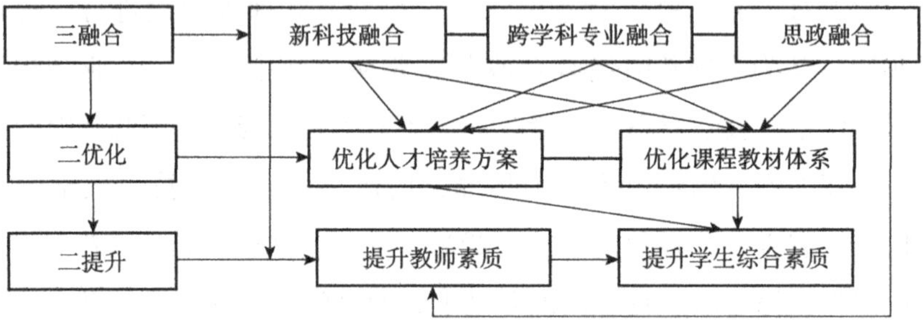

图10－1　“新文科”的本质要求

（一）解决“三融合”问题

（1）新科技有机融合问题：即如何采用大数据、人工智能等现代技术来改造专业。

（2）跨学科有机融合问题：即如何进行管理类内部各专业融合，以及外部如何与经济、法学等学科专业的融合。

（3）思政有机融合问题：即如何深挖思政元素并全面融入人才培养过程和各个层面，建设思政课程体系。

（二）达到“二优化二提升”目标

（1）优化人才培养方案：根据目前和未来一段时间社会对人才素质的要求，通过“三融合”，优化人才培养方案。

（2）优化课程及教材体系：根据人才培养素质目标，优化课程体系，更新课程内容，提高教材质量。

（3）提升教师素质：根据新文科建设的要求，使教师更新教学理念和理论知识，拓展国际视野，提高教学中运用现代技术的能力。

（4）提升学生综合素质：通过优化人才培养方案、课程及教材体系，提升教师素质，从而提升研究生的综合素质。

三、南京财经大学旅游管理专业硕士研究生培养现状与存在的问题

（一）南京财经大学旅游管理专业硕士研究生培养现状

南京财经大学旅游管理专业硕士是2018年申报获批，2019年开始招生，根据旅游行业实际情况，主要为旅游行业培养具有较强实践创新能力的高层次应用型人才，并按此目标制定培养方案，培养期限为两年，基本上第一年是课程教学、教授理论知识，第二年实习和撰写毕业论文。开办两年多来，效果较好，初步得到社会的认可。每年报考人数较多，第一年第一志愿录取率为100%，第二、三年随着招生规模的扩大，第一志愿录取率也在80%以上。

（二）旅游管理专业硕士研究生培养的时代要求

1. 新时代人才培养的新要求

习近平总书记对新时代人才培养高度重视与关切，2018年9月10日在全国教育大会上发表重要讲话，强调新时代新形势对教育提出更高的要求，指出教育的根本任务是立德树人，要促进人德智体美劳全面发展；要根据德智体美劳全面发展的人才培养要求，构建培养学生综合素质的教育体系及人才培养方案，要把立德树人融入教育各环节及教学各层面。2020年10月，中共中央和国务院颁发《深化新时代教育评价改革总体方案》，强调要树立科学成才观念，人才培养要以德为先，以能为重，注重全面发展，要具有坚定的理想信念、浓厚的爱国主义情怀、优良的品德修养、广博的知识见识、奋斗拼搏的精神等，增强综合素质。

2. 目前旅游业对硕士人才的需求分析

对江苏有关旅游企事业单位硕士学历情况进行调查，结果为：南京市某

5A级景区具有研究生学位（学历）的员工占8.27%，某国家级旅游度假区占比不到5%，某市属国资旅游集团占比4.2%，某4A级旅游景区为2%左右，某全国著名品牌五星级饭店（省国资）的比重不到1.5%，某省属国资大型饭店集团占比不到1%，某四星级饭店（国资）仅约为0.5%，苏北的某市属国资旅游产业集团约2.2%，苏南的某旅游股份有限公司不到0.2%，由此可见，目前旅游行业总体上硕士学历人才匮乏。另外，随着社会的快速发展和变化，我国进入高质量发展阶段，旅游业的高质量发展需要高质量的人才做支撑，目前旅游行业急需具有思想政治素质高、人文素养好、创新和沟通协调能力强、知识广博、能熟悉并运用现代技术搜集有关数据资料进行科学分析决策的高层次人才。

3. 旅游管理硕士专业学位研究生教育的国标要求

根据全国旅游管理专业学位研究生教育指导委员会2011年发布的该专业学位研究生指导性培养方案，人才培养目标定位为旅游应用型人才，同时强调社会责任感思想品质、创新创业和战略思维等能力以及国际化视野。基本要求主要包括四个方面：一是思想政治素质方面，要掌握马克思主义基本理论，具备良好的政治素养和职业道德；二是专业知识和素养方面，要掌握旅游管理基本理论，具备从事旅游管理实际工作需要的基本知识、专业思维、实践能力；三是国际化理念方面，要具备开放的国际化视野，能够引领特定行业某一领域的国际化发展；四是创新能力方面，要具备旅游创新策划技能，能够开发潜在资源，创造综合效益；五是战略管理能力方面，要具备前瞻性的战略思维能力，能够把握旅游业发展趋势及进程中出现的新现象，解决旅游运行中出现的关键问题。

（三）南京财经大学旅游管理专业硕士研究生培养方案存在的问题分析

1. 培养方案简况

（1）培养目标。

培养拥护中国共产党的领导和社会主义制度，掌握马克思主义基本理论和新时代中国特色社会主义思想，坚持社会主义核心价值观，具有良好的政治素质和职业道德，具有与时俱进的创新意识，服务我国社会经济发展，具有国际化视野，系统掌握旅游管理专业理论知识和方法技能，具有优秀的沟通协调、解决实际问题的综合能力和创新精神，能够胜任现代旅游管理工作的高层应用型专门人才。

（2）课程设置。

课程主要分为公共基础课、核心学位课和方向选修课三类。公共基础课有三门，即马克思主义经济理论、中国特色社会主义理论与实践研究、专业英语；核心学位课有八门，即旅游产业经济学、旅游投资与财务管理、旅游营销、旅游信息系统、服务管理、旅游目的地开发与管理、旅游规划与战略（旅游景区战略管理）和酒店战略管理；方向选修课共11门，即旅游管理理论与方法、旅游企业集团经营与管理、旅游创意与策划、大数据与智慧旅游、旅游休闲与度假区管理、旅游公共管理、旅游消费行为学、旅游产业经典案例研究、旅游景区经典案例研究、酒店经典案例研究、旅游产业前沿专题。

（3）研究方向。

根据国内外旅游市场需求，结合南京财经大学的学科专业优势，分为旅游企业管理和旅游产业管理2个专业学位领域，具体分为酒店管理、景区管理、旅游产业管理3个主要研究方向。

（4）培养方式。

采用“理论与实践”相结合的课程学习方式，重点培养研究生自主学习能力、实践能力、运用基础理论和方法解决职业实践中实际问题的能力以及创新意识；凸显案例教学在专业学位研究生课程教学中的作用，针对典型旅游集团公司或企业开展案例分析、实战研习、高管交流对话，提升理论应用与实战能力；实行校内导师与校外导师共同指导的双导师制，校外导师由培养条件好、有丰富行业经验的旅游企业高管担任，参与实践过程、项目研究、课程与论文等多个环节的指导工作。

（5）专业实习。

学生需到旅游局、旅游景区、旅游酒店等政府机关和旅游企事业单位进行实习实践，可通过在实践基地顶岗实习、观摩见习、社会调查、挂职锻炼、创业实践等多种方式，采用集中与分散实践相结合的方式，时间不少于半年。

2. 学生调查与评价

通过旅游管理硕士专业学位研究生的调查以了解目前培养质量情况。从课程和实践设置、理论知识学习、毕业论文指导、素质和能力（思想政治觉悟、解决实际问题的能力、大数据等现代技术应用能力、沟通协调能力、创新能力、学习能力、写作能力、计算机应用能力、外语能力、思维能力）提升、教师的知识、能力和素养等方面设计问题和问卷（见附录），对毕业生和在读学生进行问卷调查和访谈。结果表明，许多学生对创新能力、大数据等现代技术应用能力、解决实际问题的能力、计算机应用能力、外语能力等提升方面的评价不太高。

3. 存在的问题分析

根据新时代人才培养的新要求、旅游业对硕士人才的需求、旅游管理专业硕士国家标准要求以及对学生的调查分析，目前南京财经大学旅游管理专业硕士培养方案不能完全适应当前社会对人才综合素质的要求，归纳起来主要存在以下几个方面问题：

（1）思政教育融入度有待深化。

该方案虽然开设了马克思主义经济理论、中国特色社会主义理论与实践课程，但思政课程和课程思政有待加强。旅游管理具有思政教育的天然优势，很多课程都能深度融入红色文化、国家战略等，目前做得还不够，部分课程的思政元素还需深入挖掘，专业教育和思政教育一体化融合还需强化。

（2）新科技融入度有待拓展。

科技发展日新月异，新科技如人工智能、大数据等对旅游行业变革影响很大，这要求旅游人才能熟练掌握新技术在旅游业中的运用，提高相关经营管理与决策的科学性。目前人才培养方案中虽开设大数据有关课程，但还不能满足要求，人工智能方面的知识还未涉及。另外，用新科技提升教学手段还有待进一步挖掘。

（3）知识面有待拓宽。

由于学生生源很多来自非旅游管理专业、经济管理专业，因此，很多学生经济管理和旅游管理方面的知识较为匮乏。另外，一些学生人文方面的知识如历史、文化等也不足，而旅游业是知识涉及面很广的行业，目前由于受到种种条件的限制，所开设的课程还未能为学生提供更多拓宽知识面的课程。

（4）应用与创新能力培养有待加强。

和学术型硕士相比，专业型更侧重于应用和实践创新能力的培养，目前的培养方案虽然设计了为期 6 个月的实习和行业导师参与指导等环节，但执行不够严格；另外，创新方面的课程只开设了 1 门选修课，很难达到全面培养学生创新能力的效果。因此，应用和创新能力的培养还需加强。

四、南京财经大学旅游管理专业硕士研究生培养质量体系构建

（一）构建原则

1. 以学生为本原则

人才培养的目的是促进学生的发展，因此，要以人才培养定位为准绳，以学生发展为根本。

2. 以行业需求为本原则

社会需求是人才培养的基点，因此，旅游管理专业硕士培养质量的高低要以社会对人才的要求为标准，要和行业需求无缝对接。

3. 特色性原则

人才培养要体现特色，要根据学校办学总体定位和学科优势等确定人才培养特色，南京财经大学是财经类院校，经济和管理学科优势明显，因此，旅游管理专业硕士要充分利用这些优势，强化学生经济管理学功底。

（二）质量体系构建思路

根据“新文科”本质特征和高质量发展形势下社会对旅游管理专业硕士人才新要求，从思政、知识、能力、素养等方面构建旅游管理专业硕士研究生培养质量体系。

1. 思政素养

包括浓厚的爱党爱国情怀、高度的社会责任感、崇高的职业操守以及勇于奉献、团结协作、吃苦耐劳的高尚品质。

2. 知识

要有较广的知识面，包括核心知识和相关知识，核心知识主要包括旅游产业和企业管理等方面的知识，相关知识包括经济、管理、金融、财会、历史、地理、生态环境等方面的知识。

3. 能力

分为核心能力和相关能力，核心能力主要包括学习能力以及思维分析、实

践应用、大数据等现代技术应用和创新等能力，相关能力主要有表达（口头和书面）、外语、计算机应用和沟通协作等能力。

五、南京财经大学旅游管理专业硕士研究生培养方案重构

根据新时代旅游管理专业硕士培养质量要求以及南京财经大学旅游管理专业硕士研究生培养方案存在的问题，借鉴国内外名校培养方案，从目标定位、培养模式、教学手段、课程体系、实践体系等方面对南京财经大学旅游管理专业硕士研究生培养方案进行优化和重构。

（一）培养目标定位

按人才培养质量要求，需对南京财经大学旅游管理专业硕士人才培养目标重新定位，要强化政治素质和思想品质、实践创新、新科技应用、理论知识交叉融合以及南京财经大学特色等，因此可考虑为：培养政治素质高，思想品质好，系统掌握旅游管理专业及相关的理论知识和方法技能，具有高度的社会责任感、开阔的国际化视野、很强的实践和创新能力，能够胜任现代旅游管理工作的高层次应用型人才。

（二）培养模式创新

采用“双元驱动、四步递进、五个融合”教学模式（具体见图 10－2）：采取双导师制（校内专业导师和校外行业导师），将校内和校外教学、理论和实践教学相结合，按照“理论学习—案例分析—辅导报告—实习实践”四个环节循序渐进推进教学，通过“三创”（创意、创新和创业）融合、“教产”（教学和实际经营管理）融合、“教赛”（教学和大赛）融合、“教研”（教学和项目研究）融合、“教育”（教学和育人）融合，达到培养和提高学生实践创新能力和思想政治素质等目标。行业导师全过程参与研究生培养，即参与研究生培养各个环节，如参与培养方案论证与制定、专题辅导、实习实践、论文指导等。

（三）教学手段更新

主要是运用现代新技术提升教学手段，如提高多媒体教学的新科技含量、

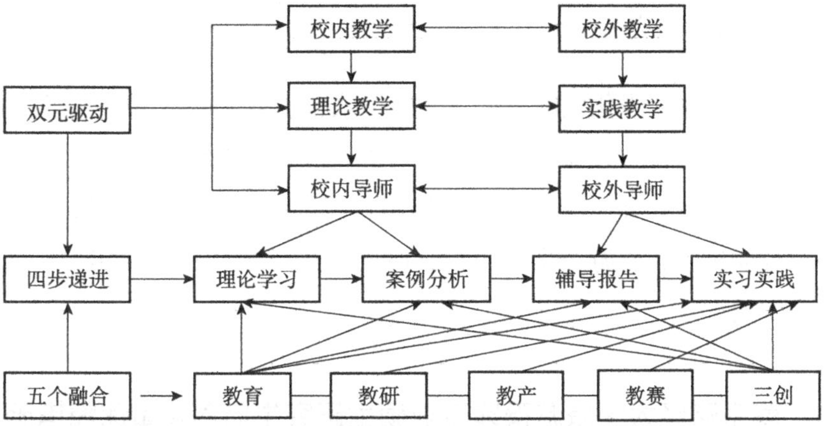

图10-2 “双元驱动、四步递进、五个融合”教学模式

运用大数据技术进行有关旅游调研教学等。

（四）课程体系优化

根据“新文科”建设“三融合”的要求，进行课程体系优化，具体分为公共基础课、核心学位课和方向选修课三类：

1. 公共基础课

除保留原有的马克思主义经济理论、中国特色社会主义理论与实践研究、专业英语外，建议增加“四史”（中国共产党党史、新中国史、改革开放史、社会主义发展史）方面的课程。

2. 核心学位课

还可以按照原来的八门设置，即旅游产业经济学、旅游投资与财务管理、旅游目的地开发与管理、旅游规划与战略（旅游景区战略管理）、酒店战略管理、旅游营销、旅游信息系统、服务管理。

3. 方向选修课

除原有的11门（即旅游管理理论与方法、旅游企业集团经营与管理、旅游休闲与度假区管理、旅游创意与策划、大数据与智慧旅游、旅游公共管理、旅游消费行为学、旅游产业经典案例研究、旅游景区经典案例研究、酒店经典案例研究、旅游产业前沿专题）外，建议考虑增加互联网与人工智能、创新与创业、管理与沟通、区域经济、金融贸易、财政税务、文化、历史、地理、环境、应用统计等方面的课程。

（五）实践体系完善

完善实践体系，强化实践训练，实践形式包括案例分析、课程实践、专业实习、行业导师报告、参加有关竞赛和科研项目等；要建立稳定的、类型多样的实践基地，包括综合性的旅游企业集团、高等级旅游景区、度假区、酒店、旅游局等政府机关和旅游企事业单位，时间不少于半年；加强实习实践管理，提高实践实效。

六、南京财经大学旅游管理专业硕士研究生培养质量保障措施

从加强师资队伍和课程建设、强化实践教学、加强过程监管等方面提出旅游管理专业硕士研究生培养质量保障措施。

（一）加强师资队伍建设

首先要优化师资队伍结构，目前旅游管理专业硕士行业导师偏少，且行业结构不够优化，旅游行政主管部门和大型旅游企业集团的高层管理者较少，要充实该方面的行业导师，并让行业导师深入参与人才培养各个环节，充分发挥行业导师的作用。其次，要提升教师能力，目前本专业教师重学术，行业经验普遍不足，实践能力不够强，应用水平不够高，对现代科技了解有限，因此要推进专业教师实践应用能力的提升。

（二）加强课程建设

课程教学是人才培养的核心环节，目前旅游管理专业硕士培养方案中的课程体系不够合理，思政教育融入不够深入，另外，新科技和创新创业方面的课程开设偏少，体现财经学校特色方面的课程开设不足。因此，要加强思政教育，增开“四史”方面的课程，充分发挥旅游管理专业思政教育一体化之优势，深入挖掘每门专业课程的思政元素，强化专业教学的思政教育，提升学生思想政治素质；增开一些有关新科技、创新创业以及经济管理方面的课程，推进课程教学内容和方法改革，进一步提高教学效果。

（三）强化实践教学

实践教学是专业硕士人才培养非常重要的环节，需进一步加强。一要强化基地实践教学，完善实践基地体系，开发一些高层次大型旅游企业基地，加强实习实践指导和监管，提高实践效果；二要强化课程实践，加大课程实习力度；三要充分发挥行业导师的积极作用，加大行业导师的实践指导力度；四是要让学生积极参与各种竞赛和社会服务项目等实战活动，在实战中增加体验感，有效提高实践能力。

（四）加强过程监管

要制定一套科学的监管体系，加强人才培养过程各个环节的监管，以确保科学的培养方案有效实施，使人才培养达到预期的质量。首先是要加强人才培养方案制定的管理，确保制定程序科学合理，要在对国内外有关旅游管理专业硕士培养方案以及目前和未来一段时期社会人才需求充分调研的基础上，进行充分论证并确定；其次是教学环节的监管，包括每门课的教学内容、方法和教学方案、实际课堂教学以及教学效果等；再次是实践环节的监管，包括课程实习、专业实习过程、竞赛和社会服务项目等的跟踪与管理，确保每个实践环节活动落到实处；最后是毕业论文指导监管，毕业论文撰写是专业硕士人才培养的非常重要的环节，是专业硕士能力和水平的综合体现，一定要加以重视并加强监管，包括开题、预答辩、外审和正式答辩等，确保毕业论文达到应有的水平。

参考文献

［1］樊丽明.“新文科”：时代需求与建设重点［J］. 中国大学教学，2020（5）：4—8.

［2］黄启兵，田晓明.“新文科”的来源、特性及建设路径［J］. 苏州大学学报（教育科学版），2020，8（2）：75—83.

［3］黄震方，黄睿，侯国林. 新文科背景下旅游管理类专业本科课程改革与“金课”建设［J］. 旅游学刊，2020（10）：83—95.

［4］马骁，李雪. 创新与融合：学科视野中的“新文科”建设［J］. 中国大学教

学，2020（6）：31—33.

［5］马骁，李雪，孙晓东. 新文科建设：瓶颈问题与破解之策［J］. 中国大学教学，2021（1-2）：21—25，34.

［6］邱汉琴，陈东芝. 以新文科建设引领中国旅游类本科教育的改革创新［J］. 2020（5）：1—3.

［7］苏丹，温智恒，刘鑫. 新文科背景下应用型本科院校旅游管理专业人才培养模式研究——以内蒙古某应用型本科院校为例［J］. 教育现代化，2019（9）：4—5.

［8］王重润. 新文科背景下新财经教育改革路径及案例研究［J］. 黑龙江高教研究，2020（12）：57—62.

［9］袁凯，姜兆亮，刘传勇. 新时代 新需求 新文科——山东大学新文科建设探索与实践［J］. 中国大学教学，2020（7）：67—70，83.

［10］张俊宗. 新文科：四个维度的解读［J］. 西北师范大学学报（社会科学版），2019（5）：15—19.

［11］张苏亮，于天禾. 新时代 新文科 新拔尖——基于南京大学的思考与实践［J］. 广西大学学报（哲学社会科学版），2021（1）：152—156.

［12］张天舒. “新文科”拔尖人才培养质量的实证研究［J］. 中国大学教学，2020（7）：71—75.

［13］旅游管理硕士专业学位研究生指导性培养方案（试行）［EB/OL］. http：//www. mta. edu. cn/2011/0908/c12433a127831/page. htm.

［14］新文科建设宣言［EB/OL］. https：//baike. baidu. com/item/新文科建设宣言.

［15］习近平出席全国教育大会并发表重要讲话［EB/OL］. http：//www. gov. cn/xinwen/2018-09/10/content_ 5320835. htm.

［16］中共中央 国务院印发《深化新时代教育评价改革总体方案》［EB/OL］. http：//www. moe. gov. cn/jyb_ xxgk/moe_ 1777/moe_ 1778/202010/t20201013_ 494381. html.

附件

关于南京财经大学旅游管理专业硕士人才培养质量的调查表

同学，您好！为了提高南京财经大学旅游管理专业硕士人才培养质量，进一步完善旅游管理专业硕士培养方案，现对南京财经大学旅游管理专业硕士人才培养情况进行调查与了解，特邀请您在百忙中真实填写以下调查表，感谢您的支持！

调查项		评价与建议				
课程方面	您觉得课程开设是否合理，请打√选择	很合理（ ）	较合理（ ）	一般（ ）	较不合理（ ）	很不合理（ ）
	您若觉得不够合理，认为还需开设哪些课程，请在右边填写					
实践设置	您觉得实践设置是否合理，请打√选择	很合理（ ）	较合理（ ）	一般（ ）	较不合理（ ）	很不合理（ ）
	您若觉得不够合理，认为还需如何改进，请在右边填写					
论文指导	您觉得论文指导工作是否合理，请打√选择	很合理（ ）	较合理（ ）	一般（ ）	较不合理（ ）	很不合理（ ）
	您若觉得不够合理，认为还需如何改进，请在右边填写					
理论知识学习	您觉得通过 MTA 的学习，是否学到了很多理论知识，请打√选择	很丰富（ ）	较丰富（ ）	一般（ ）	较少（ ）	很少（ ）
素质和能力培养	您觉得通过 MTA 的学习，思想政治觉悟是否得到有效提升，请打√选择	提升很多（ ）	提升较多（ ）	还可以（ ）	提升较少（ ）	提升不明显（ ）
	您觉得通过 MTA 的学习，解决实际问题的能力是否得到有效提升，请打√选择	提升很多（ ）	提升较多（ ）	还可以（ ）	提升较少（ ）	提升不明显（ ）
	您觉得通过 MTA 的学习，创新能力是否得到有效提升，请打√选择	提升很多（ ）	提升较多（ ）	还可以（ ）	提升较少（ ）	提升不明显（ ）

续表

调查项		评价与建议				
素质和能力培养	您觉得通过 MTA 的学习，学习能力是否得到有效提升，请打√选择	提升很多 （ ）	提升较多 （ ）	还可以 （ ）	提升较少 （ ）	提升不明显 （ ）
	您觉得通过 MTA 的学习，大数据等现代技术应用能力是否得到有效提升，请打√选择	提升很多 （ ）	提升较多 （ ）	还可以 （ ）	提升较少 （ ）	提升不明显 （ ）
	您觉得通过 MTA 的学习，沟通协调能力是否得到有效提升，请打√选择	提升很多 （ ）	提升较多 （ ）	还可以 （ ）	提升较少 （ ）	提升不明显 （ ）
	您觉得通过 MTA 的学习，写作能力是否得到有效提升，请打√选择	提升很多 （ ）	提升较多 （ ）	还可以 （ ）	提升较少 （ ）	提升不明显 （ ）
	您觉得通过 MTA 的学习，计算机应用能力是否得到有效提升，请打√选择	提升很多 （ ）	提升较多 （ ）	还可以 （ ）	提升较少 （ ）	提升不明显 （ ）
	您觉得通过 MTA 的学习，外语能力是否得到有效提升，请打√选择	提升很多 （ ）	提升较多 （ ）	还可以 （ ）	提升较少 （ ）	提升不明显 （ ）
	您觉得通过 MTA 的学习，思维能力是否得到有效提升，请打√选择	提升很多 （ ）	提升较多 （ ）	还可以 （ ）	提升较少 （ ）	提升不明显 （ ）
	您若觉得以上素质和能力提升不够明显，认为还需如何改进，请在右边填写					
教师方面	您觉得教师知识、能力和素养总体怎么样，请打√选择	很好 （ ）	较好 （ ）	还可以 （ ）	较差 （ ）	很差 （ ）
	您若觉得教师方面还有欠缺，还需如何改进或提升，请在右边填写					

第十一章　非全日制工程管理专业学位研究生培养质量保障体系研究

摘　要： 现阶段在读非全日制专业学位研究生的基本素养与国家对高等教育人才的需求仍存在一定差距。因此，开展非全日制专业学位研究生培养质量保障体系研究，提高非全日制研究生的培养质量已经成为我国高等教育行政部门和各培养单位关注的问题，也是高校给社会输送培养符合社会需求高级人才的前提条件和高校研究生教育发展的重要组成部分。本章以南京财经大学管理科学工程学院非全日制工程管理专业建设为依托，对非全日制专业学位研究生人才培养质量评价及其影响因素进行探索，对非全日制工程管理专业学位研究生培养质量保障体系进行研究。同时，尝试进行工程管理案例库建设机制、教学质量评价机制和质量保障体系研究，从理论层面上为形成人才培养评价观、人才培养评价指标体系献计献策，促进学科、专业的特色发展，对创新人才培养模式提供一定的理论指导。

关键词： 非全日制；工程管理专业学位；研究生培养质量保障体系；提升机制

一、研究背景与意义

（一）研究背景

目前我国研究生教育从办学形式上主要分为非全日制与全日制两种，从培养类型上来看主要分为专业硕士和学术硕士两种。不同的硕士研究生办学和培养类型在功能上进行了互补，并且在不断的演化中形成了完善的研究生教育体系，成为当今高校培养高层次人才的主要方式。

非全日制研究生是通过全国硕士研究生统一招生考试（全国统考），被具有实施研究生教育资格的高等学校或其他高等教育机构录取后，获得统招普通高等教育研究生学籍，在基本修业年限或者学校规定年限内进行灵活时间学习，修满学分后获得普通高等教育研究生毕业证书及相应的研究生学位证书的研究生。非全日制研究生职业教育针对的一般都是社会在职人员，是一种以不脱产学习为主要形式，以培养和提高本科毕业生就学者的专业技术能力、更新相关专业知识为主要学习目标的本科后研究生学历教育。

为了规范非全日制研究生教育的发展，国家相继颁布了《关于在职人员申请硕士、博士学位的试行办法》《国务院学位委员会关于授予具有研究生毕业同等学力的在职人员硕士、博士学位暂行规定》《国务院学位委员会关于授予具有研究生毕业同等学力人员硕士、博士学位的规定》（简称《规定》）等多个文件。文件对我国非全日制研究生的培养工作进行了具体规定。例如，《规定》强调，经国务院学位委员会批准，有权向同等学历人员授予硕士、博士学位的单位可以在已授予毕业研究生学位的学科、专业授予同等学力人员硕士、博士学位。开展非全日制研究生教育的前提条件是取得全日制研究生教育的培养资格，相关政策的主要出发点在于保障非全日制研究生教育的质量。

专业学位研究生教育是培养高层次应用型专门人才的主渠道。专业学位以提高实践创新能力为目标，在适应社会分工日益精细化、专业化、对人才需求多样化方面具有独特优势，已成为高层次应用型人才培养的主阵地。专业学位的设置以及非全日制研究生的招生改变了我国原有的学位种类和规格，为在职人员接受正规的高等教育提供了新的道路，成为了我国高等教育改革的重要组成部分。它的问世代表了我国高等职业技术教育水平的提升，标志着将终身学习这一新理念引入我国高等教育中的正式起点。

非全日制专业学位研究生作为一种研究生培养模式，既符合我国市场经济发展及产业结构调整的客观需求，又迎合了高等教育结构调节的现实要求。它不仅被认为是提高我们的低级职业技术教育水平的必然需要，更是培养单位深化研究生教育改革的必然途径，使硕士研究生的培养从目前以攻读一般性学术型专业研究生为多数，附以少数攻读应用性、复合型专业研究生的现实状况，逐步调整至多种类型并举，应用性、复合型研究生为多数的新时代发展格局。

然而，当前在读非全日制专业学位研究生的基本素养与国家对高等教育人群的需求仍存在一定差距。因此，如何提高非全日制专业学位研究生的培养质量，建立健全非全日制专业学位研究生培养质量保障体系已经成为我国高等教育行政部门和各培养单位关注的问题。根据教育部颁布的文件精神，联系目前我国高校非全日制专业学位研究生在校期间培养质量不高的现状，本章深入研究并探索完善非全日制专业学位研究生在校期间培养质量的保障机制。

（二）研究意义

本章以南京财经大学管理科学与工程学院非全日制工程管理专业（Master of Engineering Management，以下简称 MEM）为依托，对非全日制专业学位研究生人才培养质量评价及其影响因素进行探索，对非全日制 MEM 专业学位研究生培养质量保障体系进行研究。同时，尝试进行 MEM 案例库建设机制与教学质量评价机制质量保障体系研究，从理论层面上为形成人才培养评价观、人才培养评价指标体系献计献策，促进学科、专业的特色发展，对创新人才培养模式提供一定的理论指导。

此选题的研究符合我国高等院校研究生教育发展理论需要，对我国非全日制专业学位研究生培养过程中的生源问题的解决以及教学质量保障体系的完善也具有积极的现实意义。

二、文献综述

（一）全日制专业学位研究生教育研究现状

从 1991 年开始我国才进行专业学位授予，以非全日制在职教育为主，只有少数专业实施全日制专业培养计划。自教育部 2009 年出台了做好全日制硕士专业学位研究生培养工作若干意见后，国内学者针对全日制专业学位研究生培养模式以及各学科全日制专业学位的教学方法和培养方式进行了一系列的探讨。

由于我国招收全日制专业学位研究生时间较短，缺乏可供借鉴的经验，由此在其发展历程中出现了一些问题，针对这些问题，国内的学者进行了相关的分析与研究。张东海等人（2011）对 2009 年全国招收的全日制专业学位研究生的学习情况进行了问卷调查，调查之后发现学生群体对于专业学位的认同度普遍不高。同时，专业学位的特色特点在教学培养的实际运行过程中并没有充分显露出来、没有与学术学位完全区分开来，尽管如此，学生们很认可实践，并对参与实践产生了很大的兴趣。对问卷调查结果的分析为今后专业学位研究生教育培养模式的发展提供了一些建议和指导。刘彩红等（2013）针对目前全日制专业学位研究生教育教学中存在的问题提出相应的解决办法：加大招生宣传；改革课程体系；规范专业实践，加强实践基地建设；加强学位论文实用性；加强教师队伍和教学资源建设；等等措施。宋晓宁等（2014）从高校全日制专业学位研究生教育存在的问题出发，提出不能盲目追求规模扩张，要注重生源质量，要完善培养方案，优化课程设置，建立学术研讨制度等建议，为全日制专业学位研究生教育质量保障的提升提供了帮助。

郑冬梅（2009）认为全日制专业学位硕士研究生培养模式的创新需要打造新的课程教学模式，该模式将基础理论知识与应用知识相结合，依托学科优势，产学研相结合，提升研究生的实践能力，提高其论文质量。戴雪飞（2009）等人对当前全日制农业硕士专业学位研究生的就业前景和农业市场人才需求进行分析，提出全日制农业硕士专业学位的教育要采取富有弹性的培养方案，要改革制度，将专业学位教育与职业资格认证相结合。李伟群（2010）通过分析全日制工程硕士面临的挑战，提出发展全日制工程硕士的重点在于有效落实工程实践。推动工程实践建设，首先需要加强对工程实践的重视，提高工程教育的社会地位；其次加强企业、政府合作，扩宽实践建设合作层面；另外要加强师资队伍，建立教师代表常驻制度，加强有效沟通；最后规范实践管理，创新管理模式，使工程实践得到有效落实。刘玉平（2010）提出全日制专业学位硕士的培养要强化理论性与应用性和实践性相结合，强调课程教学中的实践性，强化案例教学，开展实践性课程。同时，要强化实践经历，实行双导师制，根据学生专业背景，采取多样化分类培养模式，实行多样化学位论文形式。

在全日制专业学位研究生培养模式研究中，确保培养质量是完善其发展的基本保证。熊玲（2010）等人探索了全日制专业学位硕士研究生教育教学过程中质量保障体系的构建，提出完善教育教学过程中的质量保障体系，要优化培养方案，加强教师队伍以及教育资源建设，健全双导师制度，同时要强化教育教学过程管理，保证培养质量，完善评估方法，构建一个合理的质量评估体系。文冠华（2010）等人认为专业实践是全日制专业学位研究生培养的关键，并阐述了保障专业实践环节质量需要建立专业实践基地并且要抓好专业实践的全过程管理。常宝英（2011）认为提高培养质量可以从研究生初试、复试、课程体系、教学模式、实践训练、导师队伍等方面进行分析，通过初试考试科目和内容来重点考察学生基础理论水平和综合素质，加强复试中专业理论的考核，面试重点考察学生的实践技能；根据不同专业类型合理设置课程体系，采取多样化的教学模式，加强专业实践环节的力度；加强导师队伍建设，加强骨干教师的培养，确保学位论文研究与实践紧密结合，提高论文质量。徐小龙（2011）等人提出了一种新的培养模式，在动态螺旋提升的理念下，构成多个培养平面，每个培养平面包含“学习—实践—学习—学习—总结”的核心要素，当一个培养平面结束之后，对其进行总结归纳，然后进行重新构建培养内容和其过程，在该平面基础上上升到更高层次。但是这种新的培养模式目前只在较小范围实验，不具有一般性。

虽然全日制专业学位招生规模逐渐扩大且培养模式也在不断完善，但培养质量还有待进一步提高。宋李俊等（2017）对影响研究生学术研究能力和相关专业技能的因素进行分析，建立了一套完整的评价机制，然后分析其主次影响因素，采用模糊二元评价法对影响因素的重要程度进行评估，并对保障质量进行研究。许林等（2018）通过分析并梳理了有关全日制专业学位的研究文献，分析总结了目前学术界关于全日制专业学位内部质量保障体系建设的一些观点和方向。吴文婷等（2019）通过对江西省高校部分全日制专业学位内部教育质量进行调查，并运用 AHP 法对结果进行了定量和定性分析，提出构建专业学位研究生教育质量内部保障体系要优化培养方案，构建导师队伍培训体系，强调教学与实践相结合。孙炎辉等（2020）针对专业学位研究生培养体系和机制，提出三级管理体制下的组会制度、内部评价反馈机制以及实践能力提升方法，使研究生培养质量取得了较大提升，学生的实践能力也得到了有效提高，对其他高校的培养具有一定的示范意义。

（二）非全日制研究生教育研究现状

1981 年，我国恢复学位制度后，研究生教育逐渐分化为全日制教育以及非全日制教育，但在当时，非全日制并未形成明确的制度规范，只是单一地以在职研究生教育的形式出现。2000 年 1 月国家教育部向各高校和其他研究生培养机构下达了《教育部关于加强和改进研究生培养工作的几点意见》，明确提出研究生培养工作中的基本方针是：深化改革，积极发展；分类指导，按需建设；注重创新，提高质量。

针对国内外教育体系的差异，相关学者展开了一系列的研究。潘再平（2000）通过对比研究我国教育体系与澳大利亚教育体系的差别，发现澳大利亚的高等教育主要有两种形式：大学和技术进修学院。技术进修学院中 70%是非全日制学生，并且非全日制学生中 90% 以上是在职人员。谢仁业和张敏（2001）在研究国外非全日制研究生培养体系时发现各个国家在培养模式方面有所不同。英国、德国等欧洲国家采用的培养模式是论文型，在培养上更注重科研成果；美国采用的培养模式是课程型，强调教学和科研因素的统一，以课程型为主，论文型为辅；日本主要采取的制度和培养模式是论文、课程分别型，这两种培养类型不仅在入学阶段有所不同，而且在培养阶段以及学位授予阶段均存在明显的差异。

针对非全日制研究生教育体系的形成，国内学者也进行了大量的研究。童玉玲（2007）对于非全日制专业研究生教育质量保障体系做出了具体化的研究，在该研究中她认为对于非全日制研究生教育质量保障体系的形成需要严把生源质量关、严把教学质量关、严把学位论文关、严把日常管理关以及建立质量监控机制。罗文标等人（2003）认为在非全日制研究生教育中首先需要确定非全日制研究生的界定及特点，其次需要明确非全日制研究生培养中存在的问题。针对疏于管理、课程学习时间难以保证、教材内容不适配、学位论文缺乏特色等问题，罗文标等人提出国内非全日制研究生培养需要转变教育观念，同时完善制度与严格管理，坚持双导师制度，需要企事业单位、地方与学校联合培养，教材选用上应注重实践性等对策。

针对学术型研究生与专业研究培养中的差异培养问题，余勇和万卫（2013）认为过去我国非全日制专业研究生教育培养模式呈现出强烈的“学术化”特点是导致非全日制专业研究生教育质量低下的根本原因，非全日制研究生教育应该以培养应用型人才作为目标。王征和蒋笑莉（2015）在深化改革背景下非全日制研究生教育的发展策略中给出了三方面政策建议：整合在职专业学位和同等学力申请硕士学位教育、统筹办学资源的投入和分配以及加快专业学位教指委等社会力量建设。

2016年9月14日教育部办公厅发布了有关统筹全日制和非全日制研究生管理工作的通知（教研厅〔2016〕2号）。该通知表明为了推进全日制研究生教育和非全日制专业研究生培养过程的协调发展与规范管理，确定了五项有关要求，标志着研究生培养工作发展到了新的阶段。但是非全日制专业研究生教育体系仍然存在一些问题与矛盾。周文辉等人（2018）提出非全日制研究生教育在招生方面存在招考机制的隐性失衡、计划配置与实际供需错位、在职人员升学渠道趋窄等问题与挑战。高一华（2018）在《关于新政策下非全日制研究生教育发展的现状及建议》一文中表明面对新阶段新要求的情况，要在同一标准下对招生生源进行差异化、针对性的选拔，目前非全日制专业研究生培养单位面临的问题之一就是高层次人才的培养。

针对国内非全日制研究生培养质量的问题，部分学者进行了不同方面的探索。鲁祥友和潘雨阳（2019）对于提升非全日制研究生培养质量路径选择给出了建议。姜辉等人（2021）对于做好非全日制研究生档案管理工作提出了配备档案管理专职人员、建立健全档案管理规章制度与规范、提高管理信息化水平等建议。陈丽等人（2021）认为对于我国非全日制研究生招生需要在扩大招生单位自主权的情况下科学合理制定招生计划，拓展潜在生源储备库，建立与非全日制研究生教育目标相符的招生体系。王雪青等人（2011）提出要明确MEM专业学位的人才培养定位、科学设置MEM专业学位培养方案、吸引企业积极参与人才培养过程、实现工程管理硕士专业学位教育的国际化。朱林等人（2018）发现该专业培养过程中存在教学方式单一、教学内容不足、培养周期过短、教师偏向于学术研究、实务经验少、特色类课程少等问题。

目前为止，国内已有学者对非全日制专业学位研究生教育过程中所出现的某些问题提出了对策，但对策的科学性不强，对影响因素的分析也不够深入、全面。主要有以下三个方面：第一，缺乏规范化的理论性研究。第二，对国外专业学位研究生教育质量保障的研究很少。第三，缺乏对非全日制专业学位教育质量保障的系统性、整体性研究，也没有从整体和全面的角度，对非全日制专业学位教育体系进行制度和体系研究。大多研究者都选择从一个视角进行研究，而即使是从整体上进行的研究，其内容也比较空泛、缺乏实际操作的可行性，因此需要在该方面进行相关研究，基于课程体系和培养目标，构建教学质量评价机制与质量保障体系。

三、南京财经大学工程管理专业学位硕士研究生培养情况与培养体系

（一）南京财经大学 MEM 研究生培养情况

1. 南京财经大学 MEM 研究生招生情况

南京财经大学自 2020 年开始招收 MEM 专业研究生，2020 年一共录取了 25 名工程管理专业研究生，2021 年一共录取了 40 名 MEM 专业研究生。

表 11 – 1 为南京财经大学非全日制 MEM 专业学位研究生 2021 年录取情况汇总表，从该表中可以看出，我校 2021 年招收的 40 名研究生的初试成绩平均分达到了 190 分，最低分是同年非全日制 MEM 专业国家录取分数线。

表 11 – 1　　南京财经大学非全日制 MEM 专业学位研究生 2021 年录取情况汇总表

分数段	2021 年
最高分	231
最低分	174
平均分	190

2. 南京财经大学 MEM 研究生培养方案

南京财经大学工程管理专业硕士生主要研究方向有：大数据技术与商务智能、复杂系统分析与控制、工业工程和质量管理、工程项目管理、现代物流工程。就读的非全日制研究生在就读期间必须修读满 18 学分的必修课学分，必修课是由公共基础课（6 学分）以及学位课程（12 学分）组成的，在必修课之外，就读研究生必须修习满 11 学分的选修课程。除此之外，就读研究生必须修满行业讲座（1 学分）、专业实践（2 学分）、科学道德与学风教育。学校要求研究生在就读期间应该主动了解行业的发展趋势、拓宽自己的视野，必须参与听取行业相关讲座 6 次，并且从第二学期暑假开始，就读研究生需要参加至少六个月的专业实践并填写相关实践报告，由学院以及导师考核给分。

目前，开设如表 11 – 2 所示的 MEM 专业硕士研究生必修课程。

表 11－2　　MEM 研究生必修课程

类别		课程编号	课程名称	总学时	学分	学期						开课单位
						一	二	三	四	五	六	
必修课	公共基础课	Z10251001	新时代中国特色社会主义理论与实践研究	34	2	√						管理科学与工程学院
		Z10251002	马克思主义与社会科学方法论	17	1		√					管理科学与工程学院（二选一即可）
		Z10251003	自然辩证法概论	17	1		√					管理科学与工程学院
		Z10251004	英语	51	3	√						管理科学与工程学院
	学位课	Z10252003	工程经济学	34	2	√						管理科学与工程学院
		Z10252004	工程管理导论	34	2	√						管理科学与工程学院
		Z10252005	定量分析：模型与方法	34	2		√					管理科学与工程学院
		Z10252006	质量与可靠性管理	34	2		√					管理科学与工程学院
		Z10232001	工程信息管理	34	2	√						营销与物流管理学院
		Z10232002	系统工程	34	2		√					营销与物流管理学院

在 MEM 研究生必修课程中，主要分为公共基础课和学位课。其中，公共基础课包含三门政治理论课程和一门外语课程。开设政治理论课程有利于培养 MEM 研究生的政治素养，有利于他们毕业后积极投身于建设中国梦的伟大事业。开设外语课程是高校发展的必然要求，有利于帮助 MEM 研究生适应经济全球化的趋势，有利于加深研究生对自身专业学科的认识，有利于提高研究生综合英语能力，适应时代和社会需求。

学位课中包括工程经济学、工程管理导论、工程信息管理以及系统工程四门与工程相关的课程。开设这四门课程主要是以培养系统的管理能力为目标，帮助 MEM 研究生在实际就业过程中提升职业技能。与此同时，学院还开设了定量分析、质量与可靠性管理这两门课程，该课程的设置是为了培养 MEM 研究生的探索学习能力，为 MEM 研究生毕业后能够继续自主学习提供了理论条件。

南京财经大学非全日制 MEM 专业的研究方向与南京大学进行对比，具体方向基本相同，但由于学校本身性质不同，南京财经大学是一个经济类院校，所以开设的课程与方向都与经济大类有关，并且根据研究生导师自己的研究方向，在相同大类的情况下也分支出许多不同的小类，根据以上特性，本院开设如表 11 - 3 所示的选修课程。

表 11 - 3　　MEM 研究生选修课程

类别	课程编号	课程名称	总学时	学分	学期						开课单位
					一	二	三	四	五	六	
选修课	Z10253001	应用统计学	34	2	√						管理科学与工程学院
	Z10253002	工程软件技术	34	2	√						管理科学与工程学院
	Z10253003	数据分析与智能决策	34	2	√						管理科学与工程学院
	Z10253004	决策理论与方法（双语）	34	2	√						管理科学与工程学院
	Z10253005	现代质量管理	34	2	√						管理科学与工程学院
	Z10253006	系统建模与仿真	34	2		√					管理科学与工程学院
	Z10253007	现代风险管理	34	2		√					管理科学与工程学院
	Z10253008	服务质量管理：理论与方法	34	2		√					管理科学与工程学院
	Z10253009	工业工程专题与案例	34	2		√					管理科学与工程学院
	Z10253010	最优化设计方法	34	2		√					管理科学与工程学院
	Z10253011	质量体系与认证	34	2		√					管理科学与工程学院
	Z10253012	卓越绩效管理	34	2		√					管理科学与工程学院
	Z10253013	项目计划与控制	34	2		√					管理科学与工程学院
	Z10253014	量化分析与程序设计	34	2		√					管理科学与工程学院
	Z10253015	学术论文写作（双语）	34	2		√					管理科学与工程学院
	Z10253016	供应链与运营管理	34	2		√					管理科学与工程学院
	Z10253017	工程项目管理	34	2	√						管理科学与工程学院
	Z10253018	项目投融资管理	34	2		√					管理科学与工程学院
	Z10233001	智慧物流	34	2	√						营销与物流管理学院
	Z10233002	物流系统建模与仿真	34	2		√					营销与物流管理学院

现在是智能化、大数据的时代，量化分析与程序设计、智慧物流、系统建模与仿真等课程的开设正是顺应时代的产物，学习与应用处理大数据的手段，有利于 MEM 研究生未来的职业发展，为研究生职业的长远发展提供有力支撑。开设质量体系与认证课程为现代质量工程方向提供基础，现代质量管理既是关

系国家经济发展的重点，也是关系国家安全的战略核心，对国家经济发展及国家安全起着举足轻重的作用，是提升我国产业核心竞争力的必然要求，是抢占未来经济和科技发展制高点的战略选择。供应链与物流管理课程的开设正是基于管理学的社会实践意义，供应链管理已经成为现代管理学的重要课题，从物流、商流、信息流、资金流这四个流程出发，向学生教授有关供应链的现代管理学思维，结合经典的供应链应用案例与高屋建瓴的理论指导，让管理学的先进思想深入人心，为国家培养优秀的管理学人才，输送经济实践方面的新鲜血液。学术论文写作水平是检验高校教学质量的重要体现，开展学术论文写作课程有利于研究生系统学习学术论文的写作规范，能够促进良好的学术氛围，为提升研究生科研能力提供了坚实的基础。

表 11 －4 列出了南京大学的 MEM 研究生选修课程。与南京大学进行对比，公共必修课与专业课设置基本相同。选修课程中，南京大学与我校所设置的选修课程相比，更侧重于对财务方面知识的学习和研究。

表 11 －4　　南京大学 MEM 研究生选修课程

课程类别	课程代码	课程名称	课程类别	学分	学期
方向选修课最少选 6 学分	125600D001	项目组织与决策 Project Organizations and Making-decision	专业选修课	2	秋
	125600D002	项目计划与控制 Project Planning & Control	专业选修课	2	秋
	125600D003	工程审计 Engineering Audit	专业选修课	2	秋
	125600D004	公司金融（财务与融资） Financial Management	专业选修课	2	秋
	125600D005	数据治理与资产管理 Data Governance & Asset Management	专业选修课	2	秋
	125600D006	金融机构与风险管理 Risk Management & Finance Institutions	专业选修课	2	秋
	125600D007	物流与供应链管理 Supply Chain & Logistics Management	专业选修课	2	秋
	125600D008	精益思想和智能制造 Lean Thinking & Intelligent Manufacturing	专业选修课	2	秋
	125600D009	质量与可靠性管理 Management of Quality and Reliability	专业选修课	2	秋

综合来看，我校的课程设置无论是在公共必修课、专业课还是选修课方

面，都是比较合理的，符合 MEM 研究生的教学发展规划，为高素质人才的发展奠定了坚实的基础。

（二）南京财经大学 MEM 研究生培养体系

1. 内部审查模式的非全日制 MEM 专业学位研究生培养质量保障体系

第一，建立生源质量把控制度。从如何把握良好的生源素质相关角度出发以提高 MEM 相关专业学位的研究生人才培养的质量；第二，探索建立科学课程体系。从如何把握良好的生源素质相关角度出发以提高 MEM 相关专业学位的研究生人才培养的质量；第三，创设了研究生实习基地，向在职研究生提供有关企业的课题，并且依据该课题对在职研究生进行实践性教学；第四，探寻导师队伍的转型机制，完善“双导师”的管理制度（一位导师来自所在的院校，作为校内导师；另一位导师来自校外的企业，作为校外老师，两位导师共同负责指导研究生的人才培养模式），建设高水平导师队伍；第五，建立 MEM 专业学位质量管控机制。

MEM 专业学位研究生应该从实际的工程中寻找发现问题并将其转化为自己的课题，加之以工程方面相关理论以及实践研究，这就要求 MEM 专业学位研究生的研究内容和成果要有一定的科学性及现实价值；对于学位论文评审答辩的环节，应该特别邀请相关行业的专家对其课题进行专业性评价以提高论文盲审的质量。

2. MEM 案例库建设机制、教学质量评价机制与质量保障体系

第一，搭建 MEM 专业学位案例库。高校在培养 MEM 专业学位研究生时，可通过案例教学，进一步提升学生的理论水平和实践技术能力，推动实行课堂教学改革，促进理论和实践的有机结合。案例教学也是国外许多高校针对 MEM 专业学位研究生的主要培养方式，参考《MEM 专业学位教学案例建设培育计划（试行）》规定，案例教学是一种通过引导工程理论和实践，将二者有机结合的驱动式教学。实行案例教学过程中，要充分运用情境教学、课堂模拟等多样化学习手段，使课堂内的理论和课堂外的实践实现有效衔接，从而促进校内实验和校外学习相结合。与此同时，高校也应鼓励校外导师积极参与课程教学，开设相关领域前沿的专题课程，依据课程体系和培养目标，建立并完善 MEM 专业学位案例库。

微观层面上，高校在教学时要深入了解各个学生在学习中遇到的或者已经学习完成的案例，采用分组讨论或是角色模拟等方式，将学生代入到案例角色之中，进行更深入的分析，并与小组成员进行讨论。同时，对学习经历中的案例提出解决办法并进行动态追踪，具备充分条件的可以把案例提供给企业作为参考。此外，要对已经完成的案例结果进行比对，及时发现不足，并逐渐积累各种案例，建立高校自己的案例库。据此，实现 MEM 专业学位案例库建设，在制度上保障专业学位研究生培养质量。

第二，建立 MEM 专业学位研究生教学质量评价机制。加强 MEM 专业学位研究生教学检查，规范教学过程管理，保证教学质量，是确保 MEM 专业学位研究生教育良性发展的前提。设计 MEM 专业学位研究生教学质量评价指标体系，建立有效的课程教学质量的评价制度和教师激励机制，教师的课程实施效果必须得到有效监督，课程教学质量才会得到有效的控制。

对于案例的建设与教学的创新要给予有效激励，设立案例专款经费补贴资金用于案例的编写等课程，有效调动老师们在编写案例的过程中以及开展案例教学工作的积极性。组织研究生和相关专业技术人员对课程的设置、任课老师的教学质量等情况进行评估，并将其考核成绩作为教师考核、培养方案修订、教学过程调整的依据。规范教学过程管理，建立课程调课、代课和补课的报备制度；加强 MEM 专业学位研究生的课程出勤考核制度，学院定期对研究生教学情况进行检查和监督。

3. 非全日制 MEM 专业学位研究生培养质量保障与提升机制

第一，改革 MEM 专业学位课程教学模式。采用“分段交替进行法”的形式进行课堂教学，并且采用“线上 + 线下”的混合式教学，将两种教学方式进行融合升级，得出 MEM 专业学位课程教学新模式。

第二，在培养管理工作中，应进一步强化非全日制 MEM 专业学位研究生的培养过程并对其进行严格控制与管理，建立并健全非全日制 MEM 专业学位研究生的竞争激励机制。据此可以推行“淘汰制”，安排对硕士研究生的学术水平考核，对于考核不合格的硕士研究生要坚决淘汰，具体实际的操作方法就是在培养工作中的一些关键环节上设置硬性的指标。

四、MEM 研究生培养质量提升的省内比较与南财的实现路径

（一）内部审查模式的非全日制 MEM 专业学位研究生培养质量保障体系研究

为了解决非全日制 MEM 专业学位研究生培养质量保障体系中尚未解决的难题，我们通过生源质量、课程体系、导师能力、管控模式四个角度来建立科学课程体系、健全专业课程培养新模式、创建研究生实践基地、优化导师评价机制、实现导师队伍模式转型及严把论文质量管控方式，以解决内部质量保障体系难题。

1. 建立生源质量把控制度

非全日制 MEM 专业学位研究生招录工作近几年才开始进行，存在的时间年限较短，并且每个学校非全日制 MEM 专业学位研究生招录工作的完成情况各不相同，也没有形成相应的招录体系，同时，社会各界人士对该专业的了解程度不高，报考的人数以及生源质量难以预计。

表 11－5　江苏省各大学非全日制 MEM 专业学位研究生 2019—2021 年计划招生人数

学校	2019	2020	2021
南京大学	60	105	105
东南大学	40	40	130
南京农业大学	0	0	20
南京邮电大学	0	9	4
常州大学	0	0	15
江苏科技大学	0	7	10
扬州大学	0	46	40
南京航天航空大学	0	30	30
河海大学	167	130	148
中国矿业大学（徐州）	30	20	20
南京理工大学	0	60	50
南京工业大学	46	56	50

表 11－5 为我们收集的江苏省各大学非全日制 MEM 专业学位研究生

2019—2021 年度计划招生人数数据，共收集到 12 所院校的相关数据，其他院校的数据或缺失或没有开设非全日制 MEM 专业。从表 11 - 5 可以看出，2019 年有五所院校进行了招生活动，河海大学计划招生人数在该五所院校中最多且远超其他院校。多数院校在 2020 年才开始进行非全日制 MEM 专业招生活动，此时南京大学对该专业开展大幅扩招计划，增幅达 75%。2021 年东南大学也开展了扩招计划，增幅达 225%，南京农业大学和常州大学在该年份才开始进行非全日制 MEM 专业招生活动。由表 11 - 5 可以得出，综合类和理工科类的院校更愿意开设非全日制 MEM 专业。综合来看，非全日制 MEM 专业招生人数在逐年增加，由此反映出各院校对于非全日制 MEM 专业越来越重视，同时这也是社会需求增加的体现。非全日制 MEM 专业在读的大多数是已经工作一段时间的职场人士，在职业生涯的上升期需要完善相关专业知识和提升个人能力，因此会选择报考非全日制 MEM 专业。社会需求的增加会对院校的招生计划产生一定的影响，但在招生扩张的情况下，对招生院校课程体系、导师能力与精力以及质量管控是很大的考验。

表 11 - 6　　江苏省各大学非全日制 MEM 专业学位研究生 2019—2021 年实际录取人数

学校	2019	2020	2021
南京大学	83	155	125
东南大学	81	91	130
南京农业大学	0	0	10
南京邮电大学	0	10	9
常州大学	0	0	65
江苏科技大学	0	12	10
扬州大学	0	33	59
南京航天航空大学	0	30	31
河海大学	167	168	166
中国矿业大学（徐州）	18	8	7
南京理工大学	0	5	14
南京工业大学	50	53	32

表 11 - 6 为我们收集的江苏省各高校非全日制 MEM 专业学位研究生 2019—2021 年度实际录取人数汇总数据，对应于表 11 - 5 涉及的 12 所大学实际录取人数。从表 11 - 6 可以看出，南京大学、东南大学这两所院校的实际招

生人数超过计划招生人数。又如河海大学、南京工业大学以及南京航天航空大学这类工科类学科发展水平较高的院校，非全日制 MEM 专业面向的对象是工程类或工程类中偏管理方向的在职工作者，所以这类学校更能满足他们提升专业知识和专业素养的需求。常州大学、扬州大学、江苏科技大学分属于当地较好一批综合类大学，对于当地有进一步深造计划的在职人员而言是比较好的选择，实际招生人数也超过或近似等于当年计划招生人数。其他院校虽然也开始了非全日制 MEM 专业的招生计划，但是出于学校定位的综合考虑，计划招生人数不多且录取的人数也较少。总体来看，近三年非全日制 MEM 专业的录取人数在逐年增加。比较表 11 －5 与表 11 －6 可以发现，除了一些在该专业具有竞争力或者院校综合竞争力较强的学校，多数学校存在实际招生人数远小于计划招生人数的情况。究其原因，可能存在以下两点：第一，院校不以工科为主要发展方向，非全日制 MEM 专业报名人数较少；第二，报考该院校的生源质量较差，达录取分数线的人数较少。

表 11 －7 为我们收集的江苏省各高校非全日制 MEM 专业学位研究生 2019—2021 年度录取分数线汇总数据，这 12 所大学中南京大学和东南大学的录取分数线在扩招的情况下，并没有大幅度下降，说明学校在招生过程中合理地把控了招生质量。南京理工大学、中国矿业大学（徐州）、江苏科技大学、南京农业大学在计划招生人数范围内控制生源的质量，并没有因为录取人数不足而降低招生的标准。河海大学因为历年的计划招生人数较多且录取人数同样很多，录取分数线基本上是在国家线附近，由此可能会引发生源质量问题，不过河海大学由于在工程类方向建树较多，并且学科发展起步早，目前已经发展稳定，基本不会引发生源质量问题。但其他院校可能会存在该类问题，因此同样需要引起注意。

表 11 －7　江苏省各大学非全日制 MEM 专业学位研究生 2019—2021 年录取分数线

学校	2019	2020	2021
南京大学	184	177	191
东南大学	197	194	190
南京农业大学	0	0	181
南京邮电大学	0	176	176

续表

学校	2019	2020	2021
常州大学	0	0	174
江苏科技大学	0	175	189
扬州大学	0	175	174
南京航天航空大学	0	175	175
河海大学	170	177	174
中国矿业大学（徐州）	171	180	194
南京理工大学	0	204	192
南京工业大学	170	175	176

综合来看，非全日制 MEM 专业录取人数在逐年增加，但录取的分数线维持在一定范围内、变化幅度不大，因而可以从侧面反映出每年报考非全日制 MEM 专业的人数在增加，社会各界对于非全日制 MEM 专业的接受度增加，并且报考非全日制 MEM 专业的竞争开始增加，对于控制生源质量有一定的作用。

对于我校南京财经大学而言，建立生源质量把控制度，目前需要注意和解决的重点问题之一是从把握好生源质量出发以保障 MEM 专业学位研究生培养质量。我校非全日制 MEM 专业发展根基较浅，且该专业尚未形成完整的培养体系以保障非全日制 MEM 专业学位研究生的培养质量，因此，针对我校目前的招生生源情况提出以下要求：在复试环节，加大对考生专业问题考察的力度；在录取环节，严格把控生源质量，不能因未达到计划录取人数而将考察结果不合格的考生录取。招生生源的质量还受院校该专业综合实力的影响，需要我校进一步提升非全日制 MEM 专业的综合实力。

2. 探索科学培养体系制度

（1）创建研究生实践基地制度。

在探索建立科学课程体系中发现，改变课程培养体系的难点，不仅是将我校管理科学与工程学院的特色课程与培养计划相结合，还要确定实践和应用类课程的教授模式和场地，因此需要创建研究生实践基地制度。

首先，原有非全日制工程管理专业课程的教学模式是以教师讲授为主，强调理论知识的学习。科学的培养体系制度认为非全日制 MEM 专业的课程体系需要转变为理论与实践并重的模式，教学任务应有理论知识的学习与实际案例的学习。教学场所即分为两部分，一是在校内完成理论知识的学习，二是在导师联系的企事业单位完成实际案例的学习。目前招生人数不多的情况下，可以实现学生去企事业单位进行实地考察与学习，但是待后续非全日制 MEM 专业招生系统完备后也存在扩招的可能性，因此学校还需要建设研究生实践基地，确定研究生实践基地管理制度。

其次，可以通过向研究生发布企业课题，依托企业课题开展实践教学。非全日制 MEM 专业的学生本身就具有一定的解决问题的能力与实务经验，因此可以通过团队协作的方式来完成部分教学内容。发布企业课题有利于学生在研究实际案例时运用所学的理论知识，并且在完成企业课题过程中发现知识漏洞，更有利于后续的课程学习，针对性更强、学习效果更好。在各小组协同完成研究生处发布的企业课题过程中，小组成员之间互相学习、互相帮助，更易培养学生之间的团队精神，团队协作型人才正是目前企事业单位迫切需要的人才类型。在各组别完成发布的企业课题后，由教师对各组别完成的情况以及存在的不足进行点评与改正，这样的教学过程更具有针对性，也更利于学生学习、理解和应用理论知识。理论知识是实践活动的指导，实践活动反馈与加强理论知识的学习成果。

（2）探寻导师队伍转型制度。

目前高校非全日制 MEM 专业的教师队伍存在教师能力难以完成教学任务的情况，究其原因有两点：其一，MEM 培养中教师的精力和数量有限；其二，教师自身更专注于理论知识的研究，缺乏实务经验。由于培养过程中教师的数量和精力有限，MEM 的教学只能采取大班教学或者与其他专业共同上课的方式进行，师生之间互动较少。而教师自身更专注于理论知识的研究，缺乏实务经验，则需要理论知识完备的教师与实务经验丰富的工程师共同进行指导。

我校非全日制 MEM 专业自 2020 年开始招生起一直采用的是学校导师和企业导师相结合的双导师制培养模式。双导师制培养模式既有利于学生系统地学习理论知识，又有助于将理论知识与实践相结合，切实解决工作中所遇到的难题。但是，在我校非全日制 MEM 双导师制培养模式实行的过程中发现该模式依旧存在一定的缺陷，学校导师与企业老师之间在教学思路以及解决问题思路方面存在一定分歧，导致学生在双导师制培养模式下出现理论与实践相违背的情形，不利于学生的学习和提高。解决这一问题要求学校导师和企业导师加强彼此之间的沟通，对教学相关的内容共同探讨并制定合理的计划。

探索科学培养体系制度过程既要建立科学课程体系，创建研究生实践基地制度，也要探寻导师队伍转型制度。对于建立科学课程体系需要做到理论课程与实践应用类课程并重，课程设置应与各高校的特色相结合。创建研究生实践基地制度，通过向研究生发布企业课题，依托企业课题开展实践教学，通过完善“双导师”制度，加强导师之间的配合，提高教学水平和教学任务的完成质量，培养出高质量的 MEM 人才。

3. 建立 MEM 专业学位质量管控方式

MEM 专业学位应以工程实践为主体，可以选取企业课题，从实际工程中发现问题、提出问题并解决问题，论文成果需具备一定的现实价值。论文成果质量控制体现在论文写作全过程中，即选题、文献检索、开题、研究与论文写作、检查、论文答辩和论文修改（图 11－1 画圈部分）。

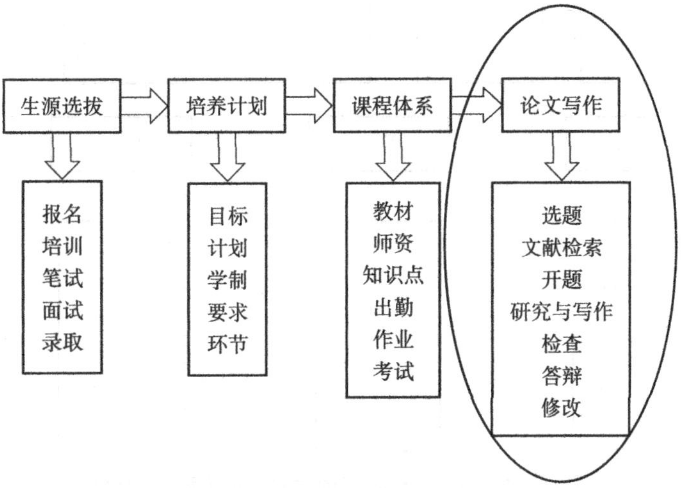

图 11－1　非全日制工程硕士研究生培养过程模型（2014）

图 11－2 呈现了论文写作的过程及质量管控模型。

MEM 专业学位论文的选题需要具有研究价值，因而需要学生在平时的学习生活过程中善于思考与总结，在自己擅长的方向寻找有意义的问题，并展开深入的探索研究。选题确定后，需要对该类问题的研究现状和目前已经达到的研究水平进行文献检索，了解其他学者的研究成果以便发现该选题中是否存在仍然未解决的问题，即是否可以继续深入研究，为后续的研究工作提供依据。在完成选题和文献检索后确定该选题可以继续研究，则开始撰写开题报告。开题报告包括选择该题目的原因、意义、研究现状、研究成果评述、研究计划以及论文提纲。在开题报告撰写完成后需要提交给导师组进行审核，由学生向导师组进行开题汇报，在征求导师组意见通过后，方能完成开题。

学位论文最重要的就是研究与写作，也是最漫长的过程。先对所研究的问题进行研究思路的整理，形成可行的研究方案，再进行进一步的研究，在研究的过程中对研究的结果进行简洁、清晰的记录，最后才是论文写作的部分，将研究的整个过程按照一定的逻辑和思路描述出来。

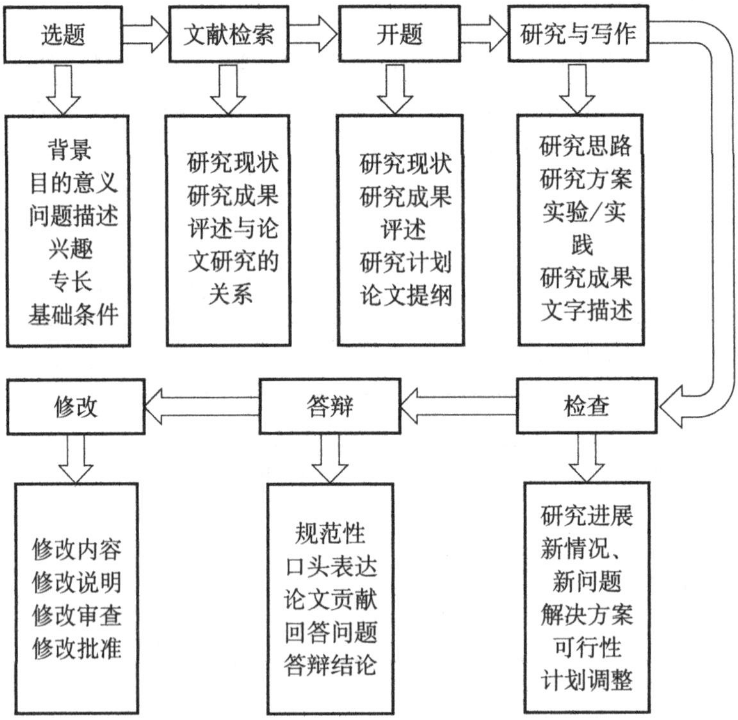

图 11－2　论文写作过程的质量管控模型（2014）

检查是一个反复的过程，需要导师进行多次审阅、学生进行多次修改直到合格为止。在学位论文答辩环节中应邀请相关领域的学校及企业专家参与，由部分论文盲审模式过渡为全部盲审模式，严格控制非全日制 MEM 专业学位论文的质量。

答辩结束后，答辩委员及专家出具修改意见，学生对论文进行大修或小修，并交由导师审查，再由答辩组委会批准通过，严格按照非全日制 MEM 专业学位论文质量管控流程对学位论文质量进行管控。

（二）MEM 案例库建设机制与教学质量评价机制质量保障体系研究

工程管理硕士专业立志于培养具有较强的计划、组织、指挥、协调和决策能力，能够独立担负工程管理工作的高层次、应用型、复合型的工程管理专门人才。因此在 MEM 课程教学中，案例教学是最主要的教学方法之一。案例教学是强化 MEM 专业学位研究生实践能力培养，推动教学改革，促进教学与实践有机结合的重要途径，也是国外部分高校的主要培养模式。

1. 建立 MEM 专业学位案例库建设机制

2015 年，教育部印发的《教育部关于加强专业学位研究生案例教学和联合培养基地建设的意见》指出，要加强案例教学，改革教学方式，重视案例编写，提高案例质量，同时要整合案例资源，探索案例库共享机制，鼓励不同专业学位类别之间、培养单位之间积极开展案例研究。同时，依据《MEM 专业学位教学案例建设培育计划（试行）》要求，通过工程实践作为引导，采用理论与实践相结合的案例驱动式教学方式。根据课程体系和培养目标，建立并完善 MEM 专业学位教学案例中心工程管理案例库是工程管理专业实践与教学发展的需要。

（1）案例库建设结构设计。

MEM 专业教学总体结构主要由理论教学和实践教学所组成。其中，理论教学环节主要包括课堂讲授、讨论、作业等形式，根据专业课程大纲和培养计划采集或编写教学案例，在有限的课堂时间内让学生能够更好地理解和掌握知识点。实践教学环节主要包括实验、实习等形式，结合校内实验和校外实习的特点和要求，研究实践教学大纲和培养计划，结合学生目前所处工作性质特点，建立实践教学案例库。

理论教学案例库的建设主要依赖于 MEM 专业学位培养方案中所设置的各专业课程的案例建设。本文以南京财经大学管理科学与工程学院工程管理专业硕士专业课程“工程信息管理”为例，探索理论教学案例库建设的总体设计，如图 11 - 3 所示。

以工程信息管理课程基本的理论知识为基础，以实践与创新思想为主导，建设有财经特色的工程管理案例库。在案例设计与撰写模块中，需要设定案例主题方向和案例素材来源。在整个案例库建设机制中重要的一环在于建立案例

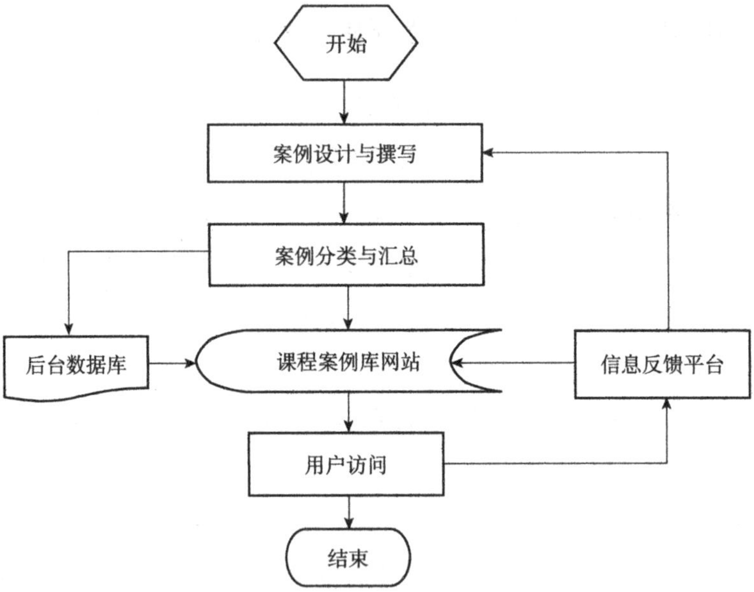

图 11-3　教学案例库建设设计思路（2018）

库共享机制，共享机制的建设可以实现高校之间、专业人士之间的资源共享，互相借鉴，取长补短。通过用户不断地反馈，使案例库的内容更加丰富，使整个案例库建设机制更加完善。

（2）案例库编写原则。

优秀案例的编写是案例库建设的基础，财经类高校设立工程管理专业案例库的编写要依据财经院校的特色，结合具体课程和行业发展前景进行编撰。案例库的编写应遵循以下原则：

a. 真实性。教学案例应该取自于现实社会的经济实际资料，案例内容有真实性、可靠性，案例教学的目的就是为了让学生从案例中获取基本理论知识，提高其实践能力，若案例本身是杜撰的，则缺失了分析的必要。

b. 代表性。选取的案例必须具有代表性，能够充分反映出工程实践中的实际问题。经典问题必然会在后续存在同类问题，研究经典问题可以使学生举一反三，有利于学生在日后的实际工作中碰到同类问题可以独立分析、找到解决思路。

c. 时效性。对以往的经典案例的研究不能一成不变，要与时俱进，要结合企业实际，理论与实践同步。同时案例库的案例也要根据工程管理领域最新发展趋势不断添加，使学生能够根据案例真正了解到专业领域的最新研究成果。

d. 梯度性。案例的编写要根据专业课程内容遵循由易到难、由简单到复杂的原则。案例教学是以理论知识为支撑的，根据课程课时设置，所学到的专业知识也是循序渐进的，因此案例的编写要依据课程设置、由简到繁进行编撰。

（3）案例编写内容。

建设案例库要规范化案例撰写，一个完整的案例主要由案例正文和案例使用说明两大部分组成。

案例正文结构主要包括标题、摘要、关键词、正文、结尾和附录。标题要简单明确，能够吸引读者的兴趣；摘要和关键词是对整个案例的高度概括，使读者能够通过读摘要和关键词了解整个案例的基本情况；正文是整个案例的核心部分，内容要做到翔实充分，同时编撰者对内容的评述要做到客观平实，不能带有个人主观意见；结尾通常以几个启发式问题结束，使学生能够以案例的主要线索为切入点，结合工程管理相关知识来解决问题，锻炼学生的综合实践能力；附录则是对案例内容的补充以及相关图表的标注。

案例使用说明主要包括教学目的与用途（适用的课程、对象）、分析思路（给出案例分析的逻辑思路）、理论依据与分析（分析案例所需理论知识）等内容。

（4）案例库主题方向。

在案例设计与撰写模块中，需要设定案例主题方向。案例主题方向主要分为国内经典案例、国外经典案例、自主创新案例、学生实际参与案例等。

a. 国内经典案例。国内经典案例能够真实地反映出基于中国环境下工程管理领域出现的问题。设立工程管理专业的目的是为社会培养出更多具有一定实践能力、创新能力的高级工程管理人才。在案例教学中，选取学生熟悉的国内案例来分析更容易激发学生的兴趣，提高学习主动性。

b. 国外经典案例。一门高等教育课程的案例库应该要融合世界上各种优秀的案例。工程管理的发展不能仅局限于国内市场，更要向其他国家学习他们优秀的经典案例，从世界上知名企业的经典案例中学习他们的先进经验和理论知识，有利于培养学生的国际视野，也有利于取长补短，制定出更有效的经营战略。

c. 自主创新案例。随着行业的不断发展，更多的企业不断涌现，会出现更多的并非典型但与专业领域最新发展趋势密切相关的新案例。案例库需要不断更新补充这些案例，才能构建一个可持续发展的完善的教学案例库。

d. 学生实际参与案例。非全日制工程管理专业的学生大部分是来自不同行业的从业人员，并且拥有几年的工作经历。教师可以根据学生实际工作中遇到的或者已经完结的案例进行筛选，在课堂上采用小组讨论等模式对案例进行分析与讨论，提供相应的建议，增强学生的参与感，开拓学生的思维，同时也可以积累相关案例，使其更具有针对性。

（5）案例库素材来源。

作为理论案例教学的案例库建设，其案例素材可以从专业书籍里的经典案例和互联网时代的实际案例获取，也可以从校企合作中获取。

课程案例库素材可从专业书籍中查找国内外知名企业的经典案例。通过查阅经典书籍或者浏览高水平大学已经建成的经典案例，将信息进行归纳总结，结合财经高校特色，编撰出符合财经类高校 MEM 专业学生适用的案例库。

互联网时代信息发展速度飞快，同时信息获取渠道也变得更多。有项目管理平台、工程信息网等跟企业相关的各种网站，有供教师和学生学习的中国知网等学术性网站，也有其他沟通类型的客户端等，这些都是获取案例素材的途径。充分利用互联网资源，甄别有效信息，获取有实践价值的素材。

校外企业实践是学生实习的重要方式之一。可以采用课堂模拟、情景教学等教学模式，将理论知识与课外实践相结合。同时，鼓励校外导师参与课程教学，单独开设领域前沿专题课程。通过校外企业实习，学生能更深刻地将理论与实践相结合，同时也为案例库提供了素材。2021 年 5 月，南京财经大学与射阳县启动校地战略合作，与射阳港相关企业如江苏常友环保科技股份有限公司等联合开展课题研究，切实解决企业发展、产业转型升级中的实际问题。管理科学与工程学院与南京国电南自公司确立了校企合作关系，建立产教融合示范基地。在不涉及商业机密和信息公开允许的情况下，可以将在企业实际出现的项目和管理经验整理加工，作为案例加入案例库。

（6）案例库资源共享机制建设。

工程管理专业课程案例库建设，一方面可以提升课堂效率，另一方面可以通过案例资源的建设、管理和维护，最终形成资源共享、课程共享。根据《工程信息管理》课程案例库设计的结构构建课程案例库网站，通过开放性的案例库共享平台，实现校内所有案例库的资源在任课老师、学生以及相关专业人员间的共享，推动案例库的高效利用。另外，可以通过与开设 MEM 专业学位的高校进行合作，通过权限设置，将已经建成并成熟的案例库进行共享，使各高校之间能够互相借鉴，取长补短。同时，也可以通过不同的专业人员的意见来优化和提升案例库，使案例库建设能够进一步完善，成为高校的特色案例库。

2. 建立 MEM 专业学位研究生教学质量评价机制

加强 MEM 专业学位研究生教学检查，规范教学过程管理，保证教学质量，是确保 MEM 专业学位研究生教育良性发展的前提。设计 MEM 专业学位研究生教学质量评价指标体系，建立有效的教学质量评估制度及教师的激励机制，教师的教学效果能得到足够的激励和监督，教学质量能得到有效监控。

MEM 专业学位研究生教学质量评价指标体系是一个完整的体系，其评价主体应包括教学监督部门、教师、学生和专家。建立评价指标体系，一级指标为 4 个，分别为教学监督部门人员、教师、学生和专家课程教学评价指标，分别对每一个一级指标分解为二级指标，然后分别对二级指标分解成三级指标，然后针对三级指标的各项进行评价。

（1）教学监督部门人员课程教学评价指标主要对教学态度、教学内容、教学方法、教学效果四个方面进行评价。其中，教学态度可以从是否按时上课，是否有旷课及私自调课现象发生，以及是否课前认真备课、课后总结归纳两个方面进行打分；教学内容可以从是否按照教学大纲计划进行组织教学以及课程理论体系是否清晰两方面进行打分；教学方法则可以从课堂教学是否合理使用 PPT 等多媒体课件和是否有配套的课外实践两个方面进行评价；教学效果则可以从课堂学生活跃程度和积极性方面来进行评价。学校督导组根据课程计划经常性地安排听课人员深入一线，听课评教，对任课教师的教学质量按照上述的评价方法进行评分。

（2）教师课程教学评价指标主要是由教师进行自评，主要是对教学态度、教学内容、教学方法和教学效果四个方面进行评价。其中教学态度可以从教学大纲执行情况、平时辅导答疑及作业批改情况两方面进行评分；教学内容可以从教学内容是否饱满、讲解是否清楚、层次是否清晰和是否注重教学内容扩展两方面进行评价；教学方法则可以从课堂是否合理使用现代多媒体等教学技术和与学生互动情况等进行评分；教学效果从学生是否获得了原理知识、思维是否得到了发展、分析解决问题的能力是否得到了提高方面来进行评价。

（3）学生课程教学评价指标主要从学生的学习态度、学习效果和学习内容三方面来进行评价。学习态度主要可以从是否准时上课、主动积极回答问题和按时完成作业、认真准备考试与课程设计等方面来进行评价；学习效果则可以从考试成绩是否合格和平时创新性作业的完成情况来进行评价；学习内容则可以从课程难度是否适宜和课程内容是否新颖，理论与实践是否密切联系两方面进行评价。

（4）专家课程教学评价指标则从教学目标、教学内容、教学方法和教学效果四个方面进行评价。其中教学目标可从课程设置是否合理来进行评价；教学内容则可以从知识结构是否合理、理论体系是否清晰进行评分；教学方法则可以从能否引导学生主动学习，积极参与课堂讨论来评价；教学效果可以从学生的成绩以及综合能力的发展来评价。

根据四个不同的评价主体得出不同的评分，评分为 10 分制，分别赋予其对应的权重为 0.1、0.3、0.3、0.3，根据权重可求得课程最后的综合得分作为评价结果，评分结果可分为 3 个等级，A 等级（8—10 分）、B 等级（6—8 分）和 C 等级（4—6 分）。评价结果可作为教师考核、培养方案修订、教学过程调整的依据。

建立 MEM 专业学位研究生教学质量评价指标一方面是对教学质量进行监督，另一方面建立有效的教师激励机制，能够极大地调动教师的积极性，教学效果也能够得到提升。例如在案例库建设过程中，对编写案例的教师设立专项资助，给予有效的激励，这有效地调动了教师编写案例和开展案例教学的积极性。

同时，MEM 专业学位研究生教育的良性发展不能仅仅依靠教师提高教学质量，还要加强 MEM 专业学位研究生的课程出勤考核制度。因非全日制 MEM 专业学生上课时间一般处于周末，根据学校规定，该专业学生缺课 1/3 及以上者，取消该生参加本次课程考试资格，必须重修，每次上课进行签到并将签到表上交学院，学院定期对研究生出勤情况和教学情况进行检查并监督。

（三）培养管理创新质量保障体系提升机制研究

1. 改革 MEM 专业学位课程教学模式

非全日制学生教育施行的是“非工作日授课”的学习方式，即一种成人高等教育的学习形式。非全日制学生不需要跟在校全日制学生一样在工作日集中上课，而是拥有完全自由的“周一到周五”时间，以安排自己的日常工作或学习生活。由于非全日制研究生身份的特殊性，所以对其进行培养的方式以及课程教学模式也不能单纯将全日制的研究生的培养方案生搬硬套，“拿来主义”在授课时间减半的教学条件下只会适得其反，“因地制宜”地对其专业学位课程教学进行改革势在必行。

在保障了教学质量的同时，学校应该也对培养方案进行相应的改革，让其更加适合非全日制研究生的培养，为国家培养需要的、具有相应专业技能的人才。一般“非全”的学生主要包括以下两类人群：一类是真正的在职人员，这类学习者往往有自己的正常社会工作，只是灵活地利用自己的上班休息和休假时间进行非脱产式的学习，其同时扮演“工作者”与“学生”两种角色而常常游刃有余，但正因其身兼数职的特殊身份，当工作方面的事情与在校学习的机会发生冲突的时候，他们一般会选择履行自己的社会责任，更有甚者还会放弃自己的学业。另一类是应届毕业考取的非全日制研究生，这些学生刚刚走出象牙塔，尚未找到心仪的工作，大多是由报考全日制研究生的考试调剂到非全日制研究生，这类学生虽不像上一类学生同时兼具两类可能发生冲突的角色属性，但因为其没有日常的社会工作，其学习状态更接近全日制学生脱产学习的方式，拥有大量的时间和精力，却又缺乏全日制学生拥有的授课、学习条件，还与全日制研究生在学费、奖学金、住宿等客观条件方面有所不同，因此处于一个尴尬的处境。所以学校方面必须对课程教学模式进行改革，使其在保证培养质量的同时，又能有弹性、科学地匹配培养群体特征。

（1）采用“分段交替进行法”形式进行课程教学。

分段交替进行法是国外普遍使用的一种教学组织方法。从定义上讲，它是将一节课分为几个不同的阶段，一般是以下流程：老师讲授，学生阅读，学生进行书面论述，学生与老师之间进行讨论，最后巩固总结学习心得。在这种教学模式下，老师并不是固定的一个人，对于一门要学习的科目而言，可能会根据要讲的不同的内容将教师进行更换，即由不同的教师完成教学任务。与传统的课堂教学方式不同，这种教学方式确实具有更强的自由度和师生交互性，并且根据研究表现，该教学方式的教学效果更好。

在新经济、新产业得到大力支持的发展环境下，国家对复合型人才的需求缺口越来越大，许多岗位都对人才提出了更高更新的要求。所以高校可以根据分段交替式教学模式建设一个适合 MEM 教学的课程案例库，并且通过此案例库进行适合 MEM 的分段式教学。MEM 设立的目的是适应和满足我国现代工程事业发展对工程管理人才的迫切需求，所以需要对其进行教学方式的改革，以达到通过更加合理的教育提高工程管理人才质量的目的。同时，分段式教学并不是简单的针对教学内容、课堂时间等教学形式进行分段，而是根据教学进度进行课堂主导人的交换。一次课程的主导者可以是教学这门课的老师，也可以是老师就这节课内容而找来讲课的企业老师，也可以是进行课堂汇报的学生，有时甚至可以出现师生合讲一堂课的“怪象”，其目的是最大程度地发挥教育资源的优势，不必拘泥于“师不能不如弟子”的旧观念，充分尊重部分学生在日常工作中的经验积累和丰富阅历，让每一节课、每一个课题都交给最合适、最渊博的主导人，最大程度地提升每节课程的质量。这种教学一方面增加了学生的课堂参与感，学生在进行案例的阅读时思考并且产生了自己的见解，另一方面学生与老师在课堂上沟通交流的过程也是彼此以阅历和经验相互印证的过程，其交互的价值已超越了课堂本身。在这种教学方式下，课堂的主导者不断变化，老师的职责发生变化，从传统教学模式的从头教授到尾转变为引领学生思路，倡导学生自主思考，这样的教学方式教学品质高、教学效果好，学生能够各抒己见，适应性高的学生可以快速获得成就感，而对不适应的学生可以进行询问以及辅导，使师生都受益。并且交替式教学方式会涉及校外企业老师来进行专业的教学，能够对不同的知识点进行专门的教学，使 MEM 非全研究生能够从不同角度看待问题，拓宽视野，更好地掌握专业相关知识。

（2）采用“线上＋线下”形式的非全日制研究生课程混合式教学。

在信息化、智能化时代的大背景下，“腾讯会议”“钉钉”等线上办公软件给线上课堂教学提供了可行的方式，“超星尔雅”“大学 MOOC”等线上教学平台给 MEM 非全日制授课方式提供了更多的选择。由于非全日制学生多数为在职人员，具有时间与空间上的限制性，而线上课程教学模式则可以有效地解决这个限制性问题。学分制以及弹性学制，以网络课程教育、双休日教育、集体假体教育为主，具有很大的灵活性，而线上课程与各类直播软件的发展则为这种课程的开设提供了优秀的平台，并且在新冠疫情的社会背景下，长时间的聚集性线下教学并不安全也不具备可行性。

线上多媒体教学软件的迅猛发展也给 MEM 线上教学提供了技术支持，“钉钉”“腾讯会议”等办公软件给教学提供了一个线上实时交流平台，方便 MEM 硕士进行线上的课程学习；“大学 MOOC”等线上教学平台给 MEM 硕士提供了更多的学习选择，硕士的培养可以与这类教学平台进行合作，推出精品课程，供非全日制学生学习，很好地解决了时间与空间方面的问题，并且通过网课的方式进行教学方便学生深入学习、讨论，新一代教学平台的教学视频可供学生重复播放，方便学生在自由时间反复学习。进行“线上 + 线下”混合教学模式，一方面提高学生的学习效率，另一方面减轻了老师的教学负担。目前国内进行“非全”硕士生培养的高校，已经开始进行“线上 + 线下”教学模式的实验，对传统的培养和教学模式进行了改进，对非全硕士在教学大纲、论文质量监控、培养过程方面进行了改革。

综合以上的两点，就南京财经大学 MEM 硕士生培养提出课程教学新模式，解决非全日制硕士生时间与空间方面的限制，并且根据学生属性进行学位课程的改革，采用“分段交替进行法”的形式进行课堂教学，运用“线上 + 线下”的混合式教学，将两种教学方式进行融合升级，得出如图 11 – 4 所示的 MEM 专业学位课程教学新模式。

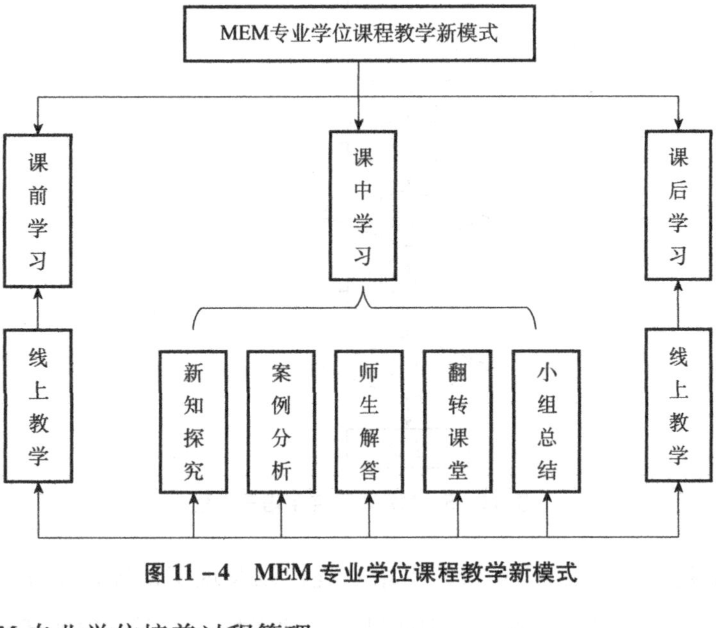

图 11 – 4　MEM 专业学位课程教学新模式

2. MEM 专业学位培养过程管理

非全日制专业学位研究生培养管理在改革创新过程中应当着眼于强化过程

管理。非全日制本科专业学位硕士研究生的培养管理工作应在改革中进一步强化培养过程管理，建立和健全对非全日制学位硕士研究生的市场竞争激励机制。据此可以推行“淘汰制”，安排对硕士研究生的学术水平考核，对于考核不合格的硕士研究生要坚决淘汰，具体实际的操作方法就是在培养工作中的一些关键环节上设置硬性的指标。“淘汰制”的主要目的是通过考核使之更富有紧迫感，从而鼓励和引导研究生认真进行在校期间的学习，努力工作和钻研，增强自我竞争意识。

（1）量化 MEM 研究生培养过程。

实现 MEM 专业学位培养过程管理优化离不开对培养过程流程化的管理，必须以新型的研究生信息管理系统为依托，在系统之中实现指标可视化、数据化。基本的研究生培养过程如图 11－5 所示。

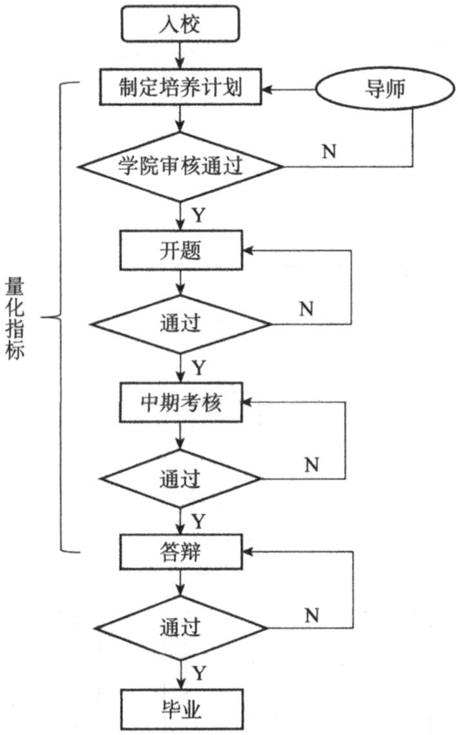

图 11－5　MEM 研究生培养过程

研究生院严格按照 MEM 研究生培养规律以及现实情况，量化指标指定考核方案，达到指标要求的研究生则通过这一项考核进入下一项的考核，反之则重新回到这项考核的起点开始重新考核。

（2）实行 MEM 研究生分流淘汰制。

对研究生培养流程进行系统性的规划是 MEM 专业学位培养过程管理的第一步。在流程化培养的框架之下，必须对每一步的指标进行量化，让考核机制更加完善，并且推行淘汰制，对没有达到培养指标要求的研究生进行分流淘汰。

MEM 研究生的分流淘汰制指培养单位根据本单位的研究生培养计划、目标，结合研究生具体培养质量情况，对不符合考核标准要求的研究生予以退学、留级的机制。这种制度的目的是留下好的，去掉不合适的，有助于提高 MEM 研究生整体质量以及使其具有紧迫感，增强竞争意识。相较于传统的教育强国如美国、德国的研究生高淘汰率，我国的硕士研究生总体淘汰率偏低，仅有 5%，这是应该借鉴与学习的地方。

与传统全日制研究生相比，MEM 非全日制研究生并非脱产学习。MEM 非全日制研究生具有空间以及时间的不确定性与复杂性，在职工作带来的社会责任可能会与学习任务发生冲突，所以学习效率会相对低一些。此外，与全日制研究生不同，非全日制研究生缺乏一个良好的学习环境，身边没有其他研究生起到督促及激励作用，与研究生同学之间的交互不足，很容易导致部分学生掉队以及倦怠，所以必须严格执行 MEM 专业学位淘汰制度，以提高研究生学习积极性。

近些年，我国多所研究生培养单位都在逐步推行研究生分流淘汰制，但大多数都停留在书面形式，真正的执行严格程度和结果并不令人满意，这导致“严进宽出”已成为我国研究生培养的常态。为改善这种现状，国内高校必须就淘汰制度的执行做出改变：

（1）正确认识分流淘汰制。研究生培养单位必须正确认识到分流淘汰制的最终目的是提高研究生整体质量，并不是为了减少研究生人数，即“为了提升而淘汰并不是为了淘汰而淘汰”，如某些院校设置固定 5% 的末位淘汰制就显得很不合理。严格执行分流淘汰制的同时，也要了解学生的具体情况，参考学生本身意向，坚决杜绝末位淘汰制以及粗暴式淘汰，充分了解学生未能达到标准的原因，并给其多种选择，形成一种人性化淘汰制。

（2）优化导师评价机制。现有导师评价机制较为机械，不能仅仅通过导师教导学生做出的成果以及成绩来评价导师水平，必须建立一个全方位、多层次的导师评价机制。现在仍存在部分导师为了不让学生出现退学、留级情况而放宽考核标准，这种行为是对学生以及自己的不负责，所以必须优化评价机制让导师没有后顾之忧，对 MEM 研究生进行客观考核。

（3）建立健全监督管理制度。这就要求培养单位信息透明化，如公开 MEM 研究生的研究成果、学科成绩、论文进度、答辩信息等，只有让这些信息透明公开，才能减少一些不必要的干扰。

（4）对欧美等国家的分流淘汰制进行借鉴。取其精华，去其糟粕，站在成熟制度的肩膀上充分考虑我国教育现状，对国外的成熟教育经验进行有取舍的学习，是快速让分流淘汰制度得到严格执行的重要方法。同时可以根据每一个研究生培养单位的具体情况，建立适合自己的分流淘汰制，充分利用教育资源而非生搬硬套，抛却自身优势。

（5）树立积极、正向的竞争理念。积极引导 MEM 学生进行良性的竞争，通过对学术氛围的构建、校园文化的培养，引导学生树立竞争意识，竞争但不“内卷”，推动研究生更加积极的投入学习与科研中。

3. 培养管理创新质量保障体系提升机制

根据以上研究，本培养单位将从两个角度构建 MEM 培养管理创新质量保障体系，以此增强 MEM 研究生的培养管理：对培养过程采用“分段交替式”进行课程教学以加强导师与学生之间的互动，采用“线上 + 线下”的混合式教学以解决非全日制研究生时间、空间上的局限性；对培养过程中每个阶段进行指标量化，并且实行分流淘汰制，以此提高 MEM 研究生总体质量。

五、结论与展望

本章通过大量的文献阅读，分析 MEM 非全日制专业学位研究生培养质量保障体系在当今教育行业的发展现状以及研究前景，并且在此基础上，与学院发展现状相结合，从多个方面与内容着手，总结出一套适合本学院实行的培养质量保障体系，旨在提高本学院非全日制专业学位研究生质量、建立健全优质的 MEM 非全日制研究生培养质量保障体系。

首先，通过文献阅读、专家访谈等方法对国内外范围内的非全日制研究生发展现状进行研究，总结出前人研究的内容、不足之处以及找寻未来发展趋势。通过国内高校非全日制研究生招生简章，分析每年的招生趋势以及招生要求，以此为基础对 MEM 非全日制研究生培养质量保障体系进行研究，在研究的过程之中寻求解决之前学者提出的问题的方法。本章通过从生源质量、课程体系、导师能力、管控模式四个角度确定建立科学课程体系，并通过建立合理的适合 MEM 专业学位研究生学习的案例库，从案例库建设结构设计、撰写原则、编写内容、主题方向、素材来源、资源共享机制建设六个方面进行案例库建设机制研究，并且建立 MEM 专业学位研究生教学质量评价机制以及教师激励机制使教师的教学质量得到有效监控及提高。同时，通过改革 MEM 专业学位课程教学模式以提高非全日制研究生培养质量，具体方法是采用“分段交替进行法”进行课程教学并且采用“线上 + 线下”形式的课程混合式教学。最后对 MEM 专业学位培养过程管理进行研究，提出量化 MEM 研究生培养过程理念，实现过程指标可视化、数据化，让考核机制更加完善；实行 MEM 研究生分流淘汰制，以提高 MEM 研究生整体质量并增强研究生竞争意识。

尽管在研究内容方面力求严谨，但是在研究过程中难免存在一些问题有待改进，这些问题将会是今后的研究方向，主要体现在以下几个方面：

一是样本量有限。由于开设 MEM 非全日制研究生硕士点的院校数量较少、分散，并且开设时间都不算长，数据样本量方面有局限性。由于本人能力有限，无法与每个高校进行较好的对接，无法获取每个院校的 MEM 研究生招生数据以及未来招生计划，无法做到不同高校之间的培养质量保障体系横向比较，因此这一块是今后的研究方向。

二是本章在研究非全日制研究生培养质量保障体系提升机制时，没有充分考虑政策因素及利益相关者需求因素。当前，众多学者指出 MEM 非全日制研究生专业人才培养供不应求，相关数据显示，每年全国高校招收 MEM 非全日制研究生数量呈上升趋势。因此，从利益相关者、政策保障性因素角度进行相关研究具有一定的现实意义，这也将是未来研究的重点。

三是本章虽然将质量保障体系提升机制研究与本院实际情况相结合，但考虑得还不够深入，并且仅仅停留在理论阶段，没有投入使用之中，在实际使用的时候会面对更加复杂的情况，文中提及的具体措施是否可行并且是否需要调整还有待考察，这也将是之后研究工作的专注点以及内容。

参考文献

[1] 常宝英. 对全日制硕士专业学位研究生教育的几点思考 [J]. 中国现代教育装备，2011 (01)：170—171.

[2] 陈丽，袁雯静，卜佳俊. 非全日制研究生招生三题：变化、问题与借鉴 [J]. 学位与研究生教育，2021 (02)：47—52.

[3] 戴雪飞，贺梅英. 全日制农业推广硕士专业学位研究生就业困境与出路 [J]. 继续教育研究，2009 (12)：58—60.

[4] 高一华. 关于新政策下非全日制研究生教育发展的现状及建议 [J]. 高教学刊，2018 (09)：191—193.

[5] 姜辉，吴伟风，王瑶. 新形势下非全日制研究生档案管理思考与对策 [J]. 兰台世界，2021 (01)：90—92.

[6] 李伟群. 有效落实工程实践是全日制工程硕士专业学位发展的生命线 [J]. 科教文汇（上旬刊），2010 (05)：1—2.

[7] 刘彩红，王益玲. 浅谈全日制专业学位研究生培养质量保障 [J]. 高校医学教学研究（电子版），2013，3 (01)：10—13.

[8] 刘玉平. 全日制资产评估硕士专业学位教育若干问题的思考 [J]. 中国资产评估，2010 (08)：46—48.

[9] 罗文标，彭汉，施亚玲. 非全日制研究生培养中亟待解决的若干问题及对策 [J]. 中国高教研究，2003 (10)：44—47.

[10] 鲁祥友，潘雨阳. 新政策下提高非全日制硕士研究生培养质量路径 [J]. 合肥师范学院学报，2019，37 (04)：98—100.

[11] 潘再平. 澳大利亚 TAFE 学院对我们的启示 [J]. 科技导报，2000，18 (12)：33—34.

[12] 宋李俊，周怡伶. 全日制专业学位研究生培养的过程质量评价体系研究 [J]. 教育现代化，2017，4 (06)：63—66.

[13] 宋晓宁，范燕，束鑫. 高校全日制专业学位研究生教育质量保障与监控体系研究 [J]. 科教文汇（中旬刊），2014 (08)：28—29.

[14] 孙炎辉，肖瑛，张俊星，等. 浅析全日制专业学位研究生培养过程质量保障对策——以大连民族大学计算机技术专业硕士研究生为例 [J]. 大连民族大学学报，2020，22 (05)：473—476.

[15] 童玉玲. 非全日制研究生教育的质量保障体系 [J]. 重庆科技学院学报（社会科学版），2007 (01)：127—128.

[16] 王雪青，杨秋波，高若云. 工程管理硕士专业学位教育的国际经验及其启示[J]. 科技进步与对策，2011，28（13）：140—143.

[17] 王征，蒋笑莉. 深化改革背景下非全日制研究生教育的发展策略[J]. 研究生教育研究，2015（05）：23—26.

[18] 文冠华，姜文忠，陈宏量. 抓好专业实践环节确保全日制专业学位研究生培养质量[J]. 学位与研究生教育，2010（08）：1—4.

[19] 吴文婷，黄艺，关志宇，等. 基于AHP法的全日制硕士专业学位研究生教育质量内部保障体系的研究——以江西Y大学中药学专硕为例[J]. 教育现代化，2019，6（40）：1—3.

[20] 谢仁业，张敏. 借鉴国际经验发展非全日制研究生教育[J]. 中国高等教育，2001（19）：37—39.

[21] 熊玲，李忠. 全日制专业学位硕士研究生教学质量保障体系的构建[J]. 学位与研究生教育，2010（08）：4—8.

[22] 徐小龙，孔媛媛，李梦娥. 专业学位硕士研究生"螺旋提升型"培养模式[J]. 高等工程教育研究，2011（02）：149—154.

[23] 许林，王少媛. 全日制专业学位研究生教育内部质量保障体系研究述评——基于中国知网2009—2016年的文献研究[J]. 高等农业教育，2018（02）：97—102.

[24] 余勇，万卫. 论我国非全日制研究生教育培养模式的创新[J]. 中国电力教育，2013（02）：19—21.

[25] 张东海，陈曦. 研究型大学全日制专业学位研究生培养状况调查研究[J]. 高等教育研究，2011，32（02）：83—90.

[26] 郑冬梅. 产学研相结合探索全日制专业学位研究生培养模式[J]. 中国高校科技与产业化，2009（06）：46—47.

[27] 周宝刚，刘思雯，董欣，张丽凤. 工程专业学位研究生课程案例库建设研究——以物流工程为例[J]. 物流科技，2018，41（03）：141—144+148.

[28] 周文辉，曹镇玺. 非全日制研究生招生新形势、问题及对策[J]. 中国高教研究，2018（01）：81—86.

[29] 周跃进. 在职工程硕士专业学位论文质量管控[J]. 研究生教育研究，2014（04）：75—80.

[30] 朱林，刘红勇. 浅析我国MEM培养模式中存在的问题[J]. 当代教育实践与教学研究，2018（03）：242—243.

[31] 中华人民共和国教育部国务院学位委员会，专业学位研究生教育发展方案

(2020—2025) [Z]. 2020.9.

[32] 教育部办公厅关于统筹全日制和非全日制研究生管理工作的通知 [J]. 中华人民共和国教育部公报，2016 (11)：47—48.

第十二章　生态系统视角下商科类专业学位研究生培养模式研究与实践*

摘　要： 商科类专业学位研究生教育旨在为社会输送职业化复合型高端经营管理人才，本章针对商科类专业学位研究生培养要求，借鉴国外专业学位研究生培养模式，采用“全程双元化”培养理念，从培养目标、培养手段和培养路径等方面，对生态系统型“324”培养模式进行探索，并扼要介绍了南京财经大学专业研究生在践行“324”培养模式中的有效举措和具体成效，以此探讨如何提高商科类专业学位研究生培养质量，进而满足经济发展对高端商业人才的需求。

关键词： 财经类院校；专业学位研究生；全程双元化；生态系统；培养模式

2020年7月29日，全国研究生教育会议在京召开。如何借助专业学位研究生教育培养国家亟需的高层次应用型人才再次成为教育界热议的话题。商科类专业学位硕士研究生作为专业学位研究生培养的重要组成部分，在近30年的发展过程中为中国经济建设源源不断输送了大量高层次管理人才，为中国经济发展作出了重要贡献。随着数字经济时代的来临，社会组织形态、商业模式和管理方式都在激变中，为适应新时代的发展需求，高校商科人才培养应对新商业技术技能进行系统化梳理，在理论和实践结合的过程中，将学习过程对接工作过程以提高学生业务水平和操作技能。为此，商科类专业学位硕士研究生培养既要考虑当前和未来社会经济发展的需求，又要能将各培养内容予以衔接与协调，这是一项复杂的系统工程。本章基于生态系统理论构建商科类专业学位硕士研究生培养模式具有较强的理论与现实意义。

一、国内外专业学位研究生培养模式演化

发达国家专业学位教育发展较早，其中以德、美、英、日最具代表性。德

* 本章发表于《学位与研究生教育》2021年第2期。

国采用“双元”制培养专业学位研究生，“双元”是指培养学生过程中的学校和企业。在这种模式下，学徒既是学校的学生也是企业的见习员工，学生在学校完成专业知识的学习后，大部分时间都在企业接受实践培训[1]。

美国的专业学位研究生教育开始于20世纪初，在借鉴和吸收德国学徒制基础上，从最初的研究生院制发展为协作教育模式，更加注重对商业类应用型人才的培养。协作培养模式注重将校内学习和校外工作实践相结合，更好地将德国双元制与美国早期的研究生院制两种培养模式的优点进行有机融合[2]。在这种培养模式下，商科类专业学位研究生要求在两年左右时间内修完40分后即可申请相应学位，而且每位研究生在培养过程中享有较大的自主权，不仅可以按照自己的兴趣爱好选择课程，而且可以在专业型和学术型研究生之间转换。随后这一模式在哈佛大学、麻省理工学院和华盛顿大学等学校得到进一步的发展。

英国的专业学位研究生教育则是在出现在第二次世界大战之后，主要是为了适应英国经济发展的需要而产生，最初被称为“课程硕士”。对于这类研究生的培养主要采用授课为主的形式，辅之以研讨会等形式，通过课程作业的完成情况对其成绩做出评定，并不强调学生研究能力的提升。其中以“三明治”培养模式最具代表性，这是一种“学习—实践—学习”的培养模式，能够有效整合学校、企业和政府资源，大大提高了学生的就业率[3]。

日本的专业学位研究生教育最早于1974年启动，主要借鉴了美国的研究生院制，并结合本国自身发展需要逐渐形成了独具特色的官产学一体化的培养模式。但日本专业学位研究生教育真正从学术型研究生中分离出来则是在2002年后，其标志性事件是《学校教育法》的重新修订，其中明确规定专业研究生院应当着重培养能够将学术理论与管理实践紧密结合的专业型职业化人才[4]。

我国商科类专业学位研究生的培养主要分为校内课程学习和校内外实践学习。校内课程学习主要围绕基础课程、专业基础课和专业课进行，要求完成每个模块学习相应的学分。除此之外，实践课也是必要环节，要求通过单位实习、进行调研和撰写调研报告等形式来完成。为了更好地完成上述培养内容，不同培养单位都会结合自身实际情况探索一套符合自身发展需求的学生培养模式[5]。目前，最具代表性的专业学位培养模式主要包括三种形式：一是多主体协作模式。这种培养模式通过特定机制将各主体整合到培养体系中，形成利益共同体[6]。二是多阶递进模式。这种模式强调过程监控，按照人才培养分为引进、吸收和输出三个阶段[7]。许多培养单位推行的“企业研究生工作站”模式即属于这种。三是螺旋提升模式[8]。部分高校推行的订单式培养基本上属于这种属于模式。

校企双元联合培养是一种很好的专业型硕士的培养模式[9]。但由于联合培养的单位缺乏实际的利益关系导致校企之间不能很好地配合，使得联合培养流于形式，无法真正发挥作用[10]。如何强化校企双方的密切联系，为专业学位硕士研究生培养打下坚实的基础有待进一步深入探讨。

二、商科专业学位研究生“324”培养模式的构建

商科类专业硕士研究生培养包括培养主体、培养环境、培养目标、培养内容与手段等多个要素，各种因素间彼此影响，共同促进整体均衡发展，具备生态系统的基本特质。为了保证商科类专业硕士研究生培养系统的可持续发展，应该按照“协作共生、持续稳生”的原则对商科类专业硕士研究生培养进行系统性调节控制，确保在系统运行过程中能够最大化激发各类教育资源的效用，促使系统内部各要素关系不断优化，从而实现商科类专业硕士研究生培养的可持续发展。

本章构建以“三识、双元和四阶生态”为核心的商科类专业硕士研究生培养生态系统，其中“三识”是培养目标，“双元”是培养手段，“四阶生态”是培养路径，简称“324”模式，如图 12－1 所示。

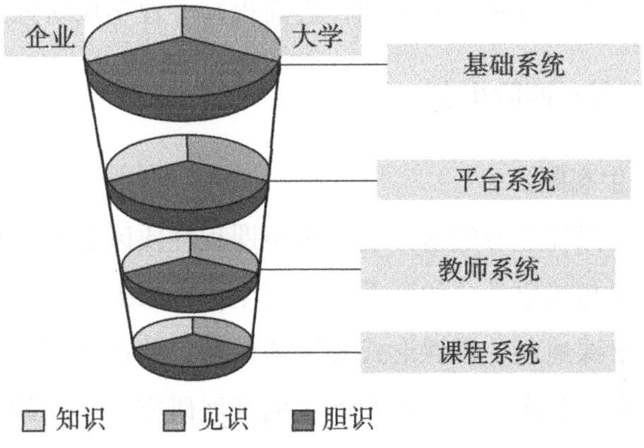

图 12－1　商科类专业学位硕士研究生“324”培养模式

（一）培养目标：三“识”一体

自1881年美国宾夕法尼亚大学沃顿商学院开启大学商科教育以来，商科类专业学位硕士研究生培养已从单纯的知识传播向综合素质培养转变[11]，如何将知识、见识和胆识相融合成为提升商科类专业学位硕士研究生综合素质的关键所在[12]。

商科类专业学位硕士研究生培养必须在课堂教学、师资配置、实践实习和平台建设中为人才培养提供各种便利性。首先，课堂教学不仅应当系统讲授各种商科类专业知识，而且要传授如何科学有效解读国家和地方政策；其次，教师必须既要懂理论知识也要熟悉社会经济发展管理实践，引导学生在实习实践中有效运用课堂知识对管理实践中遇到的各种问题进行独立思考并形成科学判断和决策；此外，整个培养系统必须构建一个自由开放的交流平台，鼓励每一位接受专业学位教育的研究生都要积极大胆思考和创新，在创新中提升自己的胆识。

（二）培养手段：双元融合

按照“优势互补、协同共赢、资源共享”原则，多渠道、多模式挖掘和聚集校内外，特别是学校和企业的各类资源，搭建双元协同与主体共赢的开放共享式创新育人生态系统，破解商科类专业学位硕士研究生创新与实践能力培养资源匮乏难题。紧紧围绕研究生、任课教师、校内外导师等关键要素，通过招生录取、校内外导师遴选、修订培养方案、课堂教学、实习实践、撰写论文和就业指导等过程推动校企双元协同，进而提高专业学位研究生培养质量。

（三）培养路径：四阶生态

1. 一阶课程生态圈

首先，要完善课程学习的学分制。按照课程性质区分专业核心课、专业选修课和通识课，并与特定学分相联系。研究生可以根据自己的实际情况选择不同的上课时间、上课地点、授课形式和授课教师，并在学习过程中自行决定未来的论文写作方向。其次，要定期和不定期开展研究生之间的交流、学校与企业之间的交流。行业师资和校内师资要在交流过程中不断总结教学经验，特别是教学过程中的利弊得失，积极探寻应对举措。通过课程生态体系建设最大化程度激发学生学习的积极性、主动性和创造性，培养学生全面发展。学生自主选择学习新商科专业知识的灵活性与开放性特点使高校教育教学资源的配置进一步优化，提高教学质量。

2. 二阶导师生态圈

遵循“校企”协同育人的基本原则，在“校企”协同育人平台推动下，创造条件让校内导师要多到企业调研甚至参与管理实践，提升对管理实践的理解力；鼓励兼职导师积极参与学术研讨活动，提升对管理理论的领悟力。同时营造校内外导师加强师德师风建设的氛围，全力打造一支专业素质高，关爱学生研究生导师队伍[13]。

3. 三阶平台生态圈

传统商科以经营管理职能为导向培养专门人才，在“新商科”形势下，专业学位研究生应当转向以云营销和财富管理为代表的新的跨学科复合型人才培养上来。为此，校院领导应当有跨界思维，积极在全校和全社会范围内整合各种优质资源，充分发挥财经类院校商科教学的传统优势，通过平台为学生培养提供各种专业和资源支持。

4. 四阶基地生态圈

在平台建设的基础上，积极探索校企联合培养基地建设，将通过平台吸引的各种资源通过联合基地的形式予以制度化，确保学生培养的长期性和稳定性。为了将校企联合基地落到实处，可以考虑以项目运作的形式，筹建基地管理委员会。委员会下设立秘书处，负责日常事务的运作。

三、商科类专业学位研究生培养模式的实践

南京财经大学现有工商管理（MBA）、会计、金融、保险、国际商务、工程管理等 14 个专业学位授权点，覆盖了绝大部分商科类专业学位。自 2014 年以来，南京财经大学在专业学位研究生培养的过程中，始终坚持以服务国家特殊需求为工作目标，坚持“全程双元化”培养理念，积极贯彻“324”培养模式，加强基础体系和支撑体系建设，认真落实各项投入计划和支持政策，为专业学位研究生培养提供有力的条件保障。通过“324”培养模式的实践，南京

财经大学明确目标导向、完善培养方案和结果保障建设，取得了系列重要成果。

（一）明确目标导向：围绕三识一体，凝练专业学位研究生培养目标

南京财经大学作为财经类高校，经济管理类学科专业始终是学校的主攻方向，校领导结合学校发展历程、文化积淀和学科特点确立了建设“特色鲜明的高水平财经大学”的战略目标。围绕这一战略目标，学校自上而下启动“财经底色、粮食特色、工科亮色、文体增色”四大特色工程，要求其他学科专业应立足于学校办学定位，主动与经济管理类学科专业交叉，打造特色，实现分类、分层次发展。这为学校推动专业学位研究生教育指明了方向。通过各种形式邀请行业企业深度参与专业学位研究生人才培养目标的制定过程中，不断深化产教融合和校企合作。

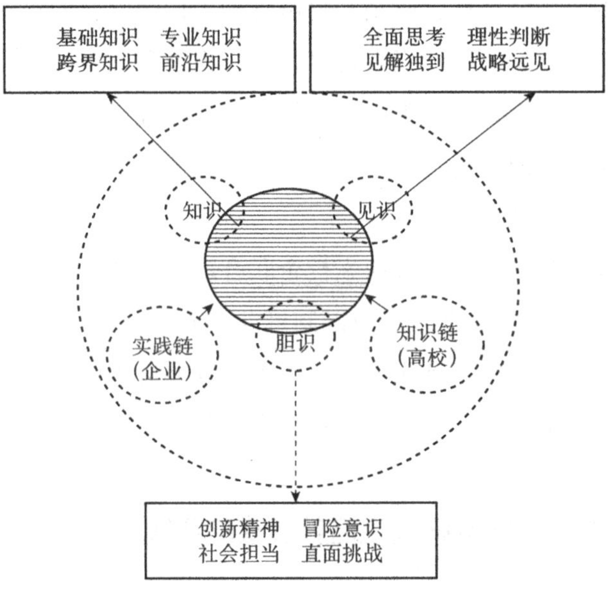

图 12-2　商科类专业硕士研究生培养目标体系

经过校企多轮反复研讨，围绕“三识”构建专业学位硕士研究生培养整体，如图 12-2 所示。（1）研究生应系统掌握现代经济学和管理学的理论与方法，能独立和创造性地开展针对江苏地方经济和国家粮食流通领域重大问题的应用研究，成为能为国家粮食安全、地方经济发展战略和产业政策制定等提供咨询和政策建议的高层次应用人才。（2）培养研究生在全面理论思考基础上

的远见卓识。研究生不仅要对国家总体发展态势和地方经济发展现状有清晰明确的整体判断，而且要从国家粮食安全战略的高度对国内粮食流通产业发展有独到见解，成为在全球视野下培养见识的高端管理人才。（3）培养勇于冒险和敢于创新的事业担当者。培养目标凸显“大财经”特色，紧跟大数据时代企业需求，从课程体系、科研创新与实践平台建设方面合理对接高校教学与人才培养问题，围绕“学生、导师、项目、培养环境”四要素，全方位提升学生的胆识。

按照上述培养目标，学校通过各种方式与企业进行合作，不断优化让双方共同认可的人才培养标准，持续优化课程建设体系，反复审定符合社会需求的教学内容，共同推动培养过程。

（二）完善培养方案：学院与行业、企业深度合作，强化双元融合

充分发挥学院、导师主体作用，发挥各分委员会主动性，扩大学院招生与培养自主权，打造“学院 + 行业 + 企业”培养范式，推动产业链与培养链融合发展。如图 12 – 3 所示。

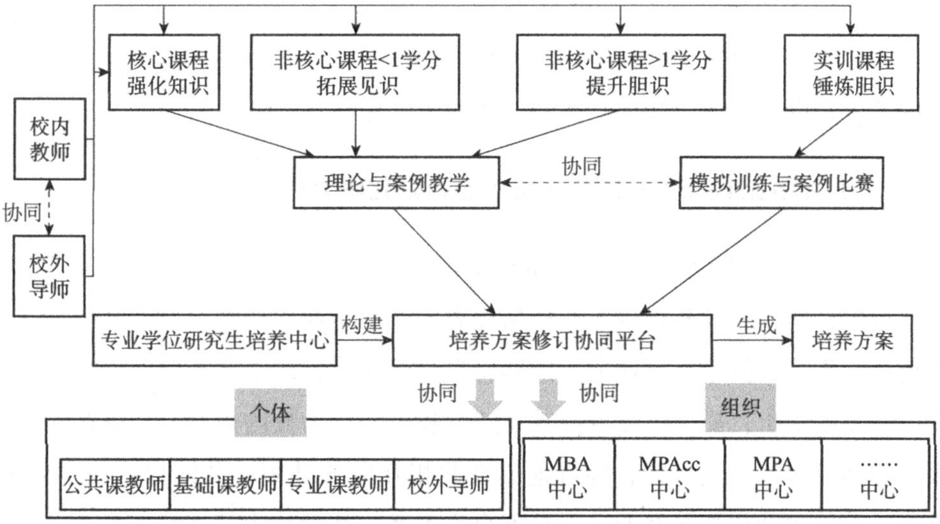

图 12 – 3　双元驱动型商科类专业硕士研究生培养方案形成机制

1. 双元培养模式

一是课程设计双元，坚持粮食科学技术课程与经济管理理论课程相结合、课堂理论学习与行业实践锻炼相结合；二是科学研究双元，坚持国际交流与国

内培养相结合、学校培养与行业依托相结合；三是指导教师双元，坚持学校和行业导师共同指导的方式；四是目标双元，坚持以培养服务江苏地方经济和现代粮食流通产业发展急需的高层次研究人才和专家型经营管理人才为主要目标。

2. 双师授课模式

“双师”是指校内教师和行业老师。校内老师主要从校内优势学科、重点学科的高水平教师中选聘，主要负责公共课、基础课和专业课教学，主要形式为课堂教学；行业老师主要从行业内有影响的领导、专家和企业家中选聘，主要负责行业内重大理论与实践问题的讲解，主要授课形式为专题讲座。

3. 产学结合模式

在实施过程中，以整合地方产业主管部门、大型粮食企业、南京财经大学及科研院所的优势资源为抓手，以市场需求为导向，采取多种形式鼓励“政产学研用”多方参与到学生培养的各个环节中，构建基于多主体的开放式培养系统，并采用全程监控的形式确保社会各类组织与高校在协同中最大限度提高商科类专业学位硕士研究生层次人才培养质量。

4. 双重考核评价

针对专业学位硕士研究生，在考核评价体系中，既包括理论水平、学术能力的考核，也包括行业知识、实践应用能力的考核。

（三）培养路径完善：围绕四阶生态，强化研究生全过程监控

1. 合理选聘师资，打造双师型教学团队

首先，学校鼓励各培养点积极从优秀的苏商企业中选聘一批实践经验丰富的行业工作者，使这些行业能手能够将自身多年积累的工作技能和经验带进课堂，传授给学生，最大限度发挥其实践专长。同时为校内教师和行业教师提供多方位多层次的交流平台，促进他们彼此相互取长补短，共同提升教学效果。其次，学校主动和知名企业建立深度合作关系，从学校内部选拔一批理论素养高，有志于将理论与专业实践进行有效结合的老师，选派他们到企业以专题研究和顶岗实践等形式进行培训学习，帮助校内教师更快更好熟悉行业和企业的现实问题和需求，在组织和个体层面搭起理论联系实际的桥梁。此外，学校还邀请行业专家和优秀的企业管理者就人才培养标准进行深入研讨，共同制定课

程培养方案，共同遴选或编写教材，全面提升双师型教学团队的凝聚力和教学水平。

2. 选聘双导师，完善导师第一责任人机制

首先，从优配备第一导师。学校明确要求各专业学位培养点，必须建立第一导师师资库，所有入库导师都应该至少可以完全胜任以下三项职能：第一，辅导学生进行专业课学习，给学生实习实践提供切实可行的建议，能够切实指导学生完成专业学位论文的撰写。第二，精心挑选第二导师。为此，在选择第二导师时学校会从多个方面进行考察，导师不仅要有一定的学术特长，还需要相应的项目实践经验、行业推广经验和技术推广能力。目前校内的行业导师大部分来自行业部门领导或企业高管。第三，建立分工协作机制。第一导师负总责，要全面指导学生学习和领会行业理论知识，并结合学生个人实际确定论文选题方向，为其将来就业和发展提供前瞻性指导；第二导师要对学生研究的方向和具体问题从管理实践的角度给出是否有实践应用价值和社会经济价值的综合评价，并为其就业提供切实的帮助。

3. 强化平台与基地建设，确保论文研究过程可控，保证论文如期完成

商科类专业学位硕士研究生的毕业论文重点研究商业管理实践中存在的现实性和紧迫性问题，为此，研究生必须对商业实践中存在的问题有敏锐的洞察力，并能够快速从学习过的课程知识中找准对应的知识点进行综合分析，进而给出科学合理的解决方案。学校为了确保学生在论文选题后能够顺利开展后续研究，要求各培养点必须在现有条件基础上为学生提供全方位的指导和帮助。为此，校院两级都全力打造资源共享平台。这个平台后面有两个相对独立的资源池——学校各相关院校和建立合作关系的各类企业。在这个平台上，将论文选题的自主权交给学生自己。在整个论文撰写过程的每一个环节，包括论文选题、开题答辩、中期检查、论文预答辩和正式答辩，校内导师和校外导师都全程参与，并针对论文研究过程中存在的问题给予及时有针对性的辅导和帮助。在整个过程中，第一导师主要负责考察学生利用课堂专业知识对现实问题进行剖析的准确性和深入性，第二导师重点考察学生关注的问题是否是客观存在的，其重要性和紧迫性如何。而各个培养点在整个平台主要发挥双边监管的作用，根据论文开展的具体情况，及时调度导师和企业资源为学生顺利开展研究提供切实支撑，确保学生按时高质完成毕业论文。

四、实施效果评价

从生源质量、培养质量、学位质量和发展质量四个方面看，南京财经大学专业学位硕士研究培养取得显著成果。

（一）生源质量

启动“生源质量提升计划”，多措并举吸引优质生源。学校鼓励各个专业学位培养点灵活实施双元选拔模式，在扩展生源多样性基础上，生源结构与质量明显改善。此外，学校严控招生复试和录取程序，严格执行责任追究制，确保招生公平录取，为学生创造公平竞争的氛围，并赢得社会广泛赞许。在江苏省研究生招生管理工作考核中，学校连续10年被评为“优秀招生单位”。

（二）培养质量

强化产学结合，积极稳步稳定推进研究生实践创新平台建设。校院积极筹建以实习实践为主体，以产学结合为目标的“研究生工作站”等平台。近五年共新增江苏省研究生工作站近30个，其中3个先后荣获江苏省“优秀研究生工作站”。此外，学校还先后获江苏省研究生教育改革成果一等奖1项、二等奖3项、优秀奖2项。

学校高度重视专业学位研究生教学案例库建设，积极推进专业学位研究生培养与实践，探索教学案例建设评价与奖励制度、配套措施，着力夯实“案例库”建设基础，保障全面推行案例教学，持续提升专业学位研究生培养质量。截至2020年，组织师生深入企事业单位进行调研，与企业共同开发案例近80篇。其中12篇体现优秀企业管理实践的案例先后入选全国百篇优秀管理案例，8篇案例入选中国管理案例共享中心。另有9篇展示公共管理领域优秀实践的案例入选中国专业学位教学案例中心案例。此外，学校积极推动案例在教学和各类比赛中的广泛应用。各专业学位培养点积极组织师生备战全国管理案例精英赛、江苏省MBA案例大赛、江苏省研究生科研创新实践大赛、全国应用统计专业学位研究生案例大赛和中国MPAcc学生案例大赛等多项全国性颇具影响力的大型案例赛，并取得多项傲人成绩。MBA参赛队先后荣获第四、五、

六、七届全国管理案例精英赛华东区晋级赛冠军、季军和亚军，第七届全国管理案例精英赛全国总结赛亚军。获第三届全国应用统计专业学位研究生案例大赛一等奖2项、二等奖1项、三等奖1项；获第五届中国MPAcc学生案例大赛“最佳创意奖”和“优秀案例奖”各1项；2019年获江苏省研究生科研创新实践大赛特等奖和二等奖各1项。

（三）学位质量

抓住研究生培养质量核心，对学位论文考核和学位授予实施全链条管理，论文盲审率达100%，对论文抽检出现不合格的导师和研究生严肃追责。优化学位点保障机制，开展“招生—就业—学位点设置”联动，逐步建立健全学科自我发展与预警机制。连续七年获评江苏省优秀专业硕士学位论文，共19篇。获评全国会计硕士优秀学位论文1篇，获评全国优秀金融硕士专业学位论文2篇。

（四）发展质量

以深入实施研究生培养创新工程为契机，抓住江苏省研究生培养创新工程项目改革的机遇，积极发动培养单位、导师和学生的积极性，不断深化研究生教育科研工作，努力推动研究生教育内涵式发展。通过综合能力提升工程等一系列课程教学与实践活动进行“三识”加持，探索以发展质量为核心的研究生能力培养之路。近年来，研究生实践创新成果大量涌现，近五年，获评江苏省研究生实践创新项目百余项。学校先后举办江苏省研究生暑期学校3次，研究生学术创新论坛5次。此外，1位教师入选教育部学位与研究生教育发展中心首届优秀案例教师，分别有2位教师和2个教学团队荣获江苏省“十佳研究生导师（提名）”和“十佳研究生导师团队（提名）”。

参考文献

［1］程永波，欧亚．全程双元化：专业学位硕士研究生培养的路径选择［J］．学位与研究生教育，2018（8）：46—52.

［2］李雪飞，程永波．美国研究型大学教师创新创业精神的培养——基于美国商务部《创新与创业型大学》的报告分析［J］．江苏高教，2019（3）：119—124.

［3］刘晓凤．商科专业硕士教育质量标准化内涵及指标筛选［J］．上海教育评估研究，2019，8（2）：55—59.

［4］王根顺，曹瑞红．中美专业学位研究生教育的比较研究［J］．内蒙古师范大学学报（教育科学版），2010，23（5）：32—35.

［5］邓光平．我国专业学位研究生培养模式改革的历史变迁与现实思考［J］．高等教育研究，2019，40（5）：64—69.

［6］刘亚敏，姜秀勤．专业学位研究生培养模式的系统分析［J］．研究生教育研究，2016（6）：80—85.

［7］孙薇，张敏．专业硕士复合型人才培养：理论模式与实践探索［J］．江苏高教，2017（6）：76—79.

［8］宋志伟，任广萌，李立欣．“三位一体”全日制专业学位研究生培养模式的探索与实践［J］．黑龙江教育（理论与实践），2019（7）：28—29.

［9］胡剑波．中外专业学位研究生培养模式比较与启示［J］．当代教育论坛，2015（4）：52—57.

［10］刘国靖，胡亚男．聚焦实践问题以横向课题牵引提升专业学位研究生培养质量［J］．研究生教育研究，2019（5）：65—69.

［11］张秀峰，高益民．美国专业学位教育体系结构及其专业性特征［J］．现代教育管理，2014（5）：114—118.

［12］赵曙明．知识见识胆识——在转型经济下培养学习型管理者［J］．北大商业评论，2011（4）：16—21.

［13］熊华军．专业学位研究生“四贯通”案例教学体系的构建与实践［J］．学位与研究生教育，2020（4）：24—30.